Kellergassen in Österreich

Falter Verlag

ISBN 3 85439-064-5
© 1989 by Falter Verlagsgesellschaft m.b.H.
1011 Wien, Marc Aurel-Straße 9
Alle Rechte vorbehalten
Satz: Falter, 1011 Wien
Druck: Oberösterreichischer Landesverlag, 4020 Linz
Umschlagfoto: Zefa

Kellergassen in Österreich

„Eine gute Portion Ironie liegt in der Tatsache, daß der Stadtbewohner, um seinen physischen und geistigen Verfall aufzuhalten, regelmäßig sein raffiniert ausgestattetes Heim flieht, um Seligkeit in dem zu suchen, was er für eine primitive Umwelt hält."

Bernard Rudofsky

Ein Führer wohin?

Ein Führer zu oft jahrhundertealten, meist wenig beachteten, archaisch anmutenden, weite Teile der Weinlandschaft prägenden, zeitlosen Zweckbauten von eindrucksvoller Schlichtheit. Ein Führer in die Gassen des Weines.

Ein Führer für wen?

Ein Führer für alle, die mit offenen Augen durch die Welt gehen, gern „reisen" und schauen — für alle, die Wein nicht nur trinken, sondern auch wissen möchten, wo und in welcher Umgebung er produziert wird, zur vollen Reife gelangt und gelagert wird.
Ein Führer für jene, die gerne fotografieren. Für alle, für die Architektur nicht nur vom Architekten kommt.
Ein Führer für Neugierige und Zeitgeistige, Zeitlose und Geistvolle.

Die Idee zu diesem Buch ergab sich während der Arbeit an einem Projekt im Weinviertel. Schon lange fasziniert von der Schönheit der Kellergassen, ihrer Schlichtheit und perfekten Einfügung in die Landschaft, gesellte sich nun zu Begeisterung und Neugierde auch ein gewisser Forscherdrang.
Tausende Kilometer und weit über neunhundert Kellergassen später sind zwar nicht alle, aber doch ein Großteil der Kellergassen erfaßt. Für Sucher und Finder, für im weitesten Sinne Abenteuerlustige sind sicher noch einige — wenn auch oft gut versteckte — Kellergassen zu erforschen. Auf keinen Fall soll mit diesem Kellergassenführer die Neugier durch akribische Auflistung gedämpft, sondern im Gegenteil, erst richtig geweckt werden.
Unter Kellergassen werden hier vor allem räumlich gesonderte, primär der Weinproduktion und -lagerung dienende Ansammlungen von Kellergebäuden verstanden, die — wie der Name sagt — gassenartig angelegt wurden, doch — abhängig von der Geländestruktur — auch in Form von Kellervierteln und -bergen zu finden sind.

Im ersten Teil dieses Buches sind Gedanken verschiedener Autoren zur landschaftlich-topographischen Genese, zur Baugeschichte, Symbolik, Funktion und Bedeutung von Weinkeller und Kellergasse für den Weinbau, sowie last but not least einige für den Besucher sehr wichtige Hinweise zur Weinkost in der Kellergasse versammelt.

Im anschließenden Teil erfolgt die regionsweise Beschreibung der Kellergassen in Niederösterreich, dem Burgenland und einigen „Keller-Streusiedlungen" der Steiermark. Hierfür wurden die — nach offizieller Einteilung — doch sehr großen — Weinbaugebiete Österreichs in überschaubare und nach Ansicht der Autoren sinnvolle Kleinregionen unterteilt. Die Beurteilung der einzelnen Kellergassen, -viertel und -berge erfolgt aufgrund subjektiver Einschätzung der Autoren (und muß damit auch nicht unbedingt dem Urteil der Verfasser der Einzelbeiträge entsprechen). Selbstverständlich sind alle Angaben — alles ist möglich — ohne Gewähr.

Da dieser Kellergassenführer kein Weinführer ist — im Idealfall aber durch einen solchen ergänzt wird — sollen die Telefonnummern von Weinbauobmännern und Gemeindeämtern in allen übrigen Fällen — via telefonischer Auskunft und Voranmeldung — den Weg zur „richtigen" Kellertür erleichtern: Den Weg zu jenen Kellern, in denen Wein beim Hauer verkostet und — die Winzer leben davon — auch gekauft werden kann.

Für alle jene, die sich manchmal ein zu dichtes Programm vornehmen, eine kleine Warnung: Kellerstunden vergehen schneller als andere!

Inhalt

Bauen nach dem Fingerzeig der Landschaft

Seit die Römer den Weinbau in unsere Breiten exportierten, ergab sich für die Weinhauer die Notwendigkeit, den Rebensaft bei möglichst gleichmäßiger, kühler Temperatur zu lagern. Im allgemeinen wurde ein derartiges Problem vielerorts so gelöst, daß man das Wohn- oder Wirtschaftsgebäude über einem, den Bedürfnissen entsprechenden Keller errichtete, was dann gelegentlich zum Bau von recht stattlichen, weingutartigen Gehöfen führte. Nicht so in weiten Teilen des österreichischen Weinbaugebietes: Hier liegen die Weingärten meist außerhalb der Dörfer am Hang, dort, wo die Ebene in eine mehr oder weniger sanfte Hügellandschaft übergeht.

Die Ebene selbst war und ist dem Ackerbau vorbehalten, im allgemeinen auch schlechter erwärmt als die Hänge und überdies spätfrostgefährdet, also wenig geeignet für Weinbau. Und hier in der Ebene waren auch die Dörfer errichtet worden: Häuser, perlschnurartig aufgereiht an Straßen, die wiederum den kleinen Bächen oder Flüssen folgen. Und gerade diese — oft so harmlos wirkenden — Bäche

Die Weinberge des Pulkautales

hatten und haben die Eigenschaft, alle paar Jahre im Verlauf oder Anschluß an heftige Gewitterregen über die Ufer zu treten, Straßen und Dörfer unter Wasser zu setzen und Schäden in den Hauskellern anzurichten… keine gute Ausgangssituation also für umfangreiche Weinlagerhaltung im Keller unterm Haus. Genau datieren läßt sich die Entstehungszeit der bäuerlichen Zweckarchitektur der Kellergassen nicht. Gelegentlich findet man an Türumrahmungen oder in Gewölben Jahreszahlen, die vom Anfang des achtzehnten Jahrhunderts stammen — also etwas mehr als zweihundert Jahre alt sind — doch andere Quellen wollen bereits im Mittelalter von Kellergassen wissen. Und mancherorts wird wohl ein schlichter Keller — also das einfache Loch im Berg — bereits lange und sicherlich erst recht spät ausschließlich für Wein benutzt worden sein; zunächst aber auch für Obst und Gemüse, als „Erdstall" für Tiere und im Gefahrenfall als Versteck gedient haben, bevor es zum großen Preßhaus mit Kellerstöckl und markanter Tür samt Jahreszahl ausgebaut wurde.

Eines aber steht fest: es muß eine Blütezeit des österreichischen Weinbaus gewesen sein, als die meisten Kellergassen angelegt wurden. Die Ernten waren wohl umfangreicher, die Pressen größer und der Wein mehr geworden. Wohin also mit dem Glück, fragten sich die Winzer?

Als ökonomisch denkende Menschen hatten die Weinhauer klare Vorstellungen von dem, was sie suchten und in den Kellergassen schließlich fanden: Vor allem mußten Keller, in denen Wein gelagert werden sollte, weitgehend überschwemmungsfrei sein — also am Hang liegen.

Ihr Bau durfte nicht kostspielig sein, weil Geldmittel immer knapp waren.

Da die Bauperiode mit der Hauptarbeitszeit in der Landwirtschaft zusammenfällt, und jede anderweitig eingesetzte Arbeitskraft der Landwirtschaft fehlte, sollte solch ein Keller relativ rasch zu errichten sein und nur ein Minimum an Werkzeugen und Techniken erfordern.

Vor allem während der Weinlese sollten sich keine langen Wege zwischen Weingarten und Preßhaus ergeben, also schien es günstig, gleich in den Weingärten den Wein zu lagern.

Um täglich den kühlen Haustrunk holen zu können, durfte der Ort der Weinlagerung nicht allzu weit vom Wohnhaus entfernt sein.

Günstige Bodenverhältnisse — also standfester Löß — in dem gut gegraben werden kann, waren die Voraussetzung, weitläufige, tiefe Keller anlegen zu können. Nachbarn und Nachbarschaftshilfe waren erwünscht, mehrere

Keller sollten beieinander stehen. So gingen die österreichischen Weinhauer schließlich ähnliche Wege, wie sie von den Bewohnern des chinesischen Lößgürtels seit etwa 6000 Jahren beim Bau ihrer Höhlenwohnungen beschritten werden (auch heute leben noch Millionen Chinesen im Lößgürtel in vertieften Höhlenwohnungen), wie sie auch — die Ausgrabungen von Stillfried an der March belegen das — in unseren Breiten in der Jungsteinzeit und Bronzezeit von großer Bedeutung waren: Sie verwendeten die dicken Lößschichten, um darin ihre Keller zu graben.

Im Weinviertel, längs der Donau, der March und der Traisen, haben sich Lößrücken gebildet, die an manchen Stellen beachtliche Schichtdicken aufweisen. In Stillfried an der March etwa wurden Mächtigkeiten bis zu dreißig Metern gemessen. Auf diesen kalkreichen, fruchtbaren Lößhängen stockt heute der Wein und lagert dann später einige Meter tief darunter im Schoß der Erde.

„Löß" ist ein äolisches Staubsediment, das bei Windverfrachtungen, wie sie während der Eiszeiten üblich waren, im Lee, also im windstillen Bereich von Hindernissen abgelagert wurde. In dieser Form stellt Löß dann ein kompaktes, aber dennoch ziemlich durchlässiges „Erdmaterial" dar, das sich gut für den Bau von Höhlen eignet, weil es sehr standfest ist und praktischerweise die Tendenz hat, „senkrecht" nachzubrechen, also steile Wände auszubilden und überdies bei guter Körnung hohen Druck erträgt. Werden manche Stellen allerdings öfter begangen oder befahren, so nimmt bald auch das Niederschlagswasser in der Fahrspur seinen Lauf und erodiert die Sohle, sodaß allmählich ein tiefeingeschnittener Hohlweg entsteht.

Es ist zu vermuten und naheliegend, daß einer späteren Anlage von Kellergassen zunächst Beobachtungen, Erkundungen, Probegrabungen und schließlich gemeinsame Beschlüsse der damaligen Weinhauer über Art und Struktur ihrer Kellergasse vorausgingen, wobei selbstverständlich der Landschaft das „letzte Wort" zugestanden wurde, denn in ihr und mit ihr wollte man leben und wirtschaften. Über fehlgeschlagene Versuche — also an ungeeigneten Stellen gegrabene Keller — kann man nur Vermutungen anstellen, denn die Spuren davon sind recht bald verschwunden, die Keller verfallen, aus Lehmziegeln errichtete Wände längst wieder zu Boden geworden und alles überwachsen. Die große Zahl heute existierender Kellergassen basiert auf allen geglückten Unternehmungen, wo Weinhauer ihrer Umgebung genügend Beachtung geschenkt und bei der Suche nach Fingerzeigen der Landschaft, diese auch gefunden haben: kleine Erosionsrinnen, ein Hohlweg, eine Terrassenkante, eine lehmgefüllte Hangmulde — all das nahmen die Winzer mit ihrem von klein auf geschulten Blick für feine Details der Landschaft wahr.

Abgesehen von Einzelkellern oder Einzelpreßhäusern, die manchmal in malerischer Situation allein, nur von ein paar Bäumen umgeben, am Hang stehen und das Land-

schaftsbild ringsum ganz entscheidend prägen, aber eben noch keine Kellergasse ergeben, wurden auch kleine Gruppen von Kellern und Preßhäusern versammelt. Ein schönes Beispiel hierfür ist in Aschendorf zu finden.

Fanden die Weinhauer günstige Bodenverhältnisse für die Anlage von Kellern an einem süd-exponierten Hang, so lag es nahe, Keller für Keller einseitig und horizontal, also an der „Höhenlinie" aufzureihen, wobei der Weg und die Firstlinie parallel zum Hang verlaufen, die Steilheit der Dächer sich nach der Hangneigung richtet und die Kellertüren nach Süden orientiert sind. Schöne Beispiele solcher horizontaler Kellerreihen sind am Wagram zu finden, etwa in Engabrunn.

Gelegentlich liegen horizontale Kellergassen in mehreren Etagen parallel zueinander, übereinander am Hang — im Gebiet des Wagram läßt sich das gut beobachten.

Ein andermal war es eine kleine Erosionsrinne, die sich am Hang der Fallinie folgend ausgebildet hatte und vielleicht sogar als Fahrspur den Winzern sehr entgegenkam, im weichen Löß allerdings nach jedem heftigen Gewitterregen ein wenig tiefer erodierte. Solch eine kleine Erosionsrinne nahm man als Anlaß, in den Flanken der Böschungen zu graben. Links und rechts wurden Keller angelegt, die giebelseitig aneinanderstoßen — auf diese Weise entstanden die sehr häufig anzutreffenden zweiseitigen Kellergassen, die in der Vertikale, im Hohlweg verlaufen. War der Hohlweg gekrümmt, so ist es natürlich auch die spätere Kellergasse, war er gerade gestreckt, so blieb er es auch. Beim Bau der Kellergebäude und Preßhäuser entschloß man sich auch gelegentlich, die Fahrspur zu verbessern, zu verbreitern, die neuentstandene Gasse sogar zu pflastern, was wohl der schönste Bodenbelag einer Kellergasse ist.

Je nachdem, ob der „Hohlweg" breit oder schmal, die Steigung sanft oder steil ist, und die Lößwände links und rechts sehr hoch oder eher niedrig sind, entwickelt sich der Charakter der Kellergasse. Ortsnähe, Baumbestand und die Himmelsrichtung, nach der sich die Gasse öffnet, tun das ihre dazu. Überaus vielfältig und unterschiedlich sind die Stimmungsqualitäten, die zweiseitige Keller-

gassen in der Fallinie entwikkeln: Sie reichen von den schluchtartigen, „wild-romantischen" Kellergassen (etwa Hautzendorf) über zahlreiche, weniger extreme Beispiele bis zu den überaus städtischen Varianten, wo an schmalen, gepflasterten Gassen sehr hohe eng aneinandergebaute Preßhäuser aufragen (z. B. Straning, Röschitz, Ulrichskirchen).

Ein Wechsel von Kellergassen, die zweiseitig im Hohlweg verlaufen, und einseitigen Kellerreihen in der Horizontale läßt sich wohl am besten in Feuersbrunn am Wagram erleben: fast unter rechtem Winkel sind die horizontalen und vertikalen Äste der Kellergassen zueinander angeordnet.

Die Bodenbeschaffenheit von manchem kleinen Berg oder einer Hügelkuppe bot sich an, hier viele Kellergebäude und Preßhäuser zu versammeln, sodaß regelrechte Kellerberge entstanden.

Dann und wann verläuft der kleine Hügel im Bogen und seine Krümmung wird dann in mehreren Etagen nachgezogen. Ein schönes Beispiel für einen derartigen Kellerberg, mit liebevoll in mehreren Reihen im weichen „Innenbogen" errichteten Preßhäusern, ist Maustrenk: Der Ausblick von oben konzentriert sich in einem solchen Fall aufs darunterliegende Zentrum, den Ort und seine Dachlandschaft.

Völlig anders geartet ist der Raumeindruck von Kellergassensammlungen, bei denen die Preßhäuser einen Hügel im „Außenbogen" in mehreren horizontalen Etagen umgürten: Dann entsteht ein so eindrucksvolles Kellerband wie jenes in Wildendürnbach.

In fast ebenen Mulden am Hang aber entstehen Kellerviertel, in denen das Fehlen von der Natur vorgegebener Richtungen zu chaotisch anmutenden, herzerfrischenden Kelleransammlungen führt: Kellerviertel wie Seefeld oder Edelstal.

Wildendürnbach

11

Die Geländemorphologie diktierte jedoch nicht nur die Gesamtstruktur der Kellergasse, aus topographischen Gegebenheiten resultieren auch viele typologische Unterschiede einzelner Kellergebäude. So wirkt sich beispielsweise die Höhe der Steilwände auf die Dachneigung und sogar die Gebäudeform aus.

Fels am Wagram

Und „die Verwendung einer einzigen Bauform führt nicht unbedingt zur Eintönigkeit. Unregelmäßigkeiten im Gelände, sowie Abweichungen von den standardisierten Maßeinheiten ergeben kleine Variationen, wodurch ein perfektes Gleichgewicht zwischen Einheit und Unterschiedlichkeit entsteht." (Bernhard Rudofsky)

Verglichen mit heutigen Kühlhäusern und Lagerhallen machen Kellergassen deutlich, wie überlegen solche „primitiven" Lösungen gegenüber unseren gegenwärtigen, „hinkenden" Technologien in mehrerer Hinsicht sind: energietechnisch, von ihrem Platzbedarf her und vor allem ästhetisch.

Auch wenn Kellergassen keine Wunder der Technik darstellen, so sind sie doch glänzende Beispiele für einen sanften, sorgsamen Umgang mit der Natur und ihren Ressourcen und obendrein der Nachweis einer geschickten Nutzung landschaftlicher Potentiale.

Preßhaus und Kellergasse

Johann Kräftner

Kellergassen zählen in weiten Teilen der Weinbaugebiete Ostösterreichs — vom Norden an der tschechischen Grenze im niederösterreichischen Weinviertel bis zur jugoslawischen Grenze im Süden der Steiermark — zu den am stärksten die Kulturlandschaft prägenden baulichen Eingriffen des Menschen. In den meisten dieser Regionen stehen einzelne Preßhäuser, Gruppen von mehreren Objekten wie Ansammlungen zu ganzen Wirtschaftssiedlungen — die Kellergassen eben — frei in der Landschaft. Nur in wenigen Bereichen dieser Weinbauzonen, der Wachau etwa oder in einzelnen Orten wie Rust am Neusiedlersee, sind die Preßhäuser und Weinkeller schon seit jeher in die Bauernhäuser integriert, zu deren imposantem Aussehen sie nicht zuletzt beitragen.

In allen anderen Bereichen wurden die Kellergassen oft weit draußen abseits der Ortskerne errichtet, dort, wo das Gelände von seiner Formation her und die Zusammensetzung des Bodens ihre Errichtung möglich machten; dort waren auch die Weinrieden nicht weit, sodaß die Trauben sehr direkt verarbeitet werden konnten.

Verarbeitung der Trauben und Lagerung des Weines waren auch seit jeher die Hauptaufgabe, die Funktionen, die diese Kellergassen und Preßhäuser zu erfüllen hatten. Entsprechend diesen beiden Inhalten gliedert sich die Anlage auch meistens in ein über der Erde liegendes Preßhaus, dem vielfach ein kleiner Aufenthaltsraum angeschlossen gewesen ist — die gesellschaftliche Funktion dieser Preßhäuser im Dorf spielte zumindest während der Lesezeit eine große Rolle — und dem unter der Erde liegenden Keller, in dem der Wein vergoren und gelagert worden ist. Dessen Überdeckung mit einer mehrere Meter dicken Erd- beziehungsweise Lößschichte garantiert das ausgeglichene Klima, das für die Produktion und Lagerung qualitätvoller Produkte eine unabdingbare Voraussetzung darstellt.

Das Bild, das diese Preßhäuser und daraus resultierend die Kellergassen bieten, unterscheidet sich von Region zu Region. Die Vielfalt der vor Ort anzutreffenden Materialien einerseits, die Einbindung in bestimmte sozio-kulturelle Sphären andererseits führte zur Ausbildung einer grandiosen Formenvielfalt, die hier nur kurz und andeutungsweise umrissen werden kann.

Im Weinviertel ist es der „gesatzte" Lehmbau, der das Erscheinungsbild über weite Strecken bestimmt. Lehm und Strohhäcksel ergeben miteinander vermischt ein festes Gefüge, das durch Kalkmörtel und Kalktünche geschützt Jahrhunderte überdauern kann und die dahinterliegenden Räume durch den hohen Wärmedämmwert gleichzeitig und großartig klimatisierte. Später wurden gebrannte und ungebrannte Lehmziegel schichtweise abwechselnd eingesetzt, bis schließlich der gebrannte Tonziegel das Feld gänzlich eroberte.

Daneben ist aber außer dem Lehm als Ausgangsmaterial auch schon im Weinviertel, vor allem in den Grenzregionen zum Waldviertel am Manhartsberg, der Stein verwendet worden. Auch dieses rohe Bruchsteinmauerwerk wurde immer durch Kalkputz geschützt. Sorgsamer gefügtes und unverputzt gebliebenes Bruchsteinmauerwerk hingegen treffen wir beispielsweise im Mittelburgenland in der Umgebung von Rechnitz an, wo der verwendete Serpentin eine dominante Rolle im Erscheinungsbild spielt.

Auch Quadermauerwerk wurde zur Errichtung von Preßhäusern herangezogen. Hier kann man beispielsweise das Nordburgenland erwähnen, wo die großen Steinbrüche von Loretto und St. Margarethen dieses sonst viel zu kostbare Material günstig anboten. Die Kellergasse von Breitenbrunn besitzt die schönsten Preßhäuser.

Neben diesen bisher erwähnten Materialien besitzt aber auch Holz für die Architektur der Preßhäuser und Kellergassen große Bedeutung. Schon in Niederösterreich — im Perschlingtal — existieren noch vereinzelt Preßhäuser, die als verbretterte Ständerbauten aufgeführt worden sind. Der oft kauzige Laubsägezierrat verrät die späte Entstehungszeit — vielfach tragen die Felder über den Türen noch Datierungen aus den zwanziger Jahren unseres Jahrhunderts.

Wesentlich größere Bedeutung als die Ständebauweise besitzt für das Preßhaus aber der Blockbau. Hier weist vor allem das Burgenland noch großartige Ensembles auf, aber auch in der Steiermark sind durchaus noch schöne Beispiele anzutreffen. Am besten bekannt dürfte das Kellerviertel von Heili-

genbrunn sein, das heute noch die ursprüngliche Vielfalt dieses Typs vor Augen führen kann. Die Wände sind aus mächtigen Eichenbohlen gefügt, über die eine dünne Schicht aus Lehmschlag und eine schützende Kalktünche gelegt worden sind.

Wesentlich bestimmend für das Erscheinungsbild sind hier die mächtigen Strohdächer, die durch ihre weite Auskragung ebenfalls zum Schutz der Wände beitragen und das anfallende Niederschlagswasser vom Baukörper selbst fernhielten. Wir bewundern das großartige Farbenspiel zwischen dem vermoosten Stroh, dem Weiß der Wände und dem goldig warmen Gelb des Lehms. So spielt auch hier die Farbigkeit, wenn auch in ganz anderer Weise als in Niederösterreich, wo das rote Ziegeldach zum weißen oder bunt getünchten Baukörper kontrastiert, eine große Rolle.

Diese südburgenländischen, aber auch die südsteirischen Preßhäuser bilden einen bedeutenden sozialen Faktor im Leben des Dorfes. Vor allem der Sonntag führt die Bevölkerung in der Kellergasse zusammen, vielfach besitzen diese Preßhäuser einen kleinen heizbaren Aufenthaltsraum, das Stüberl, mit Tisch, Bett und kleinem Kachelofen. Diesem Raumangebot ist auch in vielen Bereichen die heutige Nutzung dieser Preßhäuser zu verdanken, die, als Wochenendhäuser ausgebaut, einen neuen Inhalt gefunden haben. An der Pinkataler Weinstraße beispielsweise haben sie so bis in unsere Zeit überlebt.

Nach diesem langen Aufenthalt bei der äußeren Anlage ist es Zeit, auch ins Innere vorzudringen. Namensgebend ist schließlich die fast ausschließlich

aus Eichenholz gefertigte große Baumpresse gewesen. In Niederösterreich war sie immer an allen Seiten umschlossen, die Preßstube lag meist etwas unter dem Niveau der angrenzenden Zufahrtsstraße, sodaß das Lesegut über Rutschen leicht ins Innere in die Maischbottiche befördert werden konnte. Von diesem Preßhaus nahm dann der eigentliche Keller seinen Ausgang. War das Preßhaus an einer Geländestufe errichtet worden, konnte man fast eben in den Keller gelangen, war das Gelände eben, führten die Stufen des Kellerhalses in die Tiefe hinunter; in diesem

15

Fall bereitete das Ausbringen des vergorenen Weines, der Fässer und Flaschen größere Mühe. Trug der anstehende Boden, konnten die Keller frei in den Boden gegraben werden, im Löß bildete diese Lösung die Regel; waren die Bodenverhältnisse schwieriger, mußten die Keller nachgewölbt werden. Nur in raren Fällen wurde ein großes Loch gegraben, der Keller gewölbt und dann schließlich mit Erde zugeschüttet. In diesem Fall garantierte das darüberliegende Erd- oder Steinmaterial das ausgeglichene Klima.

Dieser Klimatisierung wurde immer besonderes Augenmerk zugewendet. Schon die Eingangstüren in die Preßhäuser waren zu diesem Zweck raffiniert ausgebildet.

Sie konnten alternativ durch einen festen Verschluß (für die kalte Jahreszeit) oder ein Gitter oder Geflecht verschlossen werden. Durch letztere konnten vor allem im Herbst die gefährlichen Gärgase nach außen entweichen. Der Belüftung dienten aber auch die Entlüftungsschächte, die oft weitab der Preßhäuser in den umliegenden Feldern und Fluren enden. Kunstvoll behauene Steine bilden die Abdeckung.

Vor allem im Weinviertel und im Nordburgenland macht sich hier und an den Fassaden der Einfluß der Hocharchitektur bemerkbar. Ständig brachten Maurer und Fassader die jeweils neuesten Moden auch an diesen Randbereich bäuerlichen Bauens. Waren es in der Frühzeit vor allem die Steingewände um Portale und Fenster, die modischen Zierrat trugen, weitete sich diese Einflußnahme im 19. Jahrhundert unter dem Einfluß städtischer Zierformen, die vielfach zum Beispiel durch den Bau der Eisenbahnen auch aufs breite Land vorgedrungen sind, auf den gesamten Bereich der Fassadendekorationen aus.

Diese Fassadendekorationen bilden vielfach neben Datierungen in Holzteilen auch den einzigen Anhaltspunkt für eine Datierung der Preßhäuser. Ein Stich Vischers von 1672 zeigt in Poysbrunn unzweifelhaft auch eine Zeile traufständiger Preßhäuser. Für das 18. Jahrhundert finden sich da und dort auch noch existente, in diese Zeit datierte Beispiele. Auf dem Stich mit der Paarschen Reitschule in der Josefstadt in Wien von Salomon Kleiner (1725) ist im Hintergrund zweifelsohne auch eine Reihe von Preßhäusern zu sehen, die einfache Giebelfassaden mit einer großen rundbogigen Öffnung, zwei seitlichen Fenstern und einer kleineren rundbogigen Öffnung im Giebeldreieck, das offensichtlich als Speicherraum genutzt worden ist, haben.

Schien es lange so, als würden all diese Beispiele vergangener bäuerlicher Kultur unausweichlich ihrem Untergang entgegengehen, kehrte sich dieser Trend gerade in den letzten Jahren um. Das Erkennen der Qualität der bäuerlichen Bausubstanz einerseits, die Rückbesinnung auf das direkt vom Produzenten kommende Produkt andererseits ließen gerade auch Preßhäusern und Kellergassen jenes verstärkte Maß an Interesse zukommen, das sie vor dem lange unausweichlich scheinenden Untergang zu bewahren scheint.

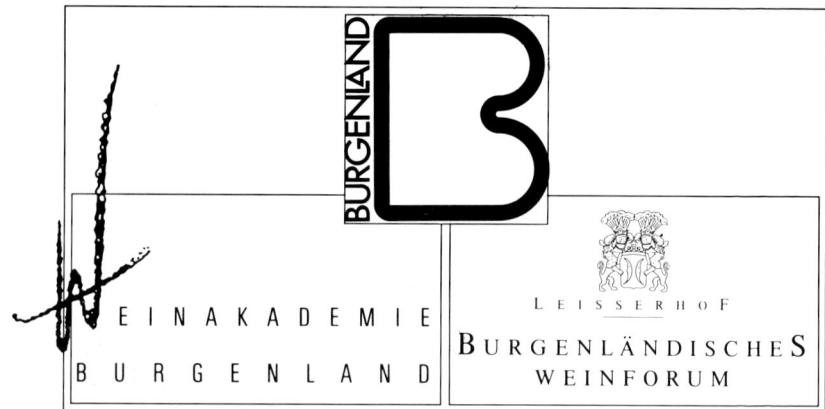

E I N A K A D E M I E
B U R G E N L A N D

L E I S S E R H O F
BURGENLÄNDISCHES
WEINFORUM

Die **Weinakademie Burgenland** in Rust ist das neue Identitätssymbol des burgenländischen Weines und die Plattform der Weinwirtschaft. Als Weinschule fördert sie die Weiterbildung der Weinfreunde, der Winzer und der Gastronomie mit Kurz-und Wochenseminaren.

Weinakademie Burgenland
A-7071 Rust, Hauptstraße 31,
Telefon 026 82/64 51, Fax 026 85/64 31

Das **Burgenländische Weinforum** zu Hause im Donnerskirchener Leisserhof präsentiert Weinkultur und Gaumenfreuden in stilvollem Ambiente. Zum exquisiten Essen den richtigen Wein, der auch vom Besucher in der Vinothek gekostet und erworben werden kann.

Burgenländisches Weinforum
A-7082 Donnerskirchen, Hauptstraße 57,
Telefon 026 83/86 36, Fax 026 83/81 66

Hans Traxler

Die Funktionen des Weinkellers und der Kellergassen — Gestern und morgen.

Im traditionellen Weinbau hat der Keller im wesentlichen zwei Funktionen zu erfüllen. Er dient der Verarbeitung der Weintrauben zu Most und dessen Vergärung. Der so gewonnene Wein muß in den Fässern noch reifen. Natürlich sind dabei verschiedene Pflegemaßnahmen erforderlich, damit sich der Wein optimal ausbauen kann. Hiemit war früher für den Weinbauern die Arbeit beendet, da er den Wein im Faß verkaufte.

Entsprechend diesen Aufgaben besteht der Keller, wie er in unseren Kellergassen zu finden ist, aus zwei Teilen: dem Preßhaus und dem Keller im engeren Sinne. Darunter sind die tief unter dem Erdniveau liegenden, in den Berg gegrabenen oder in Fels gehauenen, gewölbten Gänge zu verstehen. Diese Form ist seit Jahrhunderten nahezu unverändert geblieben. Einzelne Stilelemente der Preßhäuser, ihre Türen, die Fassaden, die Ausbildung der Gewölbe in den Kellern mögen sich geringfügig weiterentwickelt haben, nicht aber die wesentlichen Elemente. Ihre Aufgaben sind ja unverändert geblieben.

Das Preßhaus.

Wie schon der Name sagt, hatte das Preßhaus im wesentlichen nur die Aufgabe als Standort für die Weinpresse und zur Weinlesezeit als Arbeitsraum zum Verarbeiten der Trauben — dem Maischen und Pressen — zu dienen. Die früher weit verbreitete Baumpresse beherrschte den Innenraum. Oft wurde die Länge des Preßbaumes nach den Maßen des Preßhauses gewählt. Im Preßhaus waren noch einige Hilfsgeräte, vor allem verschiedene Bottiche, Butten und der Rebbler zu finden. Oft reichte der Platz auch für eine kleine Sitzecke, in der man gemütlich beisammen sitzen konnte.

An der Einrichtung des Preßhauses hat sich in den letzten Jahrzehnten das meiste verändert. Vor allem wurde die gute, alte Baumpresse außer Dienst gestellt. Und in den meisten Fällen ist sie entfernt worden, weil man den Platz für eine moderne Presse und neue Geräte benötigt hat.

Die Baumpresse.

Trotzdem möchte ich die Baumpresse beschreiben, war sie doch ein zentrales Element des alten Preßhauses.

Baumpressen in der heute noch zu findenden Form sind bereits im frühen Mittelalter aufgekommen. Es sind wohl die ältesten wirksamen Pressen, sie wurden bereits von den Römern verwendet. Im burgenländischen Landesmuseum in Eisenstadt kann man die Reste einer solchen Römerpresse sehen.

Die funktionell wichtigsten Teile der Baumpresse — auch „Stoapress" genannt — sind der Preßbaum, der Preßstein (Stoa), der am Ende des Baumes an der Spindel hängt, und der Preßkorb, in dem sich die gemaischten Trauben befinden. Der abfließende Most wird auf der „Preßtenn" gesammelt und rinnt in den „Mostgrand". Damit beim Preßvorgang austretende Beeren oder andere feste Traubenteile nicht in den Most gelangen, werden diese durch den „Seichladen" zurückgehalten. Je länger der Baum und je schwerer der Stein ist, desto größer kann der Korb sein. Die Leistung einer solchen Presse ist natürlich erheblich größer. Man fand sie daher in den großen Herrschafts- und Zehentkellern oft mit kunstvoll geschnitzten Teilen verziert.

Physikalisch handelt es sich bei der Weinpresse um einen einarmigen Hebel, der natürlich in ein komplexes System eingebaut ist, damit die einzelnen Arbeitsgänge optimal ablaufen können.

Die Presse dient dem Trennen des Mostes von den festen Bestandteilen der Weintraube, den Beerenschalen, den Kernen, und wenn nicht „gerebbelt" wurde, auch den Kämmen. So bezeichnet man das Stielgerüst der Trauben.

Die Baumpresse arbeitet schonend und eignet sich hervorragend für die Gewinnung hoher Qualitäten. Allerdings ist das Pressen sehr aufwendig. Ein Preßvorgang dauert viele Stunden, sodaß sie heute kaum mehr verwendet werden kann.

Die übrige Einrichtung des Preßhauses.

Ein zweites wichtiges Gerät hat im Preßhaus seinen Platz: die Traubenmühle oder „Quetschn", im Weinland auch als „Weinbeerratschen" bezeichnet. Sie dient zum Maischen der Trauben, also dem Zerkleinern der Beeren beziehungsweise dem Aufreißen der Beerenschalen, damit beim Pressen der Most ungehindert ausfließen kann. Diese Geräte sind wesentlich kleiner und haben erst um die Jahrhundertwende in unseren Kellern Eingang gefunden. Früher wurden die Trauben mit einem Holzstössel — dem „Mostler" — zerstampft und so die Schalen aufgerissen. Das Mosteln war die Aufgabe der Buttenträger. Noch früher — bis in die Zeit Kaiser Josefs II. — wurden die Trauben auch in unseren Breiten barfüßig getreten, wie man es in südlicheren Ländern noch bis in unsere Tage antreffen kann. In Verbindung mit dem Maischen wird „gerebbelt". Die Beeren werden vom Stielgerüst der Traube getrennt, damit beim Pressen keine Gerbstoffe aus den grünen, zum Teil verholzten Stielen in den Most gelangen. Heute werden praktisch alle Trauben gerebbelt, früher war dies eine aufwendige Handarbeit. Zum Trennen wurde ein Holzsieb verwendet und in einem Wienerlied heißt es „…Kane Knauser, guate Zahler, aber grebbelt muaß er sein".

Der eigentliche Weinkeller
Die Verbindung zwischen dem Preßhaus und dem Keller heißt „Hals". Oft über viele Stufen oder einen Gang kommt man in das Herzstück, den eigentlichen Keller.
Das alte Sprichwort: „Der Keller macht den Wein" ist nicht ganz unbegründet, wenn auch die unabdingbare Grundlage für die Qualität des Weines im Weingarten, in der Weintraube liegt.
In dieser Betrachtung soll die Bedeutung des Weinkellers für die Weinbereitung und die Anforderungen an einen guten Weinkeller behandelt werden.
In sehr vielen Kellern unserer Kellergassen sind die Verhältnisse für die Weinbereitung optimal. Es sind andere Gründe, wie die Kleinheit und die Enge der meisten Keller, das Fehlen entsprechender Zufahrtmöglichkeiten, das Nichtvorhandensein von Wasser und eines Abflusses in der erforderlichen Kapazität, die eine moderne Kellerwirtschaft und rationelle Bewirtschaftung — zumindest ab einer bestimmten Größe — oft unmöglich ma-

chen. Langfristig wird der Verkauf von Wein im Faß in den für unsere alten Weinkeller typischen Größen nicht mehr möglich sein.

Das Weinklima ist meist ideal.

Trotzdem haben die alten Weinkeller — zumindest aus klimatischer Sicht — alle Voraussetzungen für eine gute Weinpflege. Ziel ist es doch, bestmögliche Qualität zu erreichen und diese über einen langen Zeitraum zu erhalten. Die Vorgänge beim Ausbau des Weines sind so zu steuern, daß die charakteristische Geschmacksvorstellung eines Gebietes, die bestmögliche Entfaltung der Eigenart einer Sorte sich im Wein, in einer harmonischen und unverkennbaren Art entfalten. Dabei muß der Wein biologisch, physikalisch und chemisch stabil sein. Immer wieder beweisen herausragende Winzer oder Kellermeister, daß die letzten Feinheiten eines Weines nicht durch robuste Eingriffe erreicht werden, sondern daß die Behandlung behutsam auf jeden Wein gleichsam „persönlich" abgestimmt werden muß. So betrachtet gilt nach wie vor der Grundsatz: „Alles Überflüssige ist von Übel." Voraussetzung hiefür sind Überschaubarkeit, Liebe zum Beruf, aber auch ein guter Weinkeller. Und für einen solchen ist ein gutes „Kellerklima" wesentlich.

Von einem guten Weinkeller verlangt man:
Eine gleichmäßige, ziemlich niedrige Temperatur.
Diese ist für die Weinbereitung sehr wichtig. Sie soll zwischen acht bis maximal zwölf Grad Celsius liegen und im Laufe des Jahres nur wenig schwanken. Niedrige Temperatur bewirkt einen langsamen Ausbau des Weines. Er altert nicht so rasch, das Aroma kann sich hervorragend entwickeln. Je langsamer die Weine reifen können, desto haltbarer und feiner werden sie sein. Natürlich nur im Rahmen dessen, was Sorte, Reife und Lage hergeben.

Eine entsprechende Luftfeuchtigkeit:
Die relative Luftfeuchtigkeit soll zwischen 70 und 80 Prozent liegen. Zu ihrer Regelung dient die Luftzirkulation. Keinesfalls sind zu nasse oder zu trockene Keller anzustreben.

Reine Luft:
Die Kellerluft soll rein und frisch sein. Frei von muffigem, modrigem oder dumpfem Ton. Zumindest dort, wo der Wein in Holzfässern lagert, findet durch das Holz ein Gasaustausch statt. Die Reintönigkeit des Weines würde bei dumpfer Luft leiden. Um diese frisch zu halten, ist eine regelmäßige Lüftung des Kellers notwendig. Durch systematisch angelegte Lüftungsschächte (Dampfröhren) erfolgt ein laufender Luftwechsel und gewährleistet eine natürliche Lüftung. Die Weinbauern achten sorgsam darauf, daß die Dampfröhren nicht verstopft werden. Und wenn der Most in den Fässern gärt, muß die entstehende Kohlensäure abgeleitet werden.

Ruhige Lage.
Durch starke Erschütterungen ist der Wein in seiner Entwicklung gestört. Es kann zu Ausscheidungen kommen. Trübungen setzen sich nur langsam und unvollständig ab. Der Wein bekommt nicht den erforderlichen Glanz.

Unsere Kellergassen sind frei von starkem Verkehrslärm, es gibt dort keine Betriebsstätten, die solche Unruhe verursachen können.

Die meisten Keller in unseren Kellergassen erfüllen alle diese Voraussetzungen. Allerdings werden sie in vielen Fällen den Erfordernissen einer rationellen, modernen Kellerwirtschaft nicht gerecht. Viele Winzer, die sich nicht zu Top-Weingütern entwickeln können, haben bei Beibehaltung der traditionellen Nutzungsweise kaum eine Chance, das Überleben der Keller zu garantieren.

Andere Nutzungsmöglichkeiten.

Eine wesentliche Voraussetzung für das Überleben unserer alten Weinkeller und damit der Kellergassen ist es, eine zukunftsträchtige Nutzungsform zu finden. Oft hat der Weinkeller nicht mehr seine alte Funktion. Sie hat aufgehört oder wurde bereits wesentlich eingeschränkt. Wenn es nicht auf breiter Ebene gelingt, den Kellern neue Aufgaben zu geben, scheint das Ende der alten Hauerkeller mit ihrer Kellerromantik und damit auch der Kellergassen vorprogrammiert.

Um neue Aufgaben zu finden, andere Wege zu suchen, sollen einige Anregungen zur Diskussion gestellt werden. Der Winzer kann sie allerdings nicht in jedem Fall übernehmen. Er muß zuerst die eigenen Ziele und Möglichkeiten sorgfältig prüfen. Das Umfeld des Betriebes und die Zielsetzung des gesamten Betriebes müssen in ein solches Konzept passen und eingebunden werden.

Eine der aussichtsreichen Verwendungsformen liegt darin, daß direkt vermarktende Winzer den alten Weinkeller zur Betreuung der Kunden umfunktionieren. Ein gepflegter, alter Keller in der anmutigen ländlichen Umgebung einer Kellergasse versetzt oft den Gast aus der Stadt, auch aus dem Ausland, in eine für ihn heile Welt, die für manchen schon vergangen ist. Für viele Weinfreunde ist es ein Erlebnis, den Wein an der Quelle seines Entstehens zu verkosten. Er schmeckt hier am besten. Beiden ist gedient. Dem Winzer, der seine Kunden zufrieden stellt, dem Käufer, der ein paar schöne Stunden erleben kann. Ein tiefer Eindruck bleibt.

Beispiele für die Umgestaltung von Kellern findet man viele. Stüberl werden eingerichtet. Besucherkeller, schmiedeeiserne Gitter trennen den Besucher vom noch in Verwendung stehenden Lagerkeller und geben einen reizvollen Ausblick frei.

Es wäre aber schade, wenn der Blick für die ursprüngliche Einfachheit und Schönheit verloren ginge. Keller und Kellergassen sind ein Charakteristikum eines Gebietes, mit dessen Form und Aussehen sich die Bewohner identifizieren müssen. Sie sollen dafür sorgen, daß die gebietstypische Bausubstanz erhalten wird. Nur so kann eine Verarmung der Kultur, die auch eine Verarmung an menschlichen Kontakten bringt, und der Weg zur Uniformität verhindert werden.

Eine zweite Funktion besteht im Einrichten und Vermieten von Kellerboxen an Weinliebhaber, damit sie sich eine eigene Vinothek anlegen können. Nur wenige Betriebe können ihren Weinkeller aufwendig so umbauen, daß er höchsten Ansprüchen genügt. Beispiele hiefür gibt es bereits. Etwa den Keller der Winzer Krems in Langenlois oder den des Weingutes Dolle in Straß. In vielen anderen Fällen kann die Umgliederung in einer weniger aufwendigen Form realisiert werden. Es können — oder wollen — nicht alle Weinfreunde einen solchen Platz mieten. Sie wären aber dankbar, wenn sie eine geeignete Lagerstätte für den eigenen Wein fänden. Vielleicht ist es auch nur der Wein, den man beim Hauer, dem der Keller gehört, kauft. Hier sollte man flexibel sein und verschiedene Variationen anbieten.

Keinesfalls sollten die Preßhäuser zu Wochenendhäusern umfunktioniert werden, wie es da und dort bereits geschehen ist. Der Keller verliert hiedurch seine Identität, er wird zum Pseudokeller.

Einige besondere Keller.

Ein noch wenig erschlossenes Gebiet ist die touristische Nutzung der Kellergassen. Ansätze dafür gibt es bereits. In zunehmendem Maße gibt es Kellergassenfeste. Man denke an die Führungen durch die historische Kelleranlage unter dem Stadtplatz von Retz. Im Weberkeller von Röschitz kann man beim Besuch der nur wenige Meter entfernt liegenden Buschenschänke der Familie Weber dieses Kleinod bäuerlicher Kunst besichtigen. An den langen Winterabenden hat Ludwig Weber, Urgroßvater des heutigen Besitzers, in den weichen Löß der Kellerwände mit dem Taschenmesser die verschiedensten Motive geschnitzt. Reliefs bekannter Persönlichkeiten aus Politik und Kunst, Motive aus der biblischen Geschichte und der griechischen Mythologie, das letzte Abendmahl von Leonardo da Vinci. Bunt gemischte Themen, dutzende Motive wurden von Hauerhand geformt. Interessant ist auch die von Hermann Bauch in Kronberg renovierte Kelleranlage. Die Kellergänge liegen in mehreren Etagen und sind miteinander verbunden. Ein wahres Labyrinth, aus dem man nur schwer herausfinden würde. An der tiefsten Stelle befindet sich eine vom Künstler wiederhergestellte Kapelle des Templerordens.

Das ganz anders aussehende Kellerviertel von Heiligenbrunn im Süden des Burgenlandes lohnt ebenso einen Besuch. Die Preßhäuser sind hier mit Stroh oder Schilf gedeckt. Ein eigener Reiz.

Kellergassen. Keller und Tourismus.

Mit dem Fremdenverkehr ist auch das Wiederaufleben der Pflege des Brauchtums verbunden. In früheren Zeiten waren die Kellergassen von vielen Weinbauern belebt. In der Handarbeitsstufe waren doch wesentlich mehr Leute zum Bearbeiten der Weingärten notwendig, als im mechanisierten, modernen Weinbau. Eine Hauerfamilie bewirtschaftete noch in der vorigen Generation kaum mehr als ein oder zwei Joch Weingärten. Oft auch weniger, eben nur so viel, daß eine Familie leben konnte. Dadurch war in den Weinbaugegenden eine hohe Besiedlungsdichte gegeben.

Heute kann und muß der Winzer, wenn der Weinbau hauptberuflich betrieben wird, ein Vielfaches an Weingartenfläche bearbeiten, um das Auskommen zu finden.

Die Weinhauer verbrachten in der schönen Jahreszeit einen Großteil des Tages in den Weingärten, in deren Nähe sich meistens die Kellergassen befinden. Die Kommunikation fand also dort statt. Nach des Tages Arbeit setzte man sich im Keller zusammen und plauderte oder besprach das eine oder andere Problem. Hier wurde auch Politik gemacht.

Besondere Anlässe wurden gefeiert. Am Namenstage des Heiligen Martin (11. November) — gebietsweise wenige Tage später zu Leopoldi (15. November) — wurde der junge Wein verkostet, man durfte mit ihm zum erstenmal mit „Prost" anstoßen. Der eben erst vergorene Traubenmost wurde zum Heurigen. Diesen Brauch nannte man „Martiniloben". Heute haben sich daraus die immer mehr werdenden „Weintaufen" entwickelt, wozu auch das Ganslessen gehört. Von diesem Brauch leitet sich in unserer Zeit von Frankreich ausgehend — wenn auch in etwas anderer Form — ein weltweit in Mode gekommener Wein ab. Der Nouveau.

Ein im Pulkautal verbreiteter Brauch am Ostermontag ist das „in die Grean gehn". Alle Besucher der Kellergasse sind an diesem Tage Gäste der Weinbauern. Sie werden gratis mit Essen und Wein bewirtet. Dieser Brauch kann als Urform des neu aufkommenden „Tag der offenen Kellertür" angesehen werden.

Ziel aller dieser Feste ist es, die Gemeinschaft wieder mehr zu pflegen, den menschlichen Kontakt in einer Zeit zu fördern, wo er zu verarmen droht. Keller werden auch für die Weinbereitung erhalten bleiben. „Last, but not least" ist auch die kellerwirtschaftliche Komponente eine Möglichkeit einer zukunftsorientierten Nutzung. Da und dort, wo das Umfeld stimmt, werden die Keller vergrößert und damit den wirtschaftlichen Erfordernissen angepaßt. Das Kellergraben geschieht nicht mehr mühsam mit menschlicher Arbeitskraft. Tunnelgrabmaschinen und Förderbänder werden eingesetzt. Aus den Preßhäusern entstehen innen moderne Arbeitshallen und manchesmal werden auch gemütliche Kellerstüberl eingerichtet. Die Erzeugung von hochwertigen Spezialitäten erlebt eine Renaissance. Wenngleich die absolute Zahl noch gering ist, so befaßt sich doch eine steigende Zahl zukunftsorientierter Betriebe auch mit der Erzeugung solcher Weine. Man denke an die wachsende Zahl von Bariqueweinen, auch weißer. Sehr hochwertige Weine werden oft in Holzfässern von rund 1000 bis 1500 Liter Fassungsraum erzeugt. Hiezu zählt die Herstellung mancher hochwertiger Rieslinge, Burgunder oder Zierfandler, die ohne Faßausbau kaum denkbar wären.

Auf den internationalen Märkten polarisiert sich das Angebot immer stärker in billige Massenweine und hochwertige Gewächse. Sie reichen bis zu sehr teuren Raritäten und alten Jahrgängen. Dies erfordert eine fundierte Beratung und das Vorhandensein einer hohen Fachkompetenz. Gerade hier ist ein ausgebildeter Winzer mit einem Weinkeller in seiner unverfälschten Ursprünglichkeit ein wichtiger Faktor. Entscheidend für einen erfolgreichen Weinabsatz ist aber ein klar strukturiertes Angebotsprogramm, das den Bedürfnissen der jeweiligen Kundschaft entspricht.

Um die eine oder andere Form für eine künftige Nutzung des Kellers zu finden, muß man sich vielerorts umsehen. Erst nach eingehender und gesamtheitlicher Planung sollte man sich zur Realisierung entschließen. Dafür muß ein fundiertes Konzept zur Verfügung stehen.

Das Anliegen der Gesellschaft müßte es sein, daß besonders die kulturhistorisch wertvollen Keller und Kellergassen erhalten bleiben.

SCHOTT
ZWIESEL

... auf die *Umwelt* kommt es an!

- Raiffeisen Umweltkredit:
  1 Milliarde für den
  Umweltschutz

- Aludosen-Recycling
  an über **60** Stellen in
  Niederösterreich

- **Kontoauszüge** auf
  umweltfreundlichem
  Papier

- über **100** Informations-
  veranstaltungen in
  einem Jahr

- **Unterstützung** der
  Aktionen "Natur ums
  Dorf" und "Rettet die
  Eiche"

- **Umweltfonds** für
  regionale Umwelt-
  aktivitäten

Raiffeisen.   Die *Umwelt* **Bank**

Christa Kattirs/Manfred Pregartbauer

Die Weinkost in der Kellergasse

Ein sanft ansteigender, grob gepflasterter Weg, gesäumt von kleinen, weiß-
getünchten Häusern, umrahmt durch die Farben und Konturen der Wein-
hügel in der milden Sonne eines späten Nachmttags. Ein großes, schweres
Tor, in Kellertiefe weisend; davor zwei alte Männer — ein volles Glas in der
Hand des einen, der andere eben dabei, das seine aus dem Weinheber zu
füllen.
Eine Kellergasse: Vereinigung von dörflicher Landschaft und altherge-
brachter Weinkultur, Verheißung für den Gast, Wein an seinem Ursprung,
in gelöster Atmosphäre kennenzulernen, ihn zu erkosten, zu erschauen, zu
erleben — ich lade Sie ein...
Dieses Stimmungsbild, mit seiner romantischen, von Traditionsbewußtsein
und Bodenständigkeit durchwachsenen Oberfläche, ist in Wirklichkeit
höchst vielschichtig.
Sein Kern ist ein ökonomischer: Weinbau stellt in Österreich für rund
34.000 Betriebe eine maßgebliche Einnahmequelle dar. Fragen von Menge
und Preis, Förderung und Kontrolle von Qualität sowie zeitgemäße Ver-
marktungsformen kennzeichnen diesen kleinen, aber sehr sensiblen Teil
unserer Volkswirtschaft.
In letzter Zeit wurde der direkte „Ab-Hof"-Verkauf bevorzugt beworben,
und nach einer aktuellen Statistik werden heute bei uns rund 56 Prozent auf
diese Weise an Private abgesetzt, doppelt so viel wie über den Lebensmittel-
handel.
Eigenart und Güte eines Weines werden durch eine Vielzahl von Faktoren
bestimmt; seine Entwicklung wird durch die Traubenlese in zwei Phasen
geteilt, und unentschieden, vielleicht sogar unentscheidbar ist die Frage
nach der wichtigeren von beiden. Zum „alkoholischen" Abschnitt gehört jedenfalls die Lagerung an einem kühlen, ruhigen Ort als Voraussetzung,
idealerweise in einem tiefen Erdkeller mit einer ganzjährig konstanten Temperatur von acht bis zehn Grad.
Man gelangt in einen Keller entweder durch das vorgelagerte Preßhaus oder
durch ein einfaches „Vorhäusl". Sei es als Nachbar und Berufskollege, sei es
als Orts- und Branchenfremder, der womöglich zufällig im Vorbeigehen ein-
geladen wurde — in jedem Fall ist es der „Intimbereich" eines Weinhauers,
den man betritt. Zum rituellen Erlebnis kann der Aufenthalt im Keller werden, das Wandern von Faß zu Faß (Zisternen seien hier vernachlässigt), das

Die Weinkost in der Kellergasse

gesellige Verkosten der Faßproben unter erklärenden Worten ihres Erzeugers, das schwach erleuchtete, kühle und doch wohlig-schützende Gewölbe. Das Hinterlassen einer Münze in der weichen Wand ist Ausdruck des Wunsches nach Wiederkehr. Weinverkosten — unabhängig von der Stimmung und Umgebung — heißt, Wein bewußt zu trinken, sorgfältig zu probieren. Es ist dies eine Kunst, die von jedem durch einige Übung und unter Beachtung einiger Regeln erlernt werden kann. Der Wein wird, „folgt man dem Lehrbuch", nach drei Gesichtspunkten beurteilt, und zwar nach Farbe, Geruch und Geschmack. Jeder dieser drei Faktoren wird einzeln bewertet, aber auch das mehr oder weniger harmonische Zusammenspiel, der Gesamteindruck wird festgestellt.

Beim Verkosten wird das Glas, das klar, farblos und dünnwandig und ein Stielglas sein soll, maximal zu einem Drittel mit Wein gefüllt. Es wird am Stil angefaßt, damit sich der Wein nicht erwärmt, in die Höhe gehalten und im durchschimmernden Licht kann die Farbe, Klarheit und der Glanz des Weines beurteilt werden.

Dann wird der Wein im Glas geschwenkt, wobei durch die vermehrte Zufuhr von Sauerstoff die im Wein befindlichen Duftstoffe freigesetzt werden. Dabei kommt auch der Temperatur des Weines eine wesentliche Bedeutung zu. Ist diese zu tief, können die feinen Duftstoffe und Nuancen weniger gut erkannt werden. Bei zu hohen Temperaturen hingegen, verflüchtigen sich die Duftstoffe viel zu rasch. Das Glas wird zur Nase geführt, um den Duft, das Bukett des Weines zu prüfen. Dabei wird vor allem auch die Sorte festgestellt. Besonders leicht ist dies bei Weinen, wie etwa Grüner Veltliner, Rheinriesling, Traminer oder Muskat-Ottonel, die ein markantes Sortenbukett haben. Dann nimmt man einen kräftigen Schluck Wein, wobei gleichzeitig auch Luft miteingesogen wird. Das dabei entstehende „schlürfende" Geräusch ist typisch für Weinkenner. Auch hier ist der Zweck ein Freisetzen der Inhaltsstoffe, ein noch besseres Erkennen des Aromas. Der Wein wird auf der Zunge gleichmäßig zerteilt, gegen den Gaumen gedrückt, in der Mundhöhle gerollt. Es sieht aus, als ob man den Wein beißt. Daher auch das im Volksmund gebräuchliche Wort des „Weinbeißens".

Wie in allen Spezialbereichen üblich, so hat auch der Wein seine eigene Sprache, die rund 200 Wörter umfaßt. So spricht man von der Blume, vom Bukett, Duft, Extrakt eines Weines, von körperreichen oder schlanken Weinen, vom Abgang oder dem Zuckerrest, den ein Wein aufweisen kann, um nur einige der gebräuchlichsten Wörter zu nennen.

Beim Verkosten von Wein muß auch auf eine Steigerung der Qualität geachtet werden, das heißt, kein Wein darf durch den vorigen übertönt werden. Zuerst werden die leichten, neutralen Weine vor den gehaltvollen und kräftigen Sorten verkostet. Um den Gaumen zu neutralisieren, wird zwischen den einzelnen Sorten Weißgebäck, am besten eignet sich ungesäuertes Brot, und Wasser gereicht.

Im Gegensatz zu der in gelöster und heiterer Atmosphäre stattfindenden Verkostung von Weinen im Weinkeller, steht die amtliche Weinverkostung. Dabei soll das Produkt Wein möglichst objektiv beurteilt und bewertet werden.

Vor der Bestellung zum amtlichen Weinkoster muß sich der Bewerber einem Prüfungsverfahren unterziehen, wobei die Eignung für kostmäßige Untersuchung festgestellt wird. Voraussetzung dafür ist eine eingehende fachliche Schulung, regelmäßige Übung und viel Selbstdisziplin der Weinkoster, um das größtmögliche Maß an Objektivität zu erreichen.

Nur wenn die persönliche Stimmung und Umwelteinflüsse möglichst ausgeschaltet werden, kann sich der Koster zur Gänze auf das Produkt einstellen und so den wirklichen Wert des Weines feststellen.

Das „richtige" Verkosten erfordert viel Konzentration, deshalb sind gewisse Voraussetzungen unerläßlich: Die Weinkost muß in einem ruhigen, abgeschlossenen Raum, der am besten mit Kojen unterteilt ist, um der Beeinflussung durch andere Mitkoster entgegenzuwirken, stattfinden.

Es müssen gute Lichtverhältnisse herrschen, außerdem muß der Raum gut durchlüftet sein. Der typische „weinige" stimulierende Kellergeruch hingegen beeinflußt den Verkoster schon von Anfang an im positiven Sinn: Jeder Wein schmeckt in undifferenzierter Weise gleich gut.

Als Basis für die Weinbewertung dient das auch in Österreich gebräuchliche internationale 20-Punkte-System, wobei die Unterteilung folgendermaßen aussieht: maximal je vier Punkte können für die Bereiche Farbe und Geruch, maximal zwölf Punkte für den Bereich Geschmack gegeben werden. Eine amtliche Weinkostkommission setzt sich immer aus mehreren — meist sieben bis zehn — Kostmitgliedern zusammen. Dabei werden nicht nur die jeweiligen Landessieger ermittelt, Gold-, Silber- oder Bronzeplaketten, Weinsiegel oder Prüfnummern vergeben, die sachgemäße sensorische Beurteilung von Wein stellt auch eine Notwendigkeit zur Qualitätssicherung dar. Sie kann auch durch chemisch-analytische Prüfungen in Zukunft nicht ersetzt, sondern nur ergänzt werden.

So streng und schulmäßig wird das Verkosten im Keller wohl nur selten ablaufen, ohne daß dadurch der Erkenntniswert in Frage gestellt wäre; am Erlebniswert wird es ohnehin nicht fehlen.

Die „Weinkost in der Kellergasse" könnte überhaupt ein Symbol für neue Ansätze im Stadt-Land-Verhältnis werden:

Auf der einen Seite sind es die Weinbauern, die immer häufiger ihre Kellerensembles — über die Funktion als Arbeitsstätte hinaus — als erhaltenswertes Kulturgut begreifen.

Andererseits entspringt so mancher Besuch, oder gar Erwerb eines alten Kellers durch einen „Zugereisten" nicht bloß der Liebhaberei und dem individuellen Bedürfnis nach ländlicher Erholung und Beschaulichkeit, sondern auch einem Gefühl der Mitverantwortung um die Zukunft der Weindörfer.

34

Hermann Nitsch

Weinkeller im Weinviertel

Fremde, die in der Gegend des Weinviertels und nach Südmähren kommen, wundern sich über die vielen kleinen Häuser, die manche Straßen umsäumen. Ich bin gefragt worden, ob denn in diesen kleinen Häusern Bauern oder besonders arme Leute wohnen, oder ob diese Häuser mit dem Begriff „Kleinhäusler" etwas zu tun haben. Gott sei Dank ist es anders. Die Kellergassen mit ihren Weinkellern und Preßhäusern sind ein Ausdruck der besonderen Kultur unserer Landschaft. Die weißen Preßhäuser gehören zum Schönsten, was einfache, um nicht zu sagen naive Architektur hervorgebracht hat. Die Häuser sind ganz schlicht. Sie sollen einem Zweck dienen und sonst nichts. Weiß gestrichene Mauern, eine schmale Tür, ein kleines Fenster. Alles ist in einem fast geometrischen Sinn angeordnet. Selbst der Lichtkasten stört nicht. Ein Freund von mir hat angesichts dieser Weinkeller von suprematischer Architektur gesprochen. Er hat recht, hier ist Bauen, hier ist die Tatsache Haus auf den Kubus reduziert, dem ein einfaches Dach aufgesetzt wurde. Im Preßhaus befindet sich eine Weinpresse, mehrere Tröge, Tisch und Bänke. Vom Preßhaus wird in die Tiefe der Erde, in die Eingeweide, in den Bauch der Erde gegraben. In diesen Kellern wird der gekelterte Traubensaft vergoren und in Fässern gelagert. Oft stehen um die Keller Laubbäume, in deren Schatten Tisch und Bänke aufgestellt sind. Dort sitzen die frohen Zecher im Freien, im Sonnenschein, erwarten die Nacht bis die Sterne aufgehen, manche trinken bis zum Sonnenaufgang. Im Allgemeinen wurde ursprünglich von den Bauern im Weinviertel der Weinbau nicht kommerziell betrieben. Der Wein wurde mit viel Fleiß und Arbeitsaufwand zur eigenen Freude, für den eigenen Genuß gebaut. Fast jeder Bauer hatte seinen Weingarten und in dessen Nähe einen Weinkeller. Es bildeten sich Kellergassen, in manchen Orten sogar kleine Kellerstädte. Einen eigenen Wein zu haben und einen Keller war der Stolz jedes Bauern. Das Weinbauen und vor allem das Weintrinken hatte etwas mit Daseinsüberhöhung, mit Daseinsfreude, mit rauschhaftem Erleben zu tun, etwas über den Zweck der Lebenserhaltung Hinausgehendes, festliches Erleben wurde verwirklicht. Abends nach der Arbeit in den sommerheißen Feldern gingen die Bauern in die Keller, um sich abzukühlen und den Durst zu löschen. Sie luden sich gegenseitig ein. Jeder wollte zeigen, daß sein Wein gut ist. Es entstand berauschende Geselligkeit. Der Feierabend wurde beim Wein gepflegt. Im Frost des Winters war der Keller warm und der Wein wärmte. Aber eigentlich zu jeder Tages- und Jahreszeit kann man Bauern im Weinkeller antreffen. Ein Gutteil des geselligen Lebens spielte sich im Weinkeller ab. Verträge wurden früher grundsätzlich im Weinkeller ge-

schlossen. Nicht nur die Jahreszeiten, auch Tag und Nacht heben sich im Weinkeller auf. Ich selbst habe es schon oft erlebt, daß ich bei Sonnenschein in den Keller ging, und ihn (trunken von dem aus dem Weinheber spritzenden Getränk) verließ. Ich staunte, tiefste herrliche Nacht, die Pracht des gestirnten Himmels war über mir. Oder ich ging nachts in den Keller und verließ ihn, als bereits die Sonne strahlend aufgegangen war. Im Keller ist der Weinbauer immer sehr gastfreundlich. Geht man bei seinem Weinkeller vorbei, wo oft nur ein Bauer drinnen ist oder gar mehrere, wird man unwiderstehlich hineingezogen. Man wird hinuntergerufen und ergibt sich dem Rausch. Dem Trinkenden ist der Drang zu missionieren eigen. Ältere Bauern haben mir erzählt, daß früher im Winter immer mehrere Bauern sich in einem Keller zusammenfanden und mehrere Tage in diesem blieben und feierten, ohne nach Hause zu gehen. Sie gingen nur ins Freie, um ihre Notdurft zu verrichten. Die Frauen der Zecher brachten ihnen in Körben etwas zu essen, um aber den Keller gleich wieder zu verlassen. Diese Saufereien waren nicht Sache der Frauen. Es hat etwas Heidnisches, daß sich die Bauern Löcherhöhlen in das Erdreich graben, um dem normalen Lebensablauf zu entrinnen und tiefer einzutauchen in die Welt des Rausches. Es ist ein Drang da, in das Unterreich der Nacht des Ungeborenen Seins, des Uteralen, einzudringen. Irgendwo wird die embryonale Geborgenheit des Mutterleibes, die Nacht des Mutterleibes, gesucht. Oder es symbolisiert sich durch die Sehnsucht nach dem Reich der Mütter, nach dem uteralen, der Wunsch, im ganzen Kosmos, im Ablauf der Schöpfung, der über Leben und Tod hinausgeht, geborgen zu sein. Alle Heurigenlieder singen immer wieder vom Tod. Der Rausch wird gegen den Tod gesetzt. Die Rauschseligkeit suggeriert ein Gefühl, welches über den Tod hinausgeht. Man macht sich lustig über den Tod. Der dunkle Meister wird verlacht und als unbedeutend angesehen. Auf eine geheimnisvolle Weise sind Tod und Rausch miteinander verwandt. Man nähert sich im Kellerdunkel und durch den Rausch dem Tod (identifiziert sich mit dem Wechsel der Dinge, mit dem über alles hinausgehenden Fließen, alles Seienden), identifiziert sich mit der Nacht des Todes und verhöhnt aus der überschwenglichen Rauschposition den Tod.
Die Symbolik der nachtbezogenen Rauschsehnsucht könnte noch tiefer gehen. Die Rauschnacht im Keller meint den Tod, das Verlöschen, das Nichts, das Grab, aber auch umgekehrt, im Grunde des Nichts, keimt das Sein, aus dem Dunkel der Erde sprießt die Saat. Alle Erlösungsgötter von Osiris bis zu Christus mußten in die Nacht des Todes, in das Grab, in die Vorhölle, um durch die Auferstehung zu kosmischer Wiedergeburt, zu kosmischem Leben zu erwachen. Die heilige Freude im Weinkeller hat viel mit Mysterien der Antike zu tun, die sich immer im Reich der Dunkelheit ereigneten. Aber am Grunde dieser trunkenen Sehnsucht nach dem Nichtigen und Nächtigen wohnt eben doch der Eros. Das Christentum verbannte das Leibliche, das Fleisch, den Rausch in die Unterwelt. So war es selbstverständlich, daß diese Flucht aus dem erosfeindlichen christlichen Alltag, zum

Grunde der Nacht, die unmoralischen Zensuren lockert. Nirgendwo wird soviel Zweideutiges und Erotisches geredet wie im Weinkeller. Große Träume in Richtung geschlechtlicher Erfüllung eröffnen sich. Diese verbotenen erotischen Gespräche nannte man im Volksmund „Sauglockenläuten". Ein anderer, ebenfalls gängiger Spruch unterstreicht das Ganze: „Wein und Weiber sind die besten Zeitvertreiber". Überhaupt kennt das weinbegeisterte Verweilen im Weinkeller kein Zeitgefühl. Es ist eine Flucht aus den normalen Bedingungen der Zeit. Noch etwas grundsätzlich Wichtiges hängt mit der Freude in und um die Weinkeller zusammen. Die Auseinandersetzung mit dem Wein ist eine wesentliche, vom harten Fleiß bestimmte, pflegende Beschäftigung mit dem Wachstum, mit dem Leben. Keine Ernte wird mit soviel Freude und Begeisterung gelohnt wie die Weinernte. Das Ziehen von Wein war lange vor dem Christentum etwas Heiliges. Ein Kult der ewigen, unaufhörlichen Lebendigkeit gegenüber, selbst im Kult und Mythos des Christentums wird der Wein als tiefes Symbol von Leben, Tod, Auferstehung und kosmischem Sein verstanden. Die dionysische Lebendigkeit wuchert über die Absperrungen des Christentums hinaus. Heitere Lebensbejahung bestimmt das Menschliche vom Grund aus. Das Christentum hat Strenge symbolisierende, entsinnlichende, sublimierende, reinigende Tendenzen. Bei der Weinernte darf in das Volle des Traubenfleisches gegriffen werden. Das überreife saftpralle Fleisch der Trauben wird von der Presse zerquetscht. Das Blut der Trauben quillt und spritzt übersüß. Die Maische ist süßer Most und schleimiges zerquetschtes Fruchtfleisch. Rote Maische gärt vorerst im Trog. Der weiße Most gärt in den Fässern. Der vergorene Traubensaft ermöglicht den Rausch des Fleisches. Aller Überschwang wurde vom Christentum in die Transzendenz gewiesen. Das Dionysische dagegen füllt das Leben selbst mit Überschwang und bringt ihn zu Erlebnis und Bewußtsein. Es ist die Lebensbejahung selbst, die sich in die Rauschdunkelheit des Weinkellers wendet.
Ich schrieb vielfach von der Vergangenheit der Kellerkultur. Trotzdem, vieles ist geblieben und wird immer bleiben. Freilich ist das Fernsehen der ärgste Feind der Kellerpartie und des Verweilens im Keller. Trotzdem, das Sein im Keller wird sich durchsetzen. Früher waren die Frauen von all dem Treiben im Keller weitgehend ausgeschlossen, das hat sich aber geändert, und ich kann mir kaum eine Kellerpartie ohne das Lachen der Frauen vorstellen.

Die im oberen Waldviertel in der Nähe von Gmünd gelegene Glashütte wird erstmals 1725 als „Niklashütte" erwähnt. Über Jahrhunderte hinreichende Glasmacherkunst und Tradition, ausgedrückt durch das meisterliche Können, den Fleiß und den Tatendrang der Waldviertler Glasmacher sind die Voraussetzungen für den Erfolg der STÖLZLE KRISTALL in Alt Nagelberg.

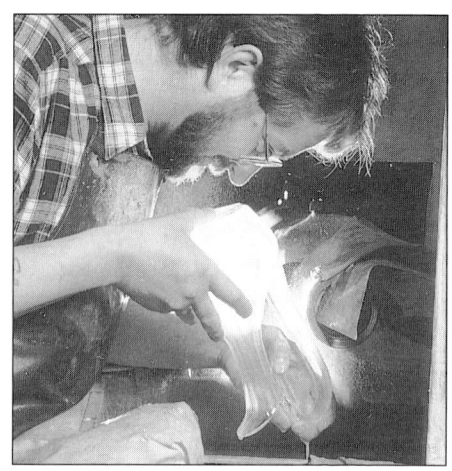

Die Glashütte, in der mundgeblasene Trinkgläser, Accesoires für den gehobenen Tischbereich, aber auch Geschenkartikel nach traditionellen Herstellungstechniken gefertigt werden, gehört zu den Anziehungspunkten für

Besucher aus der Umgebung, aber auch für jene aus dem nahen und fernen Ausland. Auf Ihren Besuch in einer der ältesten Glashütten Österreichs freut sich Ihre STÖLZLE KRISTALL. Information und telefonische Voranmeldung: Telefon 02859/531 11.

Stölzle Kristall

— PERSPEKTIVEN —

ZUKÜNFTE VON KELLERGASSEN

Autogerechtigkeit

*Sesam
öffne dich:
Kellerge-
borgenheit
für die
heilige
Kuh oder
nur ein
neues
„prakti-
sches"
Kellertor?*

41

Tabula
Rasa

Wieder-
errichtung
nach
altem
Vorbild

Neuer
„Alter"
Glanz

Dekonstruktivismus — Brutalismus und griechisch−römisch−Verfremdungen

„Beauty and Beast"

„No Future"

45

Beurteilung

Die Beurteilung der einzelnen Kellergassen entspringt natürlich der subjektiven Einschätzung der Autoren, diese wurde aber durch rund tausend, im Zuge der Recherchen aufgenommene Kellergassen geeicht. Bewertet wurden vor allem die Kriterien Ursprünglichkeit, Erhaltungszustand, vorgenommene Veränderungen, Einheitlichkeit, Einfügung in die Landschaft, Vielfalt, „architektonische" Gestalt. Darüberhinaus fanden aber auch „Stimmungen", romantische Betrachtungen und auch ein gewisser „Hang zur Verwilderung" Eingang in die Beurteilungen.

Bei den vorgenommenen Wertungen handelt es sich selbstverständlich um „Momentaufnahmen", bereits in wenigen Jahren kann sich in den einzelnen Kellergassen sowohl in negativer (was wir wohl nicht hoffen wollen) als auch in positiver Hinsicht eine deutliche Veränderung ergeben.

◆   super plus-einsame Klasse: Diese(r) Kellergasse (-berg, -viertel) ist außerordentlich schön und beeindruckend: sie (er, es) ist in ihrer (seiner) Form oder Anlage einzigartig;

★ ★ ★   sehr gute, wunderschöne Anlage, sehr ursprünglich erhalten und reizvoll, unbedingt sehenswert;

★ ★   sehr gute Kellergasse, gut erhalten, schöne Substanz ; sehenswert

★   in Teilen noch ursprünglich erhalten, einige schöne Ensembles, einige Veränderungen wurden bereits vorgenommen

Kein Stern: durchschnittliche Kellergasse

★ ☆   eine an sich sehr schöne und gute Anlage, die aber durch einige gravierende Veränderungen beeinträchtigt wird; sehenswert und interessant

Ü   Übernachtungsmöglichkeiten

B   Buschenschank

Begriffsbestimmungen:

Ausg'steckt: Mit einem Buschen aus Kiefernzweigen angekündigte Möglichkeit, beim Weinhauer heurige, also nicht-jährige und ältere Eigenbau-Weine konsumieren zu können.

Einseitige Kellergasse: Keller bzw. Preßhäuser wurden in einer einzigen Reihe erbaut

Fallinie: stellt eine vertikale Linie am Hang dar.

Höhenlinie: stellt eine horizontale Linie am Hang dar.

„geschlossen": die Preßhäuser sind dicht aneinander gebaut.

„g'weissingt": weiß gekalkte Wände

„hintaus": Bezeichnung für den hinteren Ausgang des Hofes.

Katastralgemeinde: früher selbstständiger, heute eingemeindeter Ortsteil, mit meist noch sehr eigenständigem Charakter

Preßhaus: Meist über der Erde und vor dem eigentlichen Keller gelegenes Gebäude, in dem die Weinpresse untergebracht ist; oft befindet sich hier eine Sitzecke und gelegentlich sogar ein kleines Stüberl.

Übernachtungsmöglichkeit: Diese wurde jeweils nur für die betreffende Katastralgemeinde angegeben.

Lesemöglichkeit: In Orten mit dieser Angabe besteht die Möglichkeit, bei einer Weinlese mitzuarbeiten.

„Kellergesichter"

50

Tullnerfeld und östlich des Dunkelsteiner Waldes

Hierzu zählen Orte am Rande des Tullnerfelds und östlich des Dunkelsteiner Waldes.

Von Wien aus mit dem Auto:
Nußdorf — Klosterneuburg — St. Andrä... oder: Westautobahn — A 1 bis St. Pölten — Herzogenburg...

Von Wien aus mit Bus und Bahn:
Franz-Josefs-Bahn — Tulln — Traismauer — Herzogenburg und Buszubringer...
West-Bahn — St. Pölten + Buszubringer...

An der Weinstraße „Römerstraße" liegen folgende Orte:
Unterwölbling — Kuffern — Oberwölbling — Walpersdorf — Ahrenberg — Frauendorf — Traismauer — Wagram ob der Traisen — Hollenburg — Palt

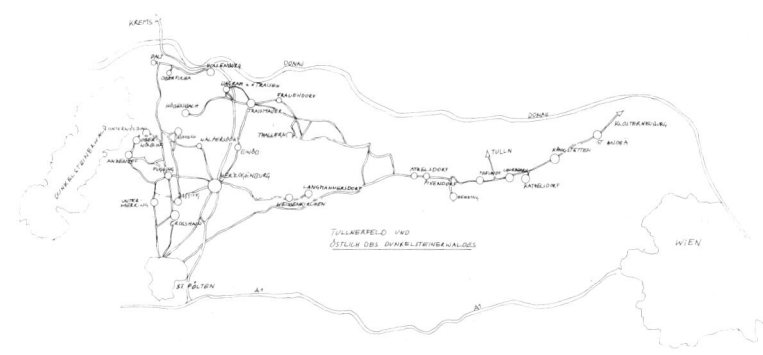

St. Andrä

An der Ortseinfahrt von St. Andrä zweigt eine kleine Gasse ab, an der noch ein kurzes, einseitiges Kellergassenfragment in schattiger Lage unter hohen Bäumen versteckt liegt, das heute gastronomischen Zwecken dient.

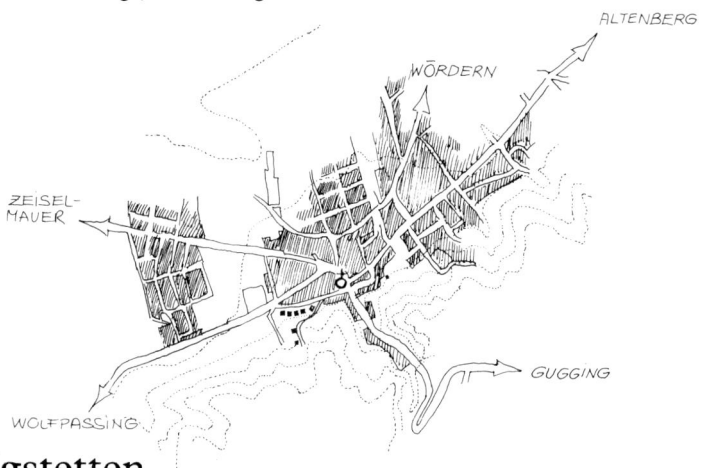

Königstetten

Ü

Die Kellergasse ist nur mehr rudimentär vorhanden.
Information: Gemeindeamt Königstetten 022 73/22 23, 700 99
Weinbauobmann: Erwin Bichler, Neuwaldegg 7
Gasthaus Bartolschutz, Gasthaus Radlherr

Katzelsdorf

Eine einseitig und horizontal an der Höhenlinie verlaufende Kellergasse ist noch erahnbar, aber bereits stark von Wohngebäuden dominiert.

Chorherrn

Hier, am Rande des Tullnerfeldes, sind noch die Rudimente einer Kellergasse, die sich entlang der Hauptstraße hinzog, zu finden.

Freundorf

Auch in Freundorf lassen sich die Spuren einer ehemaligen Kellergasse noch erkennen: Unter wenigen anderen findet man an der Hauptstraße noch den Severin-Keller.

Henzing

Ins Ortsgebiet integriert liegt ein kurzes, beidseits bebautes Kellergassen-fragment.

Pixendorf

Vereinzelt findet man noch Kellergebäude und sogar einen Heurigenbetrieb an der Straße, doch um als Kellergasse gelten zu können, ist die Anzahl der Keller zu gering.

Atzelsdorf

In Atzelsdorf, am Rande des Tullnerfeldes, liegt an der Hauptstraße noch ein kleines, recht ursprünglich erhaltenes, Kellergassenfragment bestehend aus wenigen Kellergebäuden.

Langmannersdorf
★ ★ ★ B

Eine sehr schöne, lange, einseitige Kellergasse findet man an der Straße nach Weißenkirchen. Diese Kellerreihe ist teilweise geschlossen errichtet, teilweise stehen die Preßhäuser frei und befinden sich großteils in gutem Bauzustand. Eine Nuß- und Birnbaumallee trennt die wenig befahrene Straße von der Kellergasse, wodurch vor den Preßhäusern angerartige Erweiterungen entstehen, die nicht asphaltiert sind.

Im Vergleich zu anderen Kellergassen sind die Preßhäuser relativ groß und fallen besonders auf, weil zu ihrer Errichtung Holz verwendet wurde.

Insgesamt macht diese Kellerreihe durch ihre sonnige Lage am Hang und ihren guten Bauzustand einen recht positiven und − im Sinne ihrer ursprünglichen Funktion − intakten Eindruck.

Lesemöglichkeit
In der Kellergasse sind von Februar bis Dezember an den Wochenenden verschiedene Buschenschankbetriebe geöffnet.
Information: Gemeindeamt Weißenkirchen a.d. Perschling,
Telefon 027 84/23 58, Weinbauobmann: Josef Brenner, Langmannersdorf 54

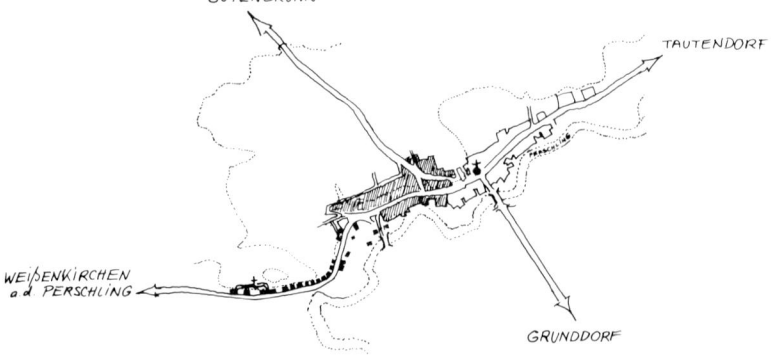

Weißenkirchen

Innerhalb des Ortsgebietes sind die Reste einer einseitigen Kellergasse erkennbar, deren Preßhäuser bzw. Kellereingänge noch recht ursprünglich wirken. Dort, wo es jedoch das anschließende Gelände zuließ, wurden Wohngebäude errichtet, wodurch eindeutig der Charakter des Wohngebietes überwiegt. Die ehemalige Kellergasse wirkt nurmehr als „dekoratives

Rudiment" im Ortsraum, das aber auf jeden Fall erhalten werden sollte. Außerdem befinden sich auch hier, wie in vielen anderen Orten, einige Preßhäuser und Weinkeller an den Ortsrändern.

Einöd

Die geschlossene Kellerreihe ist einseitig an den Hang gebaut. Sie unterscheidet sich von den Weinviertler Kellergassen vor allem durch die Verwendung von Holz bei der Errichtung der Preßhäuser. Dadurch vermittelt sie eher den Eindruck einer Ansammlung landwirtschaftlicher Holzschuppen (Scheune, Viehhaltung, etc.).

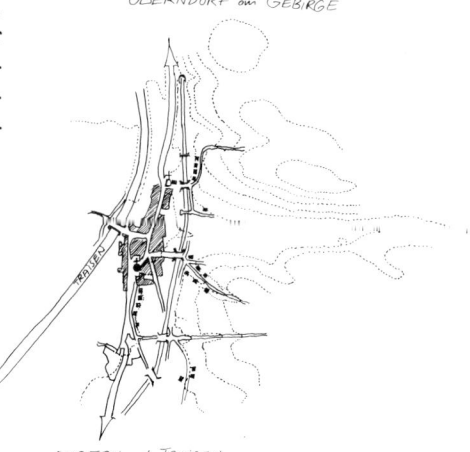

55

Herzogenburg

Die Herzogenburger Kellergasse besteht praktisch nur mehr dem Namen nach und ist als solche kaum mehr erkennbar: Zwischen normaler Wohnbebauung mit Einfamilienhäusern am „Hainer Berg", befinden sich noch einige zum Teil sehr schöne, alte Preßhäuser.

Zagging
★ ★ ★

Relativ weit außerhalb, auf der Kuppe eines leicht ansteigenden Hügels liegt eine Kellerreihe. Ihre Preßhäuser stehen frei und gegeneinander leicht versetzt, sodaß der Eindruck einer sägezahnförmigen Baulinie entsteht, wodurch sich überdies vor und zwischen den Preßhäusern kleine, baumbestandene Wiesenplätze ergeben. Der Großteil der Preßhäuser ist in sehr gutem Zustand und die — im Zuge der Renovierungen vorgenommenen — Veränderungen stören kaum.
Durch die Lage auf der Hügelkuppe wirkt diese Kellerreihe sehr sonnig und luftig. Als schönes und idyllisches Beispiel kann sie mit ihrer einseitigen Anordnung, der Größe der Keller usw. sogar als typisch für diese Region gelten.

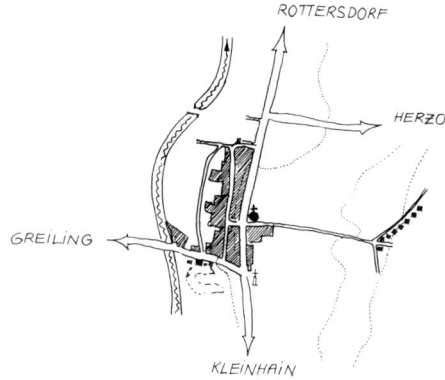

Lesemöglichkeit
Jährlich findet ein Keller-
gassenfest statt.
Information:
Gemeindeamt
Obritzberg-Rust,
Tel: 027 86/22 92

Großhain
★ ★ ★ Ü

Rund 500 m außerhalb des Ortes in einer Mulde am Hang liegt um eine
baumbestandene Wiese ein sehr idyllischer, kleiner Kellerplatz, bestehend
aus Kellergebäuden in überwiegend gutem baulichen Zustand.

Die „besondere" Wirkung dieses Kellerplatzes ergibt sich durch seine leicht „versteckte" Lage, die kreisförmige Anordnung der Kellergebäude und ihre geringe Zahl, sowie den Baumbestand: alles macht den Eindruck eines Festplatzes.
Etwa 100 m südlich davon befindet sich eine sehr kurze, beidseits bebaute Kellergasse. Auch hier sind die Gebäude großteils in sehr gutem Zustand oder werden gerade renoviert.
Jährlich findet im Mai ein Kellergassenfest statt.

Information: Gemeindeamt Obritzberg-Rust Tel: 027 86/22 92

Gasthaus Steiner

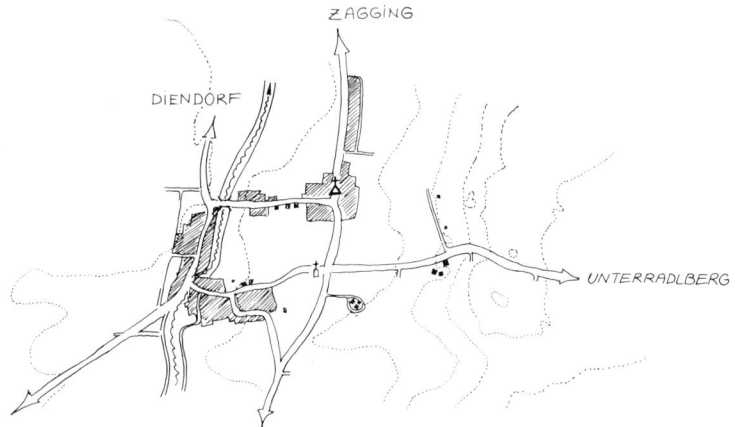

Untermerking

Die kurze, zweiseitige Kellergasse ist bereits dem Verfall preisgegeben worden, und wäre mittlerweile ein geeigneter Drehort für einen Tarkowskij-Film.

Fugging
★ ★ ★

Entlang der Höhenlinie liegt, ähnlich angeordnet wie in Zagging, eine einseitige, sehr reizvolle Kellergasse mit z.T. sehr schönen und alten Preßhäusern.

Kleine Plätze, die sich vor und zwischen den Preßhäusern ergeben, sind mit Bäumen bestanden, und manches Preßhaus ist selbst mit Wein berankt. Der Bauzustand der Gebäude ist mittel bis gut. All das bewirkt zusammen mit der Lage der Kellergasse oberhalb des Ortes, ein recht ursprüngliches Gesamtbild und dürfte damit

der klassischen Vorstellung einer Kellergasse mit romantischen und idyllischen Verbrämungen nahekommen.

In einiger Entfernung befindet sich noch eine weitere, kurze, zweiseitig bebaute Kellergasse in der Fallinie.

Information: Gemeindeamt Obritzberg-Rust Tel: 027 86/22 22

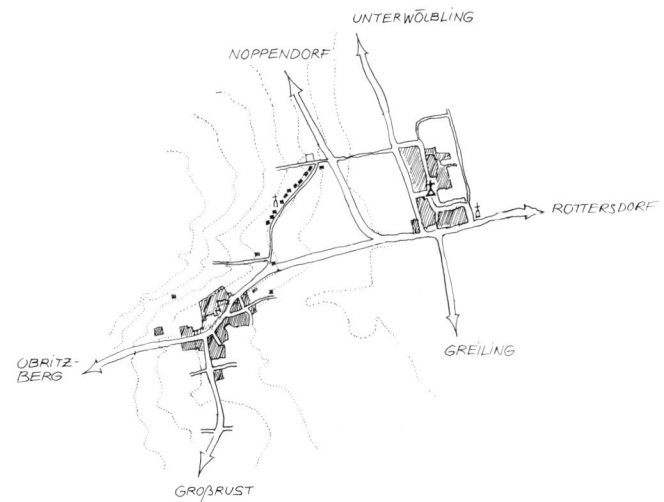

Anzenhof
 ★

Außerhalb des Ortes, in Richtung Oberwölbling steigt an den Hängen des „Kirchbühels" langsam die kurze, einseitige Kellergasse an. Auf ihre Erhaltung wird offensichtlich — trotz oder gerade wegen des Rückgangs des Weinbaus? — sehr großer Wert gelegt, wie das gepflegte Äußere der Kellergasse und die fast städtisch anmutenden, liebevollen Neupflasterungen um die Eingänge zu den Preßhäusern oder „Hobbyweinkellern" beweisen.

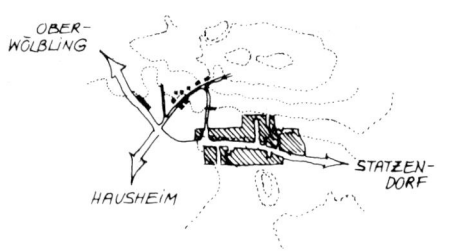

Oberwölbling
 ★

Oberwölbling hat zwei kurze, einseitige Kellergassen, deren Preßhäuser gut erhalten und zum Teil erst vor kurzem renoviert worden sind.
Information: Gemeindeamt Wölbling Tel. 027 86/23 09
Weinbauobmann: Alexander Müllner, Unterwölbling 51

Unterwölbling
★

An der Ortseinfahrt verläuft entlang der Höhenlinie die einseitige Kellergasse. Die Preßhäuser sind noch recht ursprünglich und gut erhalten, nur ein Gebäude wurde durch Aufstockung, Fenster- und Toreinbauten deutlich verändert. Im Ort selbst und an den Ortsrändern liegen noch vereinzelt Keller und Preßhäuser.

Jährlich findet in der Kellergasse ein „Hauermarkt" statt.
Information: Gemeindeamt Wölbling Tel. 027 86/23 09
Weinbauobmann: Alexander Müllner, Unterwölbling 51

Kuffern
★

Am Ortsende, an der Straße nach Unterwölbling, verläuft entlang der Höhenlinie eine lange, einseitige Kellerreihe. Ihre Preßhäuser sind zum überwiegenden Teil noch ursprünglich erhalten und kaum verändert, nur ein Preßhaus wurde bisher zu einem Buschenschankbetrieb umgebaut. Direkt hinter den Kellergebäuden beginnen die Weingärten.

In den Sommermonaten wird in der Kellergasse ein Buschenschank betrieben.
Information: Gemeindeamt Statzendorf Tel. 027 86/22 47
Weinbauobmann: Josef Geppel, Kuffern 37

Walpersdorf

Am Weg zum „Schoderböckkreuz" verläuft eine kurze, zweiseitige und recht schattige Kellergasse.
Die Preßhäuser sind hier relativ groß, einige wurden bereits durch Aufstockungen, Fenstereinbauten o.ä. verändert.
Nach Voranmeldung sind Kellerführungen möglich.
Information: Gemeindeamt Inzersdorf-Getzersdorf Tel. 027 82/31 66
Weinbauobmann: Franz Auer, Inzersdorf 41

Höbenbach
★ ★

Im schmalen Hohlweg aus dem Ort hinaus führt die zweiseitige Kellergasse in einer leichten Kurve auf den Hang.
Der Großteil der Preßhäuser wurde sehr gefühlvoll und gut renoviert, wodurch die Kellergasse einen sehr einladenden Eindruck macht.
Lesemöglichkeit
Jährlich findet Ende Juli ein Kellergassenfest statt
Information: Gemeindeamt Paudorf Tel. 027 36/245
Gasthaus Zaiss

Oberfucha
B

Außerhalb des Ortes liegt eine kurze, einseitige und großteils noch sehr ursprünglich erhaltene Kellergasse.
In der Kellergasse wird abwechselnd von verschiedenen Weinhauern „ausg'steckt"
Information: Gemeindeamt Furth Tel. 027 32/46 22
Weinbauobmann: Rudolf Dürauer, Aignerstr. 11 / Furth

Hollenburg

An der Straße nach Wagram verläuft die sehr lange, einseitige Kellergasse. Ein wesentlicher Teil ist heute bereits in das Wohngebiet integriert. Bis auf einige Veränderungen durch Um- und Zubauten sind die Preßhäuser jedoch gut erhalten.
Information: Gemeindeamt Hollenburg Tel. 027 39/22 34

Palt

An der Ortseinfahrt liegen einige locker angeordnete Keller und Preßhäuser, die jedoch keine Kellergasse darstellen.

Wagram ob der Traisen
★ ★ B

Wagram hat mehrere kleine Kellergassen, die sowohl in Hohlwegen als auch entlang der Höhenkante verlaufen.
Vor allem die Kellergassen in den Hohlwegen machen einen sehr dicht gedrängten und kompakten Eindruck, dies umso mehr, als die Preßhäuser in diesen engen und zum Teil auch recht steilen und schattigen Hohlwegen meist relativ klein sind.
An der Straße nach Hollenburg befindet sich entlang der Höhenlinie eine lange Kellerreihe, die soeben renoviert wird. Man versucht hier, das ursprüngliche Erscheinungsbild soweit wie möglich zu erhalten bzw. wiederherzustellen.

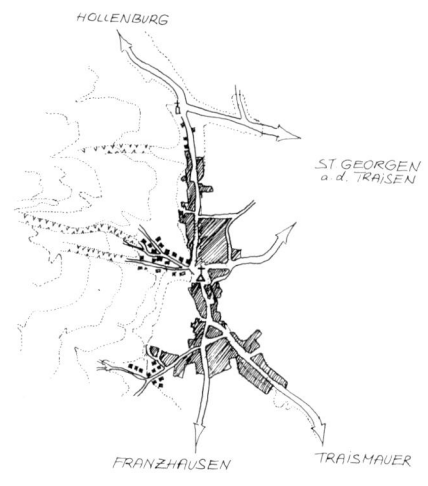

Auch in den anderen Kellergassen von Wagram wurde ein großer Teil der Preßhäuser renoviert, zum Teil aber auch starke Veränderungen durch den Neubau großer Wohnhäuser vorgenommen. Die einzelnen Kellergassen gehen meist direkt ins Wohngebiet über. Umgeben von Weingärten, ist die Bedeutung des Weinbaues für Wagram unübersehbar und dementsprechend werden auch einige der Preßhäuser als Buschenschanken und Heurigenbetriebe genutzt.

In der Kellergasse befinden sich mehrere Buschenschankbetriebe.
Information: Gemeindeamt Traismauer Tel. 027 83/86 52

Traismauer
★ ★ B

Im Bereich „Venusberg", „Berghäuser" und „Nasenberg" liegen mehrere teils ein-, teils zweiseitige und fallweise sogar „dreiseitige" Kellergassen.
Hier gibt es eine ganze Reihe sehr schöner Ensembles und natürlich auch stark veränderte Preßhäuser.
Einige der Kellergebäude wurden zu Zweitwohnsitzen umgebaut, andere auf Buschenschank- und Heurigenbetrieb eingerichtet.
In den Kellergassen befinden sich mehrere Buschenschank- und Heurigenbetriebe.
Information: Stadtamt Traismauer Tel. 027 83/86 510
Weinbauobmann: Josef Ettenauer, Venusberg 24

Ahrenberg-Frauendorf

★ ★ B

Einseitig an der Höhenlinie um „Eichberg" liegt eine relativ lange Kellerreihe mit großen Preßhäusern. Diese werden zum Großteil touristisch genutzt, d. h. fast jeder Keller ist auf Buschenschankbetrieb eingestellt. Dementsprechend handelt es sich bei den bereits vielfach vorgenommenen Veränderungen vor allem um den mehr oder weniger großzügigen und ge-
schmackvollen Ausbau der Preßhäuser zu „Kellerstüberln". Fassaden wurden umgestaltet, Fenster mit schmiedeeisernen Gittern versehen, Dächer
neu gedeckt, WC-Anlagen errichtet, usw. In dieser Kellergasse ist der
Funktionswandel von der Weinproduktion zur Weinkonsumation jedenfalls von „außen" deutlich ablesbar.
So vermag die Kellergasse von Ahrenberg zwar nicht mehr das romantische,
leicht morbide Flair einer „ursprünglichen" Kellergasse auszustrahlen, sie
ist aber auf die Bedürfnisse der Besucher — Weinkosten, Weintrinken,
Weinkaufen, Schmalzbrot und Blunzen — bestens vorbereitet und stellt so
ein attraktives Ausflugsziel in traditioneller Umgebung dar.
Lesemöglichkeit
Kellerführungen sind möglich
Gemeindeamt Sitzenberg-Reidling Tel. 022 76/241
Weinbauobmann: Karl Moser

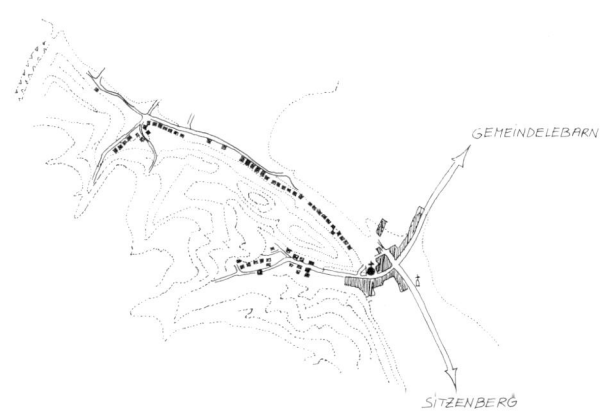

Thallern

★

Die einseitig an der Höhenlinie gelegene Kellergasse ist mit ihren meist
recht großen Preßhäusern noch sehr ursprünglich erhalten und macht einen
reizvollen Eindruck. Allerdings sollte die „Ursprünglichkeit" etwas besser
gepflegt werden.
Information: Gemeindeamt Hollenburg Tel. 027 39/22 34

Wagram

Als Region Wagram wird hier das Gebiet zwischen dem Steilabfall zum Kamp im Westen, dem Göllersbach bei Stockerau im Osten, den Donauniederungen im Süden und der „Linie" Großriedenthal — Baumgarten im Norden verstanden.

Von Wien aus mit dem Auto: Stockerau B4 (Richtung Horn) abzweigen bei Hausleiten.

Von Wien aus mit Bahn und Bus: An der Bahnlinie liegen folgende Orte: Hausleiten — Gaisruck — Stetteldorf — Absdorf/Hippersdorf — Königsbrunn am Wagram — Kirchberg am Wagram — Fels am Wagram — Wagram am Wagram.

An der Weinstraße liegen folgende Orte: Absdorf/Hippersdorf — Königsbrunn — Unterstockstall — Mittelstockstall — Oberstockstall — Kirchberg — Fels am Wagram — Feuersbrunn — Großriedenthal.

Hausleiten

Am „Mühlberg" verläuft eine zweiseitige Kellergasse in der Fallinie. An störenden Veränderungen fallen beispielsweise die Aufstockung eines Preßhauses, der Einbau von Garagentoren usw... auf. Sonst ist die Kellergasse noch recht ursprünglich, wenn auch schon ein wenig baufällig.

Der Weg in der Kellergasse ist sympathischerweise nicht asphaltiert und erweitert sich zu einem angerartigen Platz. Im Verlauf dieser Gasse ergeben sich noch zwei weitere kleine, sehr schöne Kellerplätze, von denen einer doch tatsächlich mit Autowracks vollgestellt ist. Auch wenn in Hausleiten kaum mehr Weinbau betrieben wird, sollte es dennoch möglich sein, diese von der Substanz her sehr schöne „nutzlos gewordene" Kellergasse in anderer Form zu nutzen, als sie in einen „Autofriedhof" zu verwandeln, oder zumindest die alten Autos in ihre Bestandteile zerlegt in Kellern zu lagern. Einige weitere Preßhäuser befinden sich im Bereich um die Kirche, auch sie sind in relativ schlechtem Zustand.

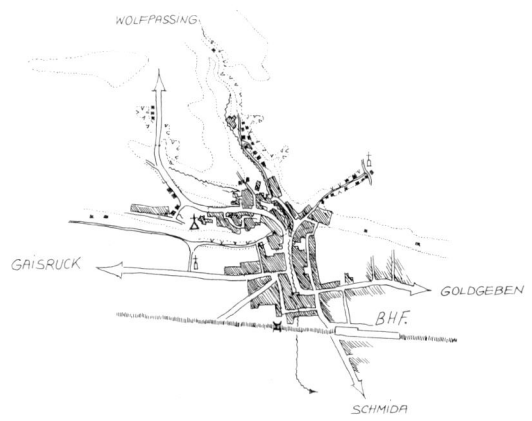

Kellerführung nach Voranmeldung möglich
Jährlich findet im September ein Kellergassenfest statt
Information: Gemeindeamt Gaisruck, Telefon 022 65/267

Gaisruck

An der Straße nach Eggendorf direkt ins Ortsgebiet integriert, befinden sich die Reste einer einseitigen Kellergasse. Ein Teil der ehemaligen Preßhäuser wurde durch Wohn- und Wirtschaftsgebäude ersetzt. Manche der noch bestehenden Keller werden als Lager oder Kartoffelkeller genutzt. Es befinden sich aber auch noch einige sehr schöne alte Keller an der Ortsstraße.
Eine weitere, zweiseitige, noch recht ursprüngliche Kellergasse verläuft in einem schattigen Hohlweg etwas außerhalb des Ortes direkt hinter dem „Bad".

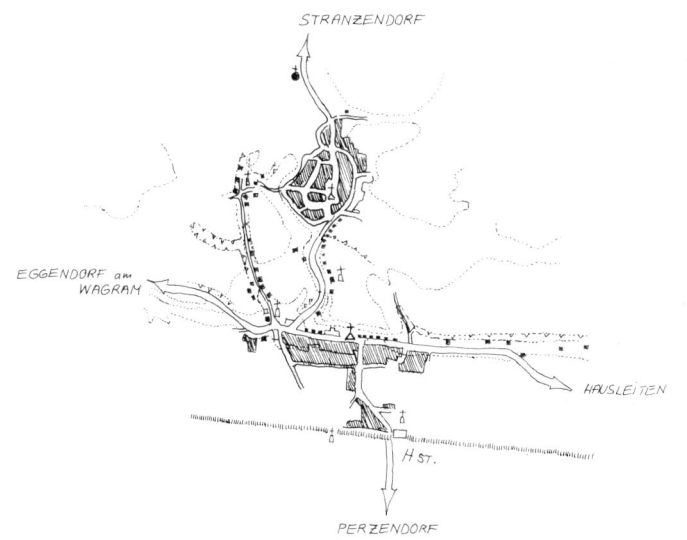

Stetteldorf am Wagram

Einseitig und in geschlossener Bauweise errichtet, verläuft die Stetteldorfer Kellergasse von Akzien beschattet entlang der Höhenlinie.
Keller bzw. Preßhäuser sind in gutem Zustand, bei Renovierungen wurden allerdings fallweise deutliche Veränderungen, wie die Aufstockung

von Preßhäusern, Aufbau einer Attika, schmiedeeiserne Vergitterung von Fenstern usw. vorgenommen. Vieles läßt darauf schließen, daß zumindest ein Teil der Keller „hobbymäßig" genutzt wird.

In der Mitte der Kellergasse erweitert sich diese zu einem relativ großen Platz, mit einer von „Riesenakazien" bestandenen Wiese. Hier findet man auch das erste „Potemkin'sche Preßhaus": die Stützmauer der Terrasse eines Neubaus wurde so umgestaltet und bemalt, daß sie — jedenfalls aus einiger Entfernung — tatsächlich wie die Vorderfront eines Preßhauses wirkt.

Eine Reihe von Erdkellern befindet sich an der Hauptstraße.

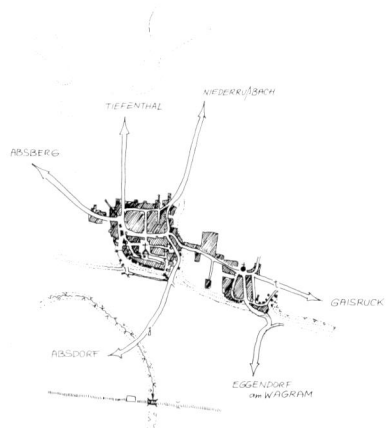

In der Kellergasse wird ausgesteckt.
Information: Gemeindeamt Stetteldorf am Wagram, Telefon 022 78/23 04
Weinbauobmann:
Johann Thyri,
Eggendorf am Wagram 18

Absdorf
★ ★ B

Direkt oberhalb der Weingärten verläuft die einseitige Kellergasse.
Erstaunlich viele Gebäude wurden in den letzten 20 Jahren renoviert oder überhaupt neu errichtet. Dies läßt darauf schließen, daß ein wesentlicher Teil der Kellergasse heute als „Ferienwohnung" oder „Hobbykeller" dient.
Die Renovierungen weisen eindeutig den Stil der 70er Jahre auf.
Die Keller selbst sind ohne Wölbung direkt in den Löß gegraben.
Unterbrochen von mehreren Weingärten führt die Kellergasse weiter entlang der Straße nach Hippersdorf und gabelt sich hier in einen oberen und einen unteren Ast.
Sowohl der obere als auch der untere Teil weisen platzförmige Erweiterungen mit Wiesen und Bäumen auf, die Wege sind nicht asphaltiert.

In diesem zweiten und dritten Teil der Kellergasse wurden weit weniger Preßhäuser renoviert als im ersten, besonders der direkt an der Straße gelegene Ast ist noch sehr ursprünglich erhalten.

Insgesamt ist die Kellergasse sehr lang und bietet durch ihre Unterschiedlichkeit — alte und neue Preßhäuser etc. — eine Reihe interessanter Aspekte, die sich durchaus bei alten und neuen Buschenschanken fortsetzen.

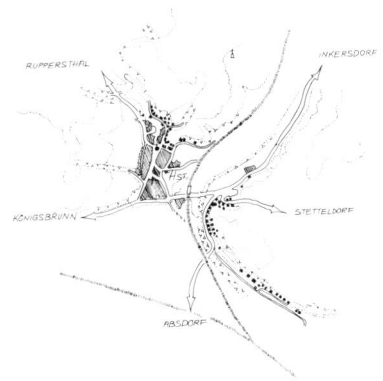

Buschenschank in der Kellergasse: einige Weinhauer haben abwechselnd „ausgesteckt" Jährlich findet am letzen Samstag im Juni ein Kellergassenfest statt. Informationen: Gemeindeamt Absdorf, Telefon 022 78/22 03, Weinbauobmann: Franz Schwanzer, Hauptplatz 7

Hippersdorf

Relativ lange, gut erhaltene, gegabelte, einseitige Kellergasse.

Zum Teil wurden die Preßhäuser vollkommen neu auf pseudo-rustikal-agrarbacchantische „Kellerstüberl" umgebaut.

Einige Renovierungen wurden aber auch sehr einfühlsam vorgenommen.

Nach Voranmeldung sind Kellerführungen und Weinkost möglich
Information: Gemeindeamt Königsbrunn am Wagram,
Telefon 022 78/23 38
Weinbauobmann: Leopold Schachinger jun., Königsbrunn a. W. 36

Königsbrunn am Wagram
★ B

An der Straße nach Ruppersthal verläuft eine zweiseitige,
gut erhaltene Kellergasse in
einem tiefeingeschnittenen,
leicht ansteigenden Hohl-
weg. Im unteren Drittel erweitert sie sich angerartig.
Der Reiz dieser Situation
wird allerdings durch den
Straßenverkehr gemindert.
Vier sehr große, alte Preßhäuser dominieren einen we-

sentlichen Teil der Kellergasse. Von den übrigen Preßhäusern wurden einige aufgestockt, andere etwas zu herzhaft renoviert (Farbgebung, Fassade,
Fenster, Zäune, etc.). Ein Teil von ihnen wird „nurmehr" als „Kellerstüberl" für geselliges Beisammensein genutzt.
In seiner Gesamtheit wird das an sich sehr schöne Ensemble weniger durch
die Straße, als vielmehr durch die Bepflanzung des angerrartigen Platzes mit
Fichten, Föhren, standortfremden Sträuchern und Schnitthecken gestört.

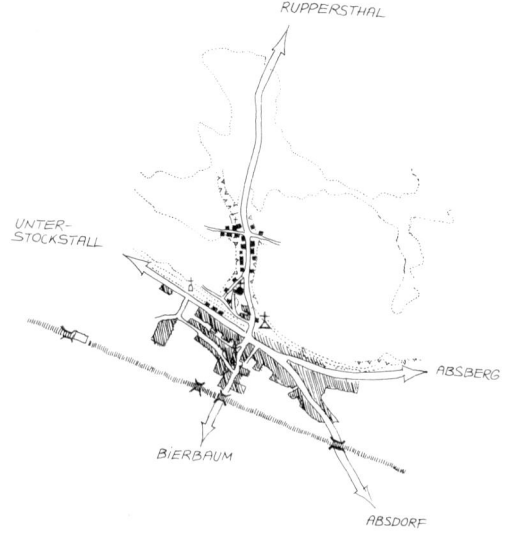

Kellerführungen sind nach
Voranmeldung möglich
Information: Gemeindeamt
Königsbrunn am Wagram,
Telefon 022 78/23 38,
Weinbauobmann:
Leopold Schachinger jun.,
Königsbrunn a. W. 36

Unterstockstall
★ ★

Um eine Wiese mit Nußbäumen sind sieben Keller bzw. Preßhäuser zu einem netten kleinen „Kellerplatz" vereint. Das ganze Ensemble wirkt mit den recht gut erhaltenen Preßhäusern, der Wiese, den Bäumen, einem kleinen Blumengarten, herumspazierenden Hühnern und seiner, von der Straße etwas abgehobenen Lage am Rande der Weingärten, sehr „lieblich".

Ausgehend von diesem „Kellerplatz" befindet sich eine Reihe weit auseinanderliegender, freistehender Einzelkeller direkt in den Weingärten.

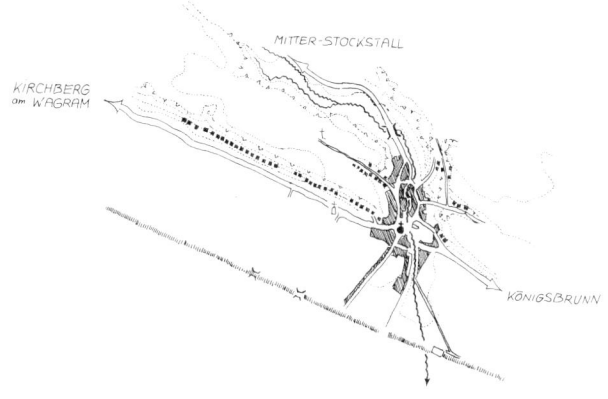

Information: Gemeindeamt Königsbrunn am Wagram, Tel. 022 79/23 32; Weinbauobmann: Leopold Greil, Unterstockstall 18

Mitterstockstall

In einer leichten Mulde verläuft einseitig bebaut eine kurze Kellergasse. Eine weitere, ebenfalls einseitige Kellergasse folgt einem breiten Hohlweg. Während manche Keller bereits renoviert sind, stehen andere leer und sind dem Verfall preisgegeben. Der „kellertypologisch Interessierte" findet hier in Mitterstockstall jene eher selten anzutreffenden Preßhäuser, die in Holzbauweise errichtet wurden.

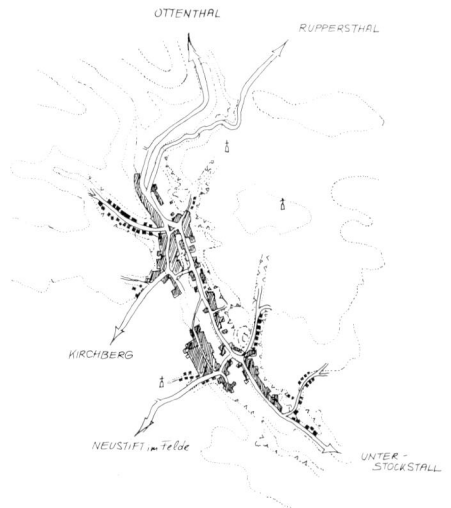

Information: Gemeindeamt Kirchberg am Wagram, Telefon 022 79/23 32; Obmann des Weinbauvereins: Leopold Direder, Mitterstockstall 43

Oberstockstall

B

Auf beiden Seiten eines kleinen Grabens wurden die heute noch gut erhaltenen Kellergebäude jeweils in geschlossener Linie errichtet. Mehrere Preßhäuser wurden schon vor Jahren aufgestockt. Einige Wohnbauten charakterisieren den Beginn der Kellergasse.
Da Oberstockstall offensichtlich großen Wert auf die Belebung und Erhal-

tung der Kellergasse legt, wurden ein Weinbaumuseum, Buschenschanken und ein Heuriger als „Brücke" über den Graben, der nur an wenigen Stellen gequert werden kann, errichtet.

Im September findet in der Kellergasse das „Maiergrabenfest" statt
In der Kellergasse sind ein Heurigenbetrieb und mehrere Buschenschanken von Donnerstag bis Sonntag geöffnet
Information: Gemeindeamt Königsbrunn am Wagram,
Tel. 022 79/23 32; Weinbauobmann: Karl Fritsch, Oberstockstall 24

Engelmannsbrunn

Zweiseitig verläuft die sehr intensiv mit Wohnbauten und landwirtschaftlichen Gebäuden (Schuppen etc.) durchmischte Kellergasse, deren Keller bzw. Preßhäuser teils durch Umbauten verändert und teils baufällig sind. Im Ort und an den Siedlungsrändern befinden sich noch weitere Einzelkeller und Preßhäuser.
Information: Gemeindeamt Königsbrunn am Wagram, Tel.022 79/23 32; Weinbauobmann: Josef Hen, Engelmannsbrunn 31

Thürnthal

Aus dem Ort heraus führt eine beidseits bebaute, schattige Kellergasse in einem breiten Hohlweg auf die Anhöhe. Ist auch der untere Teil kaum noch als Kellergasse erkennbar — da durch Wohnbauten stark überformt —, so entwickelt sich dagegen der obere Teil zu einer recht netten, kurzen Kellergasse, in der die Kellergebäude in geschlossener Bauweise errichtet wurden. An der Hauptstraße durch Thürnthal befinden sich noch einige sehr schöne Preßhäuser, die aber zum Teil schon stark verändert wurden. Sie erwecken heute eher den Eindruck einer Weinstraße als den einer Kellergasse.

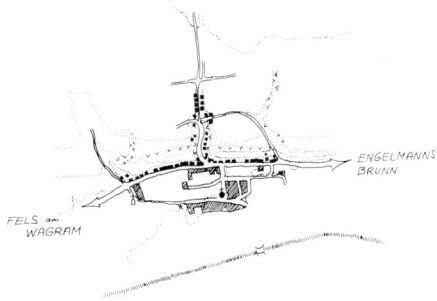

Information:
Gemeindeamt Fels am Wagram,
Telefon 027 38/23 81,
Weinbauobmann:
Alois Hödl, Fels am Wagram,
Obere Marktstraße 49

Fels am Wagram

★ ★ ★ B Ü

Mitten in den Weingärten, an den Hängen des Wagram befinden sich sieben Kellergassen; teilweise in tief in den Löß eingeschnittenen Hohlwegen.

Trotz fallweiser starker Veränderungen — mehrere Preßhäuser wurden aufgestockt, Tore und Fenster eingebaut und eine Reihe von Preßhäusern für Buschenschankbetrieb eingerichtet, — machen die Kellergassen in Fels einen recht ursprünglichen, gelegentlich sogar romantischen Eindruck, der zu einem Gutteil auch von der „Lebendigkeit" — praktisch alle Keller sind in Betrieb — herrühren mag.

Es fällt schwer, eine einzelne der sieben Kellergassen zu beschreiben, da alle gemeinsam und jede für sich einen besonderen Reiz ausstrahlen.

Die Felser Kellergassen wollen „erwandert" werden und bieten sicher ein lohnendes Ziel für Weinspitze, Spaziergänger und Fotografen.

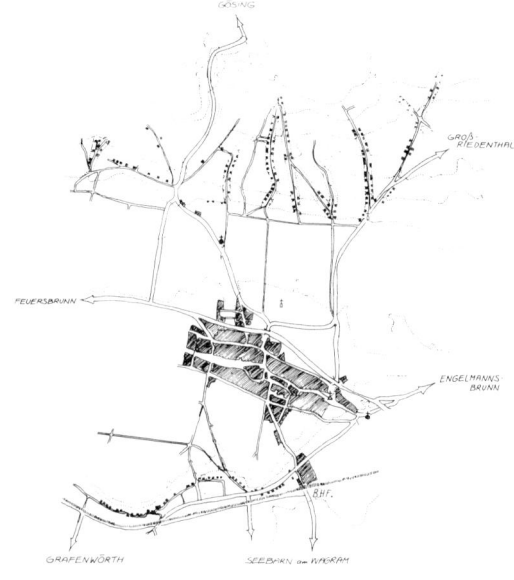

Kellerführungen sind nach Voranmeldung möglich
Lesemöglichkeit
In der Kellergasse sind zwei Heurigenbetriebe; das ganze Jahr über sind von
Freitag bis Sonntag Buschenschanken geöffnet
Information: Gemeindeamt Fels am Wagram, Telefon 027 38/23 81;
Weinbauobmann: Alois Hödl, Obere Marktstraße 49
Gasthaus Traube, Gasthaus Kraft, Gasthaus Regelsburger

Heimatmuseum Fels am Wagram (Museum im Aufbau Weinbau-Exponate)
3481 Fels am Wagram, Schloß Fels — Schulplatz 1
Öffnungszeiten: Voranmeldung bei der Marktgemeinde Fels am Wagram,
Telefon 027 38/23 81

Feuersbrunn
★ ★ ★ B

Weit aus dem Ort hinaus
führt eine Kirschbaumallee
direkt in die sehr große und
großzügige Kellergassenanlage von Feuersbrunn.
Eigentlich bildet die Ge-
samtheit der Feuersbrunner
Kellergassen einen richtigen
„Kellerberg": Denn von der
sehr breiten Hauptkeller-
gasse, die auf eine leichte
Anhöhe führt, zweigen links
und rechts mehrere kleinere
Kellergassen ab.

An diesen Armen wurden die Kellergebäude meist einseitig entlang der Höhenlinie errichtet.
Die Hauptkellergasse verläuft in der Fallinie entlang eines Grabens.
Durch diese „strenge" Anlage vermitteln die Kellergassen einen beinahe
geometrischen Eindruck.
Das ganze Ensemble ist in sehr gutem Zustand. Auch wenn da und dort fallweise recht markante Veränderungen, wie Um- und Aufbauten, Tor- und
Fenstereinbauten vorgenommen wurden, konnten diese — jedenfalls bisher
— den Gesamteindruck nicht nachhaltig stören.

Entsprechend der Bedeutung des Weinbaues für die Wirtschaft und das Landschafsbild wurden in der Kellergasse selbst eine Reihe von touristischen Einrichtungen zur Erleichterung der „Direktvermarktung" eingefügt, beispielsweise: Weinbaumuseum, Festplatz am Beginn der Kellergasse, Busparkplatz usw.
Im Gegensatz zu vielen anderen Kellergassen liegt in Feuersbrunn eine Gefahr für die Kellergassen nicht in einem drohenden Funktionsverlust sondern, wenn überhaupt, in der „Übernutzung".
Alles in allem stellt Feuersbrunn ein lohnendes Ziel für Spaziergänger, Fotografen und Weinspitze dar.

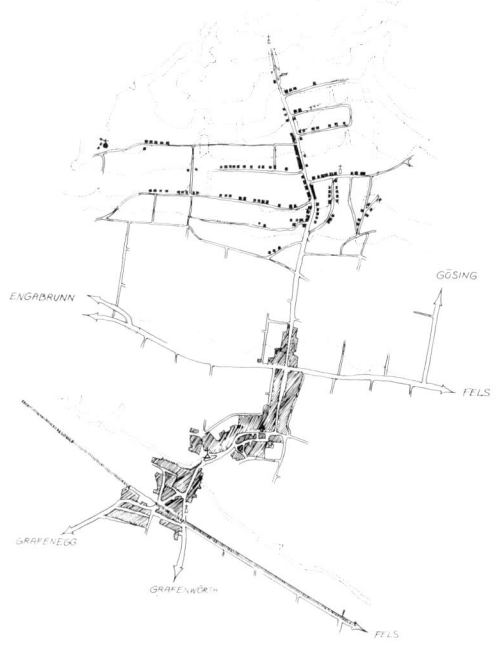

Jährlich finden das „Zelenka" Fest und andere Feste in der Kellergasse statt.
Jedes Wochenende ist „Tag der offenen Kellertür"
Buschenschank: in der Kellergasse gibt es mehrere Heurigenbetriebe und Buschenschanken
Information: Gemeindeamt Grafenwörth, Telefon 027 38/22 12,
Weinbauobmann: Eduard Ott, Feuersbrunn Neufang 36
Weinbaumuseum Feuersbrunn: 3483 Feuersbrunn, Kellergasse „Weingartstöckl"
Öffnungszeiten: Voranmeldung bei Vizebürgermeister Erich Wimmer, 3483 Feuersbrunn 42, Telefon 027 38/22 23

Engabrunn

Drei der Engabrunner Kel-
lergassen liegen direkt in den
Weingärten in sehr sonniger
Lage an der Höhenlinie aufgereiht. Sie wurden einseitig
errichtet und sind großteils
in sehr gutem Zustand.
Manche Preßhäuser wurden
neu gebaut.

Eine zweiseitige, locker an-
geordnete, von manchen
Wohnbauten durchsetzte
Kellergasse verläuft entlang der Straße nach Etsdorf.
Weitere Weinkeller und Preßhäuser sind in den Weingärten sowie im Orts-
gebiet verstreut anzutreffen. Einige davon dienen als Zweitwohnsitze oder
Ferienhäuser und wurden dementsprechend verändert.

Der Großteil der Preßhäuser dient aber noch seiner ursprünglichen Funktion — der Weinproduktion — die in dieser Region von sehr großer wirt-
schaftlicher und überdies landschaftsbildbestimmender Bedeutung ist.

Mit seiner Vielzahl von Kellern ist Engabrunn ein Ort, an dem sich eine ge-
nauere „Erforschung" der Weinkeller und möglicherweise auch der Inhalte
lohnt.

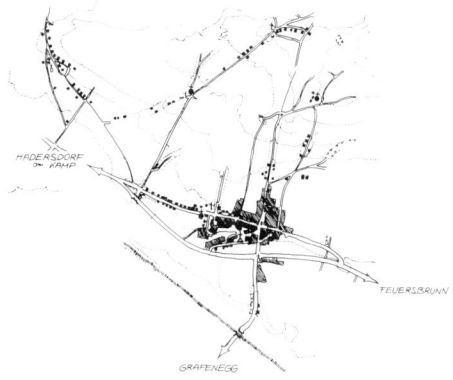

Nach Voranmeldung sind Kellerführungen möglich
Lesemöglichkeit
Information: Gemeindeamt Etsdorf Haitzendorf, Telefon 027 35/445
Weinbauobmann: Josef Wimmer, Engabrunn 40

Etsdorf-Haitzendorf

★ ★ ★ B

Obwohl die Großgemeinde Etsdorf-Haitzendorf laut Rudolf Steurer eine der größten weinbautreibenden Gemeinden im Bereich Donauland ist, besteht in Etsdorf selbst nur eine relativ kurze zweiseitige Kellergasse, die von der Hochebene des Wagram in der Fallinie in den Ort hinunter führt.

Das Besondere und wahrscheinlich Einzigartige dieser Kellergasse liegt darin, daß die in den Ort führende Straße bis zu zwei Meter unter dem Niveau des links und rechts davon anschließenden Geländes der eigentlichen Kellergasse liegt. Die Trennung zwischen der asphaltierten Straße und den geschotterten Wegen entlang der Preßhäuser wird noch durch die Akazien- und Nußbaumbestände verstärkt.

Nahezu alle Keller bzw. Preßhäuser sind in sehr gutem, manche davon in noch sehr ursprünglichem Zustand und überdies auf Buschenschankbetrieb eingerichtet.

Im oberen Drittel quert die B34 mit einer Brücke die Kellergasse. Im unteren Teil stören zwei große Wohngebäude sowie ein aufgestocktes Preßhaus den sonst sehr guten Eindruck der Kellergasse.

Alles in allem ist die Kellergasse jedoch ein sehr liebevoll restauriertes, reizvolles Ensemble, das trotz einiger sehr markanter Eingriffe, wie der Querung durch die B34, noch einen sehr idyllischen, und von der Bank einer Buschenschank aus betrachtet, auch einen sehr romantischen Eindruck bieten kann.

Jährlich findet Ende Juli ein dreitägiges Kellergassenfest statt.
Ab 1990 wird abwechselnd immer ein Keller zur Weinpräsentation und Weinkost geöffnet sein.
Kellerführungen sind nach Voranmeldung möglich
Lesemöglichkeit
Im Sommer und Herbst wird abwechselnd von verschiedenen Weinhauern „ausg'steckt".
Information: Gemeindeamt Etsdorf-Haitzendorf, Telefon 027 35/445;
Weinbauobmann: Franz Engelbrecht, Etsdorf 29

Straß im Straßertale

B Ü

Eine kurze, zweiseitige Kellergasse liegt in einem jener für die Gegend charakteristischen, steilen, tiefeingeschnittenen Hohlwege. Die Preßhäuser sind auffallend groß und auf Heurigen- bzw. Buschenschankbetrieb eingerichtet.

An der Straße nach Elsarn befindet sich im Ort eine Reihe sehr schöner und großer „Winzerhäuser", an die eine einseitige, allerdings stark mit Wohnhäusern durchmischte Kellergasse anschließt. Obwohl hier einige besonders große und attraktive Preßhäuser und Weinkeller zu finden sind, trifft die Bezeichnung „Kellergasse" im eigentlichen Sinn kaum mehr zu.

Weitere Keller und Kellergassenfragmente sind im ganzen Gemeindegebiet verstreut.

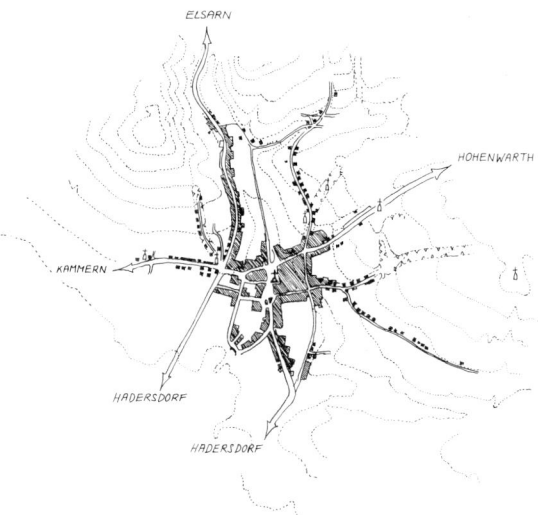

Lesemöglichkeit
Ende Juli findet in der
Kellergasse der Hauer-
markt statt
In der Kellergasse ist
ganzjährig von Mittwoch bis
Sonntag mindestens ein
Heurigenbetrieb geöffnet.
Information: Gemeindeamt
Straß im Straßertale,
Telefon 0 27 35/495
Weinbauobmann: Franz
Lenthner, Bahnstraße 254
Gasthaus Maglock, Gasthaus
Haslinger-Hutter

Stettenhof
★

Im stark kupierten Gelände liegt ein kleines, stark verzweigtes „Kellerviertel". Ein schöner Platz mit einer goßen Eiche stellt den Mittelpunkt des Kellerviertels dar. Durch das fallweise sehr steile Gelände ergeben sich reizvolle Situationen. Die Preßhäuser sind z.T. aufgestockt und ausgebaut, vor einigen Kellern wurden sogar Zäune errichtet.
Das Kellerviertel geht nahtlos in eine Einfamilienhaussiedlung der 60er Jahre über.
Im Juni findet an einem Wochenende der „Tag der offenen Kellertüre" statt.

Information: Gemeindeamt Fels am Wagram, Telefon 027 38/23 81,
Weinbauobmann: Leopold Kittinger, Stettenhof, Hauptstraße 10
Gasthof Schopf

Großriedenthal
★

Ein- bzw. zweiseitig verläuft die Kellergasse in der Fallinie an einem gepflasterten Weg. Zwischen den Kellern befinden sich kleine Wiesenplätze mit Nußbäumen.
Die von der Substanz her sehr schöne Kellergasse wurde durch Um-, Zu-und Neubauten stark verändert.

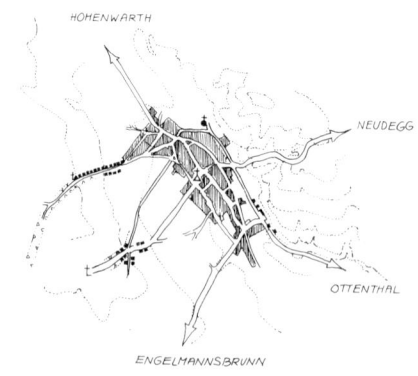

In jüngerer Zeit wurden allerdings auch einige Preßhäuser sehr „ursprünglich" renoviert.
Viele Keller dürften hobbymäßig genutzt werden.

Information: Gemeindeamt Großriedenthal, Telefon 022 79/72 46,
Weinbauobmann: Franz Obenaus, Großriedenthal 53
Privatzimmer

Ottenthal

Drei Kellergassenäste vermitteln den Eindruck eines weiten „Kellerviertels". Zwei von ihnen umfassen einen großen Platz mit einem Fußballfeld. Teilweise sind grobe Veränderungen vorgenommen worden: eine riesige Halle, von der Größe zwei bis drei normaler Preßhäuser wurde errichtet; ein großer Platz asphaltiert, Garagentore eingebaut, Dächer mit Welleternit gedeckt usw. Einige Preßhäuser bzw. Keller stehen leer und verfallen. Andere Teile der Anlage sind aber noch sehr ursprünglich — mit ihrer Nußbaumallee und schmalen Wiesenplätzen vor den Kellern — noch sehr ursprünglich.
Am anderen Ende des Ortes befindet sich eine zweite, geschlossene, einseitige, im ortsnahen Teil sehr stark überformte — Wohngebäude, Aufstokkungen — Kellergasse.
Der obere Teil hingegen ist noch recht gut erhalten, mit kleinen platzförmigen Erweiterungen und einer Reihe von Bäumen. Leider wurde bei der „Begrünung" der kleinen Plätze nicht unbedingt auf eine standortgerechte Bepflanzung geachtet, wodurch diese Plätze unerfreulich „exotisch" wirken.

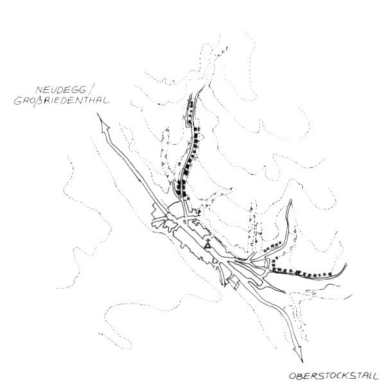

Jährlich findet Anfang September ein Kellergassenfest statt
Information: Gemeindeamt Großriedenthal,
Telefon 022 79/72 46;
Weinbauobmann: Klaus Zehetner, Ottenthal 5

Ruppersthal

In einem tief eingeschnittenen Hohlweg an der Straße nach Oberstockstall liegt die zweiseitige Kellergasse.
Von einem Großteil der Keller, die direkt in den Löß gegraben sind, sind nur die Eingänge zu sehen.
Am Beginn der Kellergasse stehen einige kleine Preßhäuser.

Jährlich findet Ende September ein Weinlese- und Erntedankfest in der Kellergasse statt. Information: Gemeindeamt Großweikersdorf, Telefon 029 55/204; Weinbauobmann: Josef Kemter, Ruppersthal 34

Eggendorf am Wagram

Hier wird kaum noch Weinbau betrieben und von der fast nicht mehr erkennbaren Kellergasse sind nur noch Reste vorhanden.
Eggendorf ist ein Beispiel für die funktionelle und strukturelle Umgestaltung einer Kellergasse:
In den Ortsraum integriert, ist die ehemalige Kellergasse heute Teil des Wohn- und Ortsgebietes.

Elsarn im Straßertale

Die Elsarner Kellergasse ist durch die intensive Überformung praktisch kaum noch als solche erkennbar: Stark durchmischt mit Wohnbauten und landwirtschaftlichen Gebäuden (Schuppen o. ä.) stehen nur da und dort einige Preßhäuser und Weinkeller nebeneinander.

Gösing am Wagram

Gösing hat mehrere sehr kurze Kellergassenfragmente, die durch Um-, An-
und Aufbauten stark verändert wurden.

Neudegg

Von den beiden „einseitigen" Kellergassenfragmenten ist die eine durch
Um-, An- und Aufbauten sehr stark verändert worden und kann kaum noch
als Kellergasse bezeichnet werden.
Die andere, sehr kurze Kellergasse an der Straße nach Radlbrunn droht zu
verfallen.

Krems - Langenlois - Kamptal

Zu dieser „Region" zählen Orte in der Umgebung von Krems, zwischen dem Wagram, den Donauniederungen und dem Anstieg zum Waldviertel, sowie Orte im Kamptal.

Von Wien aus mit dem Auto:
A-22 — Stockerau — Krems/B-35 — Hadersdorf B-34 — Gars
Von Wien aus mit Bahn + Bus:
Franz-Josephs-Bahn — Hadersdorf, Krems, Kamptalbahn, Busse von Wien

An der Weinstraße „Krems—Langenlois—Kamptal" liegen folgende Orte: Rohrendorf — Gedersdorf — Hadersdorf — Kammern — Zöbing — Langenlois — Gobelsburg — Kotzendorf — Nonndorf bei Gars

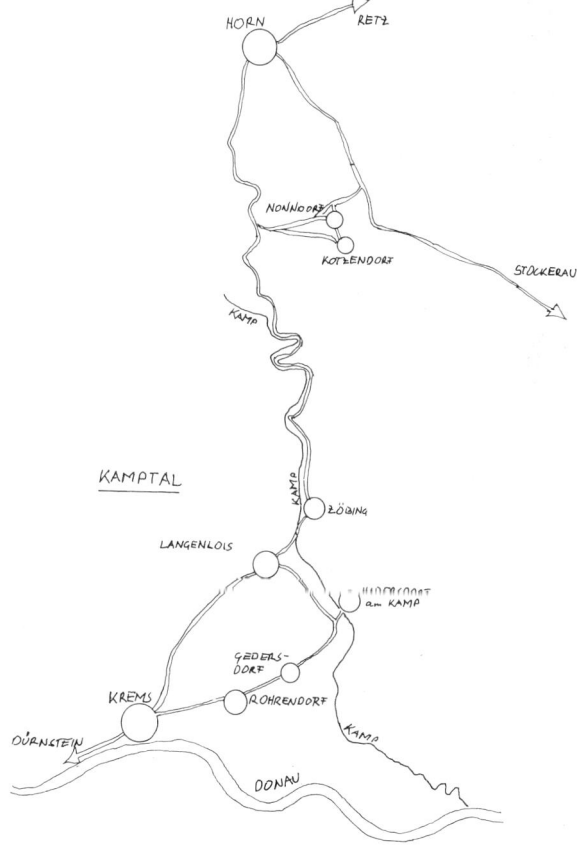

Rohrendorf bei Krems

★ ★ |B| |Ü|

Vom Talboden ausgehend zieht sich in weiten Kurven an einem breiten gepflasterten, teilweise recht steilen Hohlweg die sehr lange und gut erhaltene, zweiseitige Kellergasse auf das Hochplateau des „Saubühels", von wo sich ein wunderbarer Ausblick auf das Stift Göttweig bietet.

Die steil am Wegrand aufragenden Lößwände sind fallweise 5-6 Meter hoch und sehr beeindruckend.

Viele Keller sind auf Heurigen- und Buschenschankbetrieb eingerichtet und damit sicher ein lohnendes Ziel für Spaziergänger und Weinspitze.

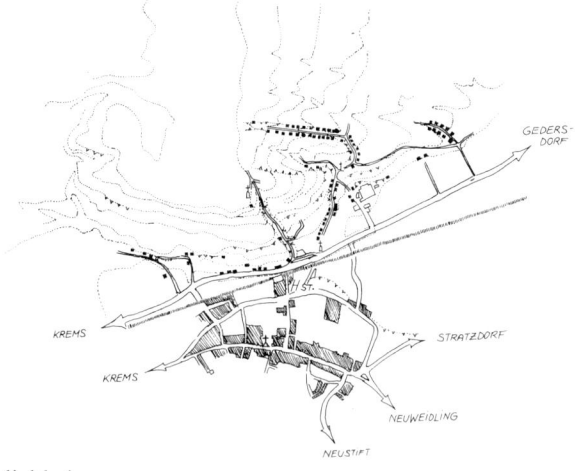

Lesemöglichkeit
Nach Voranmeldung sind Kellerführungen möglich.
In der Kellergasse befinden sich eine Reihe von Heurigen- und Buschenschankbetrieben.
Alle zwei Jahre findet im August ein Kellergassenfest statt.
Information: Gemeindeamt Rohrendorf Tel. 027 34/38 50
Weinbauobmann: Hannes Lethmayer, Untere Hauptstr. 3
Winzerhof Bogner, Winzerhof Weber

Gedersdorf

★ ★ B

Außerhalb des Ortes befinden sich in den Weinbergen von Gedersdorf mehrere großzügig angelegte und gut erhaltene Kellergassen.
Die Preßhäuser sind relativ groß und wurden zum Teil durch Aufstockungen o.ä. verändert; einige wurden neu errichtet.
Sehr reizvoll gelegen, machen die Gedersdorfer Kelleranlagen einen intakten Eindruck und bieten einige idyllische Ensembles.

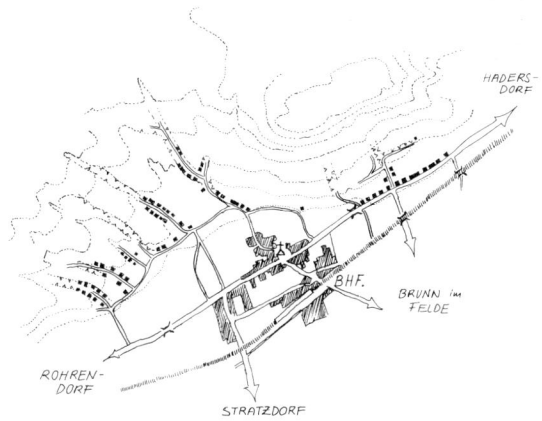

Lesemöglichkeit
In der Kellergasse befinden sich einige Buschenschankbetriebe.
Information: Gemeindeamt Gedersdorf Tel. 027 35/82 41
Weinbauobmann: Erich Berger, Wienerstr. 3

Hadersdorf am Kamp

★ B

In den Weingärten entlang
der Straße nach Gedersdorf
liegt eine sehr lange, einseitige, z.T. geschlossene Kellergasse in sonniger Lage.
Einige ihrer Keller wurden
renoviert, in Ortsnähe
Wohngebäude errichtet
bzw. Preßhäuser aufgestockt
und macher Keller steht ver-
mutlich leer.

An der Ortseinfahrt nach
Hadersdorf befinden sich mehrere Gast-, Heurigen und Buschenschankbetriebe in oft recht umfangreich ausgebauten, großen, ehemaligen Preßhäusern.

Durch ihre Lage direkt an der Bundesstraße und die Länge der Anlage wirkt
diese „Kellergasse" viel eher wie eine Weinstraße.

Das ganze Ensemble wird freilich vom Verkehr der stark befahrenen B-35
gestört, andererseits lebt aber auch ein Teil der Kellergasse davon und damit.

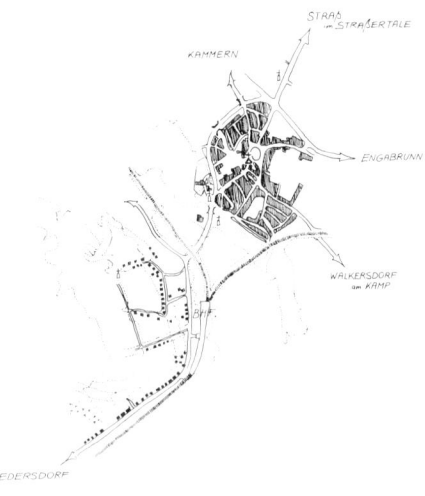

Lesemöglichkeit
Jährlich findet an einem Au-
gustwochenende ein Keller-
gassenfest statt.
Nach Voranmeldung sind
Kellerführungen möglich.
In der Kellergasse befinden
sich mehrere Heurigen- und
Buschenschankbetriebe.
Information: Gemeindeamt
Hadersdorf-Kammern Tel.
02735/309
Weinbauobmann: Josef Per-
nersdorfer, Kremserstr. 2

Kammern
★ ★

Mitten in den Weingärten verläuft an der Straße eine sehr attraktive, sonnige, einseitig bebaute Kellergasse. Ihre Keller bzw. Preßhäuser sind freistehend errichtet. Die meisten befinden sich in gutem Zustand und zeigen praktisch kaum störende Veränderungen. Auch von ihrer ursprünglichen Funktion her macht diese Kellergasse einen intakten Eindruck.

Interessanterweise ähneln sich die einzelnen Preßhäuser untereinander stärker als in anderen Kellergassen : rund 80% der Preßhäuser sehen mehr oder weniger gleich aus. Durch ihre Einheitlichkeit vermittelt die Kellergasse von Kammern fast den Eindruck einer planmäßig und „aus einem Guß" errichteten „Kellersiedlung". Diese augenfällige — andernorts jedoch unübliche — Gleichheit wird aber von den Kellerbesitzern geradezu als Selbstverständlichkeit erachtet: O-Ton eines Kammerner Weinhauers: „Wieso alle gleich? - Ein Keller schaut überall gleich aus! Er muß so aussehen: Stüberl — Presse — Keller — Tür — zwei Fenster. — Nur in der Größe, da gibt's wirklich Unterschiede von Ort zu Ort."

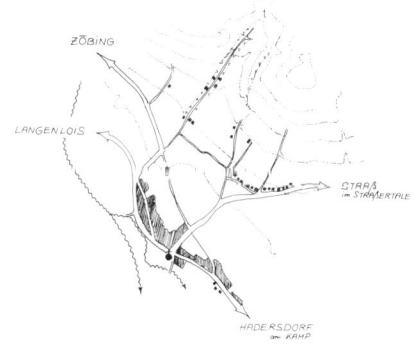

Lesemöglichkeit
Jährlich finden im Mai in der Kellergasse Kulturtage statt
Nach Voranmeldung sind Kellerführungen möglich.
Information: Gemeindeamt Hadersdorf-Kammern,
Tel. 027 35/309
Weinbauobmann:
Emmerich Müllner,
Kammern 26

Gobelsburg-Zeiselberg
★ B

An einem gepflasterten Hohlweg zieht sich in mehreren Kurven teils ein-teils zweiseitig die geschlossene Kellergasse einen Hang hinauf.

Einige Preßhäuser wurden aufgestockt und verbessert, da sich offensichtlich die heutigen Methoden des Weinbaues und die dafür notwendigen Maschinen nicht mehr in den alten und zumeist kleinen Preßhäusern unterbringen lassen. Trotz der großen wirtschaftlichen Bedeutung des Weinbaues in Gobelsburg stehen auch hier einige Keller leer. Weitere z.T. recht große Preßhäuser liegen verstreut im Ort.

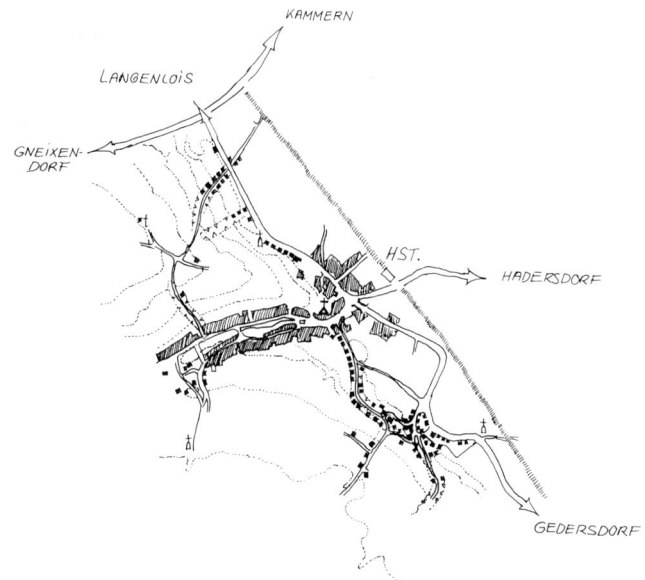

In der Kellergasse wird von verschiedenen Weinhauern abwechselnd „ausg'steckt".
Information: Stadtamt Langenlois Tel. 027 34/21 01
Weinbauobmann: Karl Haimerl, Schloßstr. 60/ Gobelsburg

Langenlois

★ B Ü

In Langenlois befinden sich
eine Vielzahl von Kellern
und kellergassenähnlichen
Teilen, mehrere kurze ein-
und zweiseitige Kellergassen
in Fallinie oder entlang der
Höhenlinie. Doch von Kel-
lergassen in dem hier verwendeten Sinn kann kaum
mehr gesprochen werden.
Einerseits wurden massive
Veränderungen, wie um-

fangreicher Um-, Auf-, und Neubau von Preßhäusern, Adaptierung als
Gast- oder Heurigenbetriebe und Errichtung von Wohnhäusern, vorgenommen.

Andererseits erfordert der Umfang des Weinbaues — die Großgemeinde
Langenlois gilt neben Gols im Burgenland als größte weinbautreibende Gemeinde Östereichs — heute ganz offensichtlich andere Strukturen als sie in
einer „klassischen" Kellergasse ehemals vorgesehen waren.

Auch der steigenden Bedeutung des Fremdenverkehrs wurde in allen möglichen und unmöglichen Formen Rechnung getragen: In praktisch jeder Kellergasse oder jedem Kellergassenrest wurden Ein- und Umbauten vorgenommen, die anderswo als schwerwiegende Veränderungen gelten würden,
in Langenlois aber als notwendiger weinbautechnischer und fremdenver-
kehrswirtschaftlicher Tribut akzeptiert und geschätzt werden.

Selbstverständlich gibt es neben den erwähnten Veränderungen eine Vielzahl außerordentlich schöner Keller, Winzerhäuser und Ensembles.

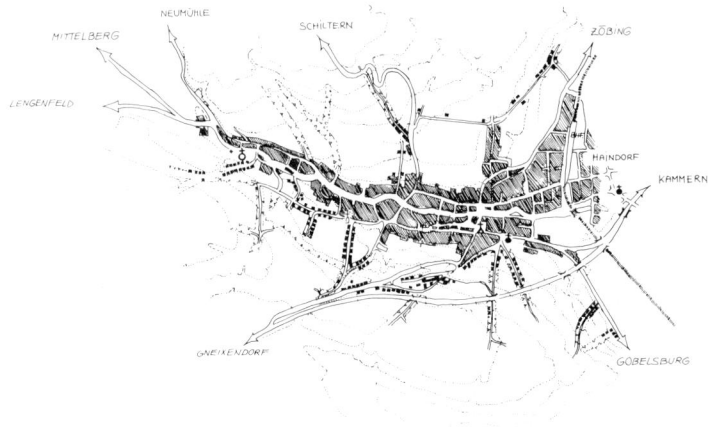

Lesemöglichkeit

Nach Voranmeldung sind Kellerführungen möglich.

Jährlich findet am dritten September-Wochenende ein Kellergassenfest statt.

Buschenschank: In den Kellergassen gibt es mehrere Heurigen- und Buschenschankbetriebe, die ganzjährig geöffnet sind.

Information: Stadtamt Langenlois Tel. 02734/21 01

Übernachtungsmöglichkeit: In Langenlois gibt es eine Reihe von Gastbetrieben mit Fremdenzimmern

Zöbing

★ B Ü

Zöbing hat — ähnlich wie der Nachbarort Langenlois - mehrere Kellergassen, doch hier ist der ursprüngliche Kellergassencharakter stärker erhalten geblieben.

Von der Lage und Aussicht besonders schön ist die Kellergasse am „Heiligenstein": Einseitig auf der Höhenlinie, in einer weichen Außenkurve am Berg gelegen, bietet sie einen hinreißenden Blick auf das Kamptal. - Praktisch alle Preßhäuser sind auf Buschenschank und Heurigenbetrieb eingerichtet.

Zwei weitere Kellergassen sind die „Lauser-Gasse" und der „Wechselberg". Beide liegen in der Fallinie, oft recht steil, zweiseitig und teilweise geschlossen bebaut. Manche von ihnen sind auch noch sehr ursprünglich bzw. liebevoll renoviert. Dann aber überrascht es wieder, wie gerade in einem so traditionsreichen Heurigenort die schöne und kulturell bedeutende Substanz durch Baumaßnahmen irreversible Veränderungen erfährt und manches Ensemble nachhaltig zerstört wird, wie im Fall der „Lauser" - und „Wechselberg" - Kellergassen.

Rudolf Steurer bezeichnet den traditionsreichen Heurigenort Zöbing als das „Grinzing des Kamptals" und dementsprechend ist auch die Infrastruktur dieser Kellergassen: Überall wurden Preßhäuser auf Buschenschank- und Heurigenbetrieb eingerichtet.

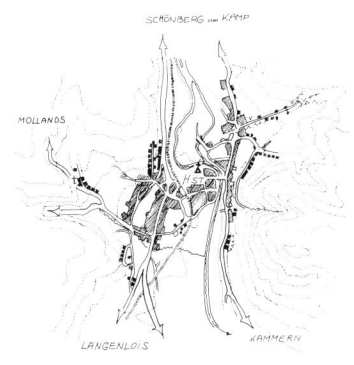

Lesemöglichkeit
Nach Voranmeldung sind Kellerführungen möglich. In den Kellergassen gibt es mehrere ganzjährig geöffnete Heurigen- und Buschenschankbetriebe. In Zöbing gibt es eine Reihe von Gastbetrieben mit Fremdenzimmern.
Information:
Stadtamt Langenlois,
Telefon 027 34/21 01

Kotzendorf

Einseitig bebaut und sehr
kurz ist die Kotzendorfer
Kellergasse, die bereits zum
Teil verfällt, aber dennoch
einen kleinen Buschen-
schankbetrieb aufweist.
Die schattige Lage und der
teils schlechte Bauzustand
der Kellergebäude verleihen
dieser Kellergasse ein beinahe „abenteuerliches" Aussehen.

In der Kellergasse befindet sich ein kleiner Buschenschankbetrieb.
Information: Stadtamt Gars am Kamp Tel. 029 85/22 25

Nonndorf bei Gars

Da in der Umgebung von
Nonndorf kaum noch Wein-
bau betrieben wird, liegt die
Erhaltung der kleinen Kellergasse offensichtlich auch
niemandem mehr am Her-
zen. Einseitig und überwiegend als geschlossene Reihe
errichtet, ist sie von der Substanz her jedoch sehr schön.

Eine große alte Scheune unterteilt die Kellergasse in zwei Teile: In einem
befindet sich ein recht attraktiver kleiner Platz zwischen Preßhäu-

sern und der Straße. Die Keller stehen leer oder dienen der Lagerung von Kartoffeln. Leider ist der Zustand vieler Gebäude schon schlecht und sollte dringendst verbessert werden, um einen gänzlichen Verlust dieser Kellergasse zu verhindern.

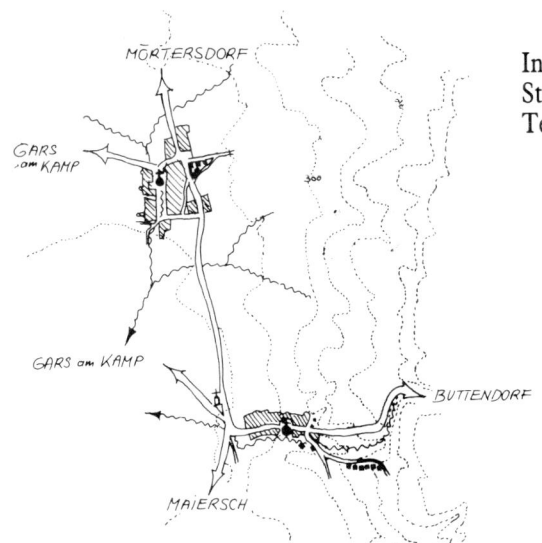

Information:
Stadtamt Gars am Kamp,
Telefon 029 85/22 25

Schmidatal

Zur Region „Schmidatal" zählen hier Orte, die unmittelbar an der Schmida bzw. an ihren kleinen Zubringerbächen liegen. Im Osten schließt die Region „Prager"-Straße, im Süden der „Wagram" und im Norden die Region „Pulkautal" an. Die westliche Begrenzung stellt der Manhartsberg dar.

Von Wien aus mit dem Auto: Wien — A22 bis Stockerau — abzweigen auf B4 Richtung Horn

Von Wien aus mit Bus und Bahn: entweder Wien — Absdorf/Hippersdorf — Richtung Eggenburg
Bahnstationen in: Großwiesendorf — Großweikersdorf — Großwetzdorf — Glaubendorf — Ziersdorf — Gaindorf/Minichhofen — Limberg — Straning — Grafenberg — Eggenburg und Buszubringer
oder S-Bahn bis Hollabrunn und Bus

Folgende Orte liegen an der Weinstraße „Retz": Großweikersdorf — Glaubendorf — Hohenwarth — Straning — Wartberg — Stoitzendorf — Röschitz

Groß-/Kleinwiesendorf

Die Kellerreihe an der Ortsstraße wurde durch Aufstokkungen, Neubau von Wohn-
häusern, Garageneinfahrten
u. ä. ziemlich verändert.
In der Ortsmitte und am -
ende befinden sich zwei
kleine, platzartige Erweiterungen, die von Kellern umrahmt und von Bäumen be-
standen sind. Manche Keller
bzw. Preßhäuser sind in gu-

tem Zustand, andere drohen zu verfallen.
Ein typischer „Kellergassen-Eindruck" kann hier allerdings kaum noch erlebt werden.

Lesemöglichkeit
Information: Gemeindeamt Großweikersdorf, Telefon 029 55/204
Weinbauobmann: Karl Pfeiffer, Wienerstraße 59, Großweikersdorf

Großwetzdorf

Relativ lang ist die, von einer
Akazienalle begleitete, teils
ein-, teils zweiseitige Kellergasse, die direkt ans Ortsgebiet von Großwetzdorf an-
schließt.
Die meisten Preßhäuser sind
gut erhalten, einige wurden
durch Aufstockung, Um-
und Zubauten verändert.

Der Gesamteindruck dieser Kellergasse könnte verhältnismäßig leicht verbessert werden, indem z. B. einige „Langzeit-Rohbau-Preßhäuser" ver-
putzt o. ä. würden.

Lesemöglichkeit
Nach Voranmeldung sind
Kellerführungen möglich.
Information: Gemeindeamt
Heldenberg-Glaubendorf,
Telefon 029 56/25 53

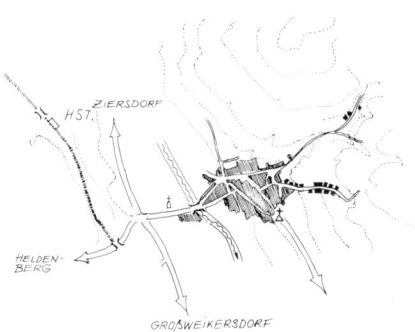

Glaubendorf

Ü

Groß und mehrfach verzweigt ist die Kellergassenanlage von Glaubendorf.
Der größte Ast, führt zweiseitig von Kellergebäuden gesäumt, entlang eines
nußbaumbestandenen Grabens. Hier wurden die umfangreichsten und gra-
vierendsten Veränderungen vorgenommen: So wurden große Wohngebäude errichtet, Preßhäuser aufgestockt, Garagen samt Toranlagen eingebaut, Dächer mit Welleternit gedeckt o. ä. Alte Keller aber, denen nichts
„passiert" ist, sind mittlerweile baufällig geworden. An diesem Beispiel
zeigt sich, daß eine „voll in Betrieb" stehende Kellergasse eben nur sehr
schwer in ihrer Ursprünglichkeit erhalten und gleichzeitig modernen, wein-
bautechnischen Bedürfnissen gerecht werden kann.
Die meisten Veränderungen erfolgten schon vor der neuen „Sensibilität" für
alte Strukturen und historische Bausubstanzen — dementsprechend wurden sie auch ausgeführt.Der
kleinste Ast der Glaubendor-
fer Kellergassenanlage ist allerdings noch recht ur-
sprünglich erhalten, mit ge-
pflastertem Weg und —
ebenfalls Ausdruck der Zeit
— später und gut renovier-
ten Preßhäusern.

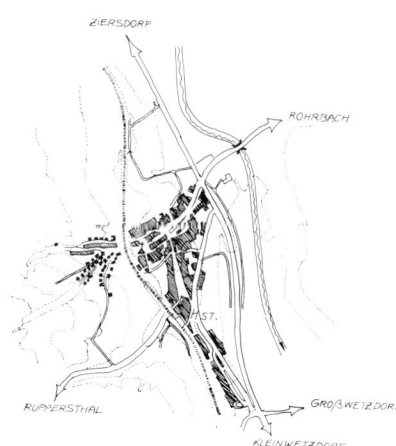

Lesemöglichkeit
Nach Voranmeldung sind
Kellerführungen möglich.
Information: Gemeindeamt
Heldenberg-Glaubendorf,
Telefon 02956/2553
Gasthaus Theurer

103

Ziersdorf

Direkt aus dem Ort heraus führt eine zweiseitig, geschlossene Kellergasse. Am Beginn stehen einige Wohngebäude, Garagen usw. In der Kellergasse selbst wurden manche Veränderungen vorgenommen, beispielsweise wurde ein Preßhaus aufgestockt. Die Gebäude befinden sich großteils in gutem Zustand und dürften zum überwiegenden Teil auch noch ihrer ursprünglichen Funktion entsprechen.

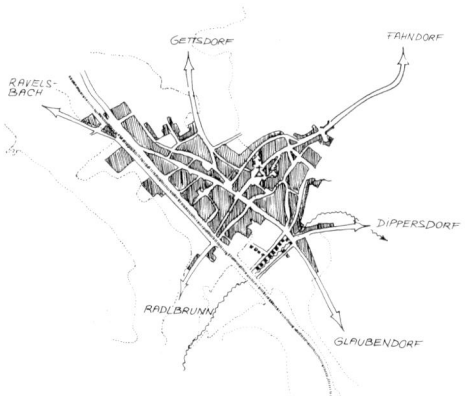

Lesemöglichkeit
In der Kellergasse gibt es Buschenschankbetriebe. Jährlich findet in der Kellergasse ein Weinlesefest statt.
Information:
Gemeindeamt Ziersdorf, Telefon 029 56/22 04;
Weinbauobmann: Franz Katzler, Kirchensteig 9

Radlbrunn
★ ★

Eine zweiseitige, sehr schöne, geschlossene Kellergasse führt in der Fallinie sanft ansteigend aus dem Ort hinaus. Der Weg ist teilweise gepflastert. Nahezu alle Preßhäuser sind gefärbelt und geben in ihrer Gesamtheit ein recht vitales, buntes Bild ab.

In Radlbrunn wurde großer Wert auf die möglichst ursprüngliche Erhaltung der Preßhäuser gelegt und die Renovierung sehr liebevoll durchgeführt.

Störende Veränderungen sind kaum bemerkbar. Auffällig ist jedoch die Tatsache, daß die meisten Preßhäuser offensichtlich von einer Firma neu eingedeckt wurden, weshalb das Ensemble im Volksmund bereits liebevoll die „Bramac-Kellergasse" genannt wird.

Bei der Neueindeckung hätte etwas mehr auf eine kellergassentypische, wenig homogene Farbgebung der Dachziegel geachtet werden sollen, um den Eindruck eines „neuen Hutes" in einer alten Umgebung etwas zu vermindern. Zwei weitere kurze, einseitige Kellergassen befinden sich am Ortsende in Richtung Ebersbrunn. Auch sie wurden sehr gut saniert und neu eingedeckt. Die Radlbrunner Kellergassen können als sehr schönes, im besten Sinne revitalisiertes Ensemble gelten.

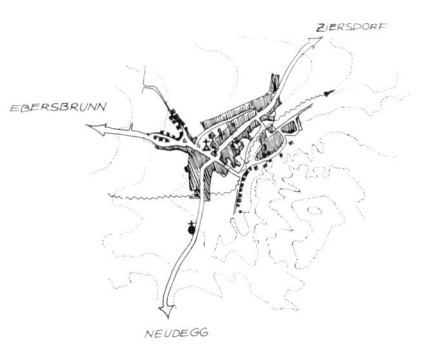

Lesemöglichkeit
Information:
Gemeindeamt Ziersdorf,
Telefon 029 56/22 04;
Ortsvorsteher:
Josef Pröll, Radlbrunn 48

Hohenwarth

Sehr schmal, zweiseitig und teilweise geschlossen zeigt sich die Kellergasse von Hohenwarth. Manche Keller stehen leer.

Im Ort und an den Ortsrändern befinden sich noch weitere Kellergassenreste. Einige sehr große Preßhäuser fallen besonders auf.

Schmidatal

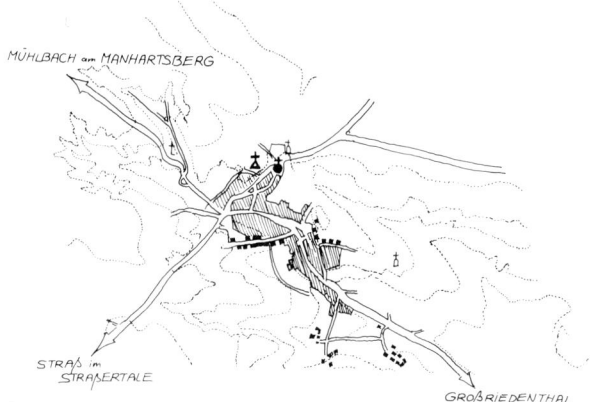

Lesemöglichkeit
Kellerführung nach Voranmeldung möglich.
Information: Gemeindeamt Hohenwarth, Telefon 029 57/216;
Weinbauobmann: Friedrich Hagenbüchel, Hohenwarth 54.

Großmeiseldorf

Mehrere sehr kurze ein- und zweiseitige Kellergassen und Rudimente befinden sich im Ort und an den Ortsrändern. Die Keller bzw. Preßhäuser sind relativ gut erhalten, manche wurden aber auch „modernisiert" d. h. beispielsweise mit Welleternit gedeckt, mit neuen Fenstern und Holzläden versehen.
Einige andere Keller hingegen sind vom Verfall bedroht.

Lesemöglichkeit
Information: Gemeindeamt Ziersdorf, Telefon 029 56/22 04
Weinbauobmann: Leopold Zimmermann, Großmeiseldorf 15

Pfaffstätten

Pfaffstätten hat zwei Kellergassen, die sich wesentlich voneinander unterscheiden. Die eine ist am Ortsrand gelegen, zweiseitig, kurz, relativ breit, in recht gutem Zustand und entspricht den Erwartungen an eine Kellergasse. Die zweite, ebenfalls zweiseitige Kellergasse, verläuft in der Fallinie und ist weit davon entfernt, einen ursprünglichen oder gar idyllischen Eindruck zu erwecken.

Viele Veränderungen, wie der Bau von Garagen, Einbau von Garagentoren, Fassadenumgestaltungen, usw. haben den Charakter dieser Kellergasse nachhaltig geprägt. Einige Keller sind im Verfall begriffen, andere werden bereits saniert. Eigentlich vermittelt diese Kellergasse fast den Eindruck einer verlassenen Baustelle.

Das Beispiel der ersten läßt darauf schließen, daß auch die zweite Kellergasse mit einiger Sensibilität und — wahrscheinlich relativ geringen — Mitteln saniert werden könnte und damit auch eine Aufwertung des Ortsbildes möglich wäre.

Information:
Gemeindeamt Ravelsbach,
Telefon 029 58/414;
Ortsvorsteher: Gottfried
Brandstetter, Pfaffstetten 13

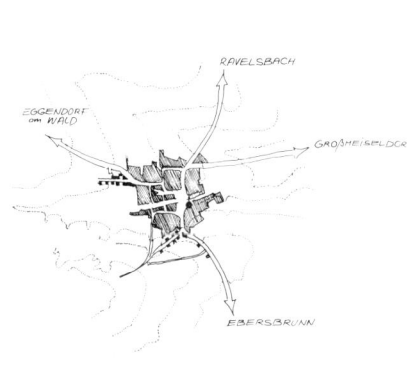

Gaindorf

Eine zweiseitige Kellergasse führt relativ steil ansteigend auf die Hügelkuppe mit schöner Aussicht. Die meisten Keller bzw. Preßhäuser sind saniert und werden auch ihrer Funktion entsprechend genutzt. Einige Keller stehen jedoch leer, befinden sich in schlechtem Zustand und drohen zu verfallen. Die Pflasterung des Weges zwischen den Kellergebäuden vermittelt einen   ursprünglichen Eindruck — weit ursprünglicher als dies der Asphaltbelag der zweiten Kellergasse, die einseitig entlang der Straße nach Minichhofen führt, zu tun vermag. Hier sind die Preßhäuser fast alle in gutem, ja sogar sehr gutem Zustand. Die kleine angerartige Erweiterung dieser Kellergasse, gebildet durch eine Baumreihe und eine leichte Böschung, ergibt eine sympathische Trennung von der Straße.

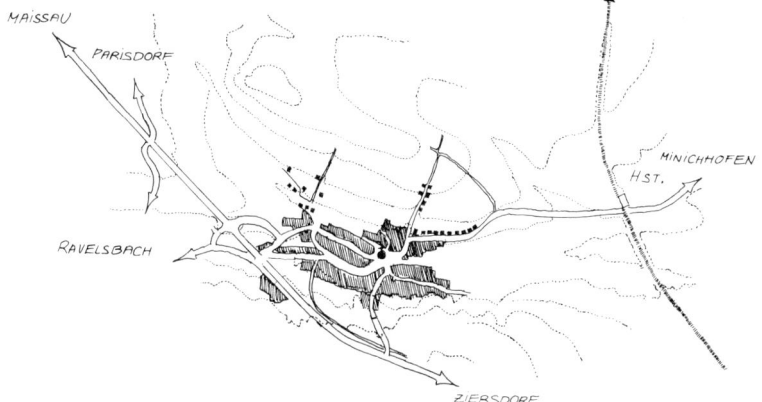

Information: Gemeindeamt Ravelsbach, Tel. 02958/414
Ortsvorsteher: Josef Kugler, Gaindorf 30
Gasthaus Schauhuber, Gasthaus Strasser

Parisdorf

Am Ortsende formiert sich langsam eine einseitige Kellergasse, die vorerst als solche kaum noch erkennbar ist, da sie mit großen Wohngebäuden durchmischt ist, und die Keller sehr locker angeordnet sind.
Mit zunehmender Entfernung vom Ort verdichten sich jedoch die Keller und ergeben am Ende eine richtige kleine, sehr nette Kellergasse, die einseitig an einem Wiesenweg, getrennt durch einen kleinen Platz und eine kurze

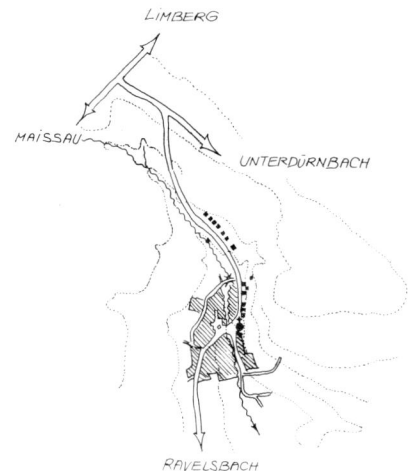

Akazien-Allee entlang der Straße nach Oberdürnbach verläuft. Dieser Teil macht noch einen recht ursprünglichen Eindruck.

Information:
Gemeindeamt Ravelsbach;
Telefon 029 58/414
Ortsvorsteher: Friedrich Höller, Parisdorf 25

Grübern
★

Die kurze, einseitige Kellergasse von Grübern ist mit ihren fünf alten und vier neueren Kellergebäuden in gutem Zustand. Die relativ großen Preßhäuser dienen heute z.T. als Kartoffelkeller o.ä.

Maissau
★

Am Weg zum Friedhof liegt eine lange, einseitige, geschlossene Kellergasse und schlängelt sich langsam den Hang hinunter. Am Beginn der Kellergasse stören einige neuerrichtete, große Einfamilienhäuser.

109

Die Keller sind großteils in gutem Zustand, einige stehen leer. Mancher Keller wird als Zweitwohnsitz bzw. „Hobby-Keller" genutzt. Dennoch wirkt diese Kellergasse ein wenig „leer".

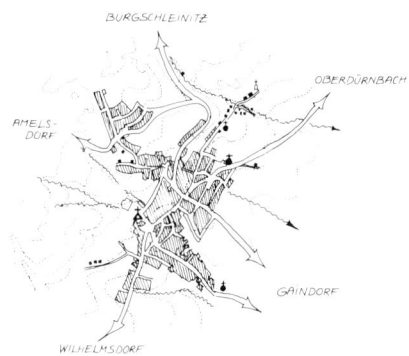

Sehr idyllisch ist ihre Lage zwischen Weingärten und Friedhof. Diese enge Nachbarschaft von Kellergasse, Weingarten und Friedhof ist im übrigen keine Seltenheit, sondern in einer Reihe von Orten anzutreffen und steht in keinem nachweislichen Zusammenhang mit der Qualität des Weines.

Lesemöglichkeit
Information: Gemeindeamt Maissau, Tel. 029 58/271
Weinbauobmann: Franz Weindl, Angererstraße 25

Oberdürnbach

Die eine Oberdürnbacher Kellergasse ist relativ kurz, geht direkt ins Wohngebiet über und weist eine Reihe von starken Veränderungen, wie etwa Einbauten, Garagen und Garagentore u.ä. in Kellergebäude auf — einige Preßhäuser wurden durch Aufstockungen auf das „Doppelte aufgeblasen".

Die zweite Kellergasse liegt außerhalb des Ortes. Sie verläuft einseitig, z.T. geschlossen in der Fallinie. Auch hier fanden schwerwiegende Veränderungen, beispielsweise Fassadenumgestaltungen, An- und Umbauten an Kellergebäuden statt. Andere Preßhäuser wiederum stehen leer und zeigen einen schlechten Bauzustand.
Diese Kellergassen — insbesondere die zweite — bieten nurmehr aus einiger Entfernung einen attraktiven Anblick, da ihre ursprünglich gute Substanz über Jahre hinweg nachhaltig verändert wurde. Die Gründe hierfür sind in

den im Laufe der Zeit sehr gewandelten Nutzungsansprüchen an Kellergassen im allgemeinen zu suchen: Sie reichen von der „klassischen" Weinproduktion über Wohnnutzung, Freizeitwohnen und Hobbyweinbau bis zur „Kellerbrache", dem gänzlichen Wegfall der Nutzung und infolgedessen leerstehen der Keller.

Unterdürnbach

Einige Kellergebäude und -ruinen befinden sich entlang der Straße von Oberdürnbach, weitere Keller gruppieren sich um die Kirche.
Etwas außerhalb des Ortes verläuft in einem bereits zugewachsenen Hohlweg eine einseitige, „ehemalige" Kellergasse. Bis auf ein oder zwei wurden alle Keller aufgegeben, die Preßhäuser verfallen bereits. Diese Kellergasse ist schon heute eine „Kellergassenruine".

Information: Gemeindeamt Maissau, Tel. 029 58/271
Weinbauobmann: Johann Wittmann

Niederschleinz
★ ★ ★

Entlang einer schmalen Straße verläuft erst zwei- und dann einseitig die lange, sehr schöne, sonnige Kellergasse auf der Höhenlinie. Die Preßhäuser sind gut erhalten und geschlossen aneinandergebaut. Von typologischem Interesse sind hier die Preßhäuser, die zum Großteil zwei Türen haben, wobei die eine nur beim Pressen der Trauben benutzt wird.
Information: Gemeindeamt Sitzendorf, Tel. 029 59/22 03, 22 04

Straning
★ ★ ★ B

Aus dem Ort heraus führt eine „Kellerstraße", die mit ihren großen, zweigeschoßigen Preßhäusern im Vergleich zu anderen Kellergassen geradezu „städtisch" oder „herrschaftlich" wirkt. Das Obergeschoß ist die sogenannte „Kerndlkammer", sie diente als Kornspeicher. In der Mitte der „Kellerstraße" befindet sich ein kur-

zer angerartiger Platz. Hier sind die Preßhäuser in gutem Zustand erhalten. Im weiteren Verlauf der Kellergasse „schrumpfen" die Preßhäuser wieder auf ein normales Maß und gehen am Ende in ein reines Wohngebiet (Zweitwohnsitze), ohne Bezug zur Kellergasse, über. Trotzdem bleibt der untere Teil sehr beeindruckend.

Eine zweite, einseitige Kellergasse verläuft zuerst an der Straße nach Wartberg und zweigt dann auf den „Krotenberg" ab. Hier sind die Keller bzw. Preßhäuser „normalgroß". Rund die Hälfte der Gebäude wurde unauffällig, d.h. ohne große Veränderungen renoviert.

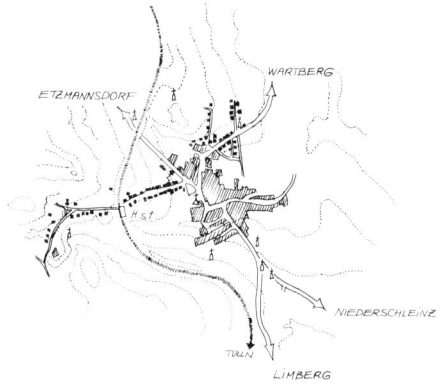

In der Kellergasse haben abwechselnd mehrere Weinbauern „ausg'steckt". Jährlich findet an einem Septemberwochenende ein Kellergassenfest statt. Information: Gemeindeamt Straning-Grafenberg; Tel. 029 84/33 42 Weinbauobmann: August Tauber, Straning 6

Etzmannsdorf bei Straning
★

Aus dem Ort heraus und mitten in die Weinberge führt in der Fallinie eine kurze, zweiseitige und schattige Kellergasse, deren Kellergebäude sich in recht gutem Zustand zeigen.
Information: Gemeindeamt Straning-Grafenberg, Tel. 029 84/33 42

Grafenberg
★ ★

Direkt aus dem Ort kommend, steigt in der Fallinie eine zweiseitige Kellergasse an. Im unteren Bereich wird sie noch von Wohngebäuden dominiert und wandelt sich erst nach und nach in eine sehr charmante, alte Kellergasse. An ihrem oberen Ende befindet sich ein kleiner Umkehrplatz − in seiner

Mitte eine alte Linde. Die Besonderheit dieser Kellergasse liegt im morbiden Reiz des relativ schlechten Bauzustandes, teils überwucherter Kellereingänge, einiger ganz offensichtlich leerstehender Keller und ihrer überaus sonnigen Lage. Sie macht den Eindruck, als ob sie in der Walpurgisnacht recht belebt wäre.
Eine weitere Kellergasse verläuft − einseitig − entlang eines breiten Weges, wirkt aber weit weniger „ursprünglich" wie die Erstgenannte.

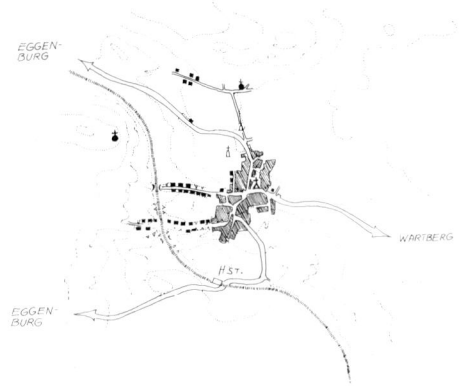

In der Kellergasse befindet sich ein Buschenschankbetrieb.
Information: Gemeindeamt Straning-Grafenberg, Telefon 029 84/33 42; Weinbauobmann: Leopold Andre, Grafenberg 25

Kattau

An der Straße nach Missingdorf verläuft eine einseitige, z. T. recht ursprüngliche Kellergasse mit großen Preßhäusern.
Eine weitere, zweiseitige, verläuft in einem breiten Hohlweg in der Fallinie: Sie ist kurz, ein Teil der Keller steht leer.

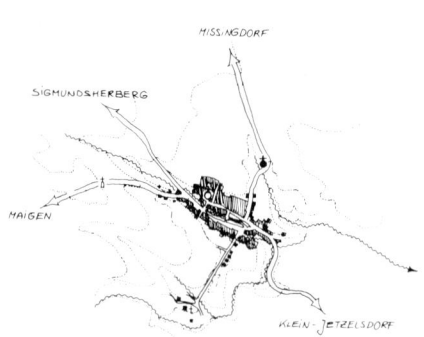

Information: Gemeindeamt Meiseldorf, Telefon 029 83/319

Röschitz
★ ★ ★ Ü

Aus dem Ort heraus führt die schmale gepflasterte Gasse, beidseits gesäumt von Kellergebäuden und zum Teil hochaufragenden, großen Preßhäusern. Durch die Geschlossenheit der Anlage und die Architektur der Preßhäuser wirkt die Röschitzer Kellergasse insbesondere an sonnigen Tagen italienisch oder französisch (je nach Assoziationsbackground) und vermittelt den Charme jener kleinen, steinernen Städte des sonnigen Südens (nach dem Motto: ins Weinviertel reisen, Kellergassen schau'n und fremde Länder sehen).

Information: Gemeindeamt Röschitz,
Telefon 029 84/27 01;
Weinbauobmann:
Erwin Krottendorfer, Röschitz 7
Gasthaus Landauer, Gasthaus Weninger

Stoitzendorf
★ ★ ★ B

Nußbaumbestanden, schlängelt sich die recht lange und recht breite Stoitzendorfer Kellergasse in mehreren leichten Kurven den Hang hinauf. Den Beginn dieser zweiseitigen Kellergasse bilden einige sehr große Preßhäuser — gemischt mit ebensolchen Wohnhäusern.
Obwohl manche der schönen, alten Preßhäuser bereits verfallen, macht die Kellergasse insgesamt dennoch einen recht gepflegten und „einladenden" Eindruck.

Lesemöglichkeit
Von Mai bis August haben abwechselnd mehrere Weinhauer in der Kellergasse „ausg'steckt".
Jährlich findet im Mai oder Juni der „Hauer- und Bauernmarkt" und Anfang Juli ein Kellergassenfest statt.
Information: Stadtamt Eggenburg, Telefon 029 84/35 01;
Weinbauobmann: Ludwig Maurer, Stoitzendorf 4

Wartberg

Am Hang des „Kirchenber-
ges" unterhalb der weithin
sichtbaren Kirche auf der
Hügelkuppe, verläuft einseitig und die Höhenlinie prä-
gnant „nachzeichnend" die
Kellergasse. Ihre Preßhäuser sind recht groß, manche
von ihnen neu errichtet und
alle in überwiegend gutem
Zustand.

Allein wegen ihrer schönen Lage oberhalb des Ortes inmitten der Weingärten und wegen des sich bietenden Ausblicks ist die Kellergasse sehenswert.

Lesemöglichkeit
Information: Gemeindeamt Straning-Grafenberg, Telefon 029 84/33 42;
Weinbauobmann: Alfons Föls, Wartberg 50

Roseldorf

Außerhalb des Ortes, reizvoll entlang der Höhenlinie
in die Landschaft gebettet,
liegt die einseitige Roseldor-
fer Kellergasse. Von hier aus
bietet sich ein sehr lohnen-
der Blick auf Kirche und Ort von Wartberg.
Etwas höher gelegen ist der zweite Teil dieser Kellergasse, dessen Preßhäuser ebenfalls einseitig an der Höhenlinie aufgereiht liegen. Viele von diesen
Kellergebäuden wurden bereits ziemlich verändert (Tore, Fenster, Eternit-
dächer, Dachrinnen,...).

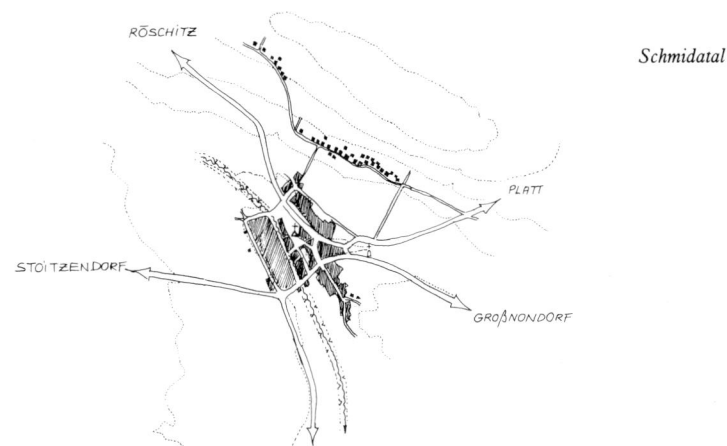

Information: Gemeindeamt Sitzendorf, Telefon 029 59/22 03, 22 04

Großnondorf
★ ★ ★ | B |

An einem breiten, teilweise gepflasterten und durch schmale Grünstreifen unterteilten „dreispurigen" Weg führt die geschlossene, zweiseitige Kellergasse der Fallinie folgend den Hang hinauf. Die Preßhäuser sind in gutem Zustand und auch nur geringfügig verändert.

In dieser sehr schönen Kellergasse irritiert lediglich die „Peitschenlampenbeleuchtung".

In der Kellergasse gibt es einen samstags und sonntags geöffneten Buschenschankbetrieb.
Information: Gemeindeamt Guntersdorf, Telefon 029 51/247;
Weinbauobmann: Franz Bachel

Goggendorf
★ ★

In Goggendorf, das selbst wie eine kleine Bergstadt wirkt, befinden sich mehrere Kellergassen, die meist in der Fallinie verlaufen.
Die Preßhäuser sind unterschiedlich groß, ebenso unterschiedlich ist ihre Architektur und der Erhaltungszustand. Die Wege in den Kellergassen sind zum Teil gepflastert, was einen sehr ursprünglichen Eindruck erweckt.

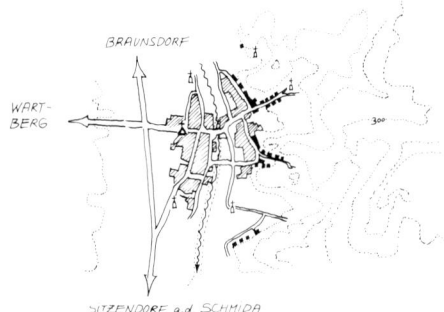

Information: Gemeindeamt Sitzendorf, Telefon 029 59/22 03, 22 04

Sitzendorf an der Schmida
★ ★ Ü

In einem weiten Bogen am Ortsrand verläuft die lange, einseitige Kellergasse und setzt sich entlang der Straße nach Sitzenhart fort.
Alle Preßhäuser sind gut erhalten. Einige von ihnen wurden allerdings in Zweitwohnsitze verwandelt.

Typologisch interessant ist eine Reihe von Preßhäusern mit Krüppelwalm-
dächern, deren Dachgeschoßfassade mit Holz verschalt wurde, sodaß das
Obergeschoß wie ein „Heuboden" wirkt.

Information: Gemeindeamt Sitzendorf, Telefon 029 59/22 03, 22 04;
Weinauobmann: Wolfgang Reiter, Ziersdorferstraße 4
Übernachtungsmöglichkeit: Gasthaus Pelzer, Gasthaus Hess

Frauendorf an der Schmida

★ ★ ★ [B]

Direkt im Anschluß an das
Ortsgebiet von Frauendorf
entwickelt sich an den Hohlwegen des „Halterberges"
ein liebenswürdiges Kellerviertel mit großen, gepflegten Preßhäusern. Ebenfalls
außerhalb des Ortes liegen
von zahlreichen Akazien,
Apfel- und Nußbäumen
überschirmt die großen
Preßhäuser sehr idyllisch in

einem weiten Hohlweg am „Rabenbühel".
In der Mitte verläuft, leicht gekrümmt, ein winziger Bach, über den einfache Holzbrücken führen.
Viele Frauendorfer Weinhauer sind auf Buschenschankbetrieb eingestellt
und stecken — saisonal bedingt — aus.

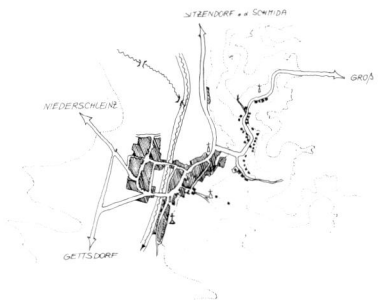

In den Kellergassen haben abwechselnd mehrere Weinhauer „ausg'steckt".
Information: Gemeindeamt Sitzendorf, Telefon 029 59/22 03, 22 04

Minichhofen

Nahe der Straße nach Großmeiseldorf liegt außerhalb des Ortes und auch des Überschwenmmungsgebietes, gut versteckt unter vielen Bäumen die Minichhofener Kellergasse. Sie verläuft einseitig an der Höhenlinie. Die

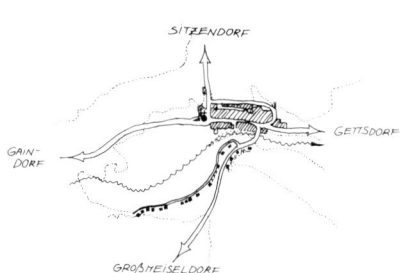

Preßhäuser stehen mit relativ viel Abstand locker nebeneinander, zwischen ihnen liegen immer wieder kleine baumbestandene Wiesenplätze.
Insgesamt macht diese Kellergasse einen ziemlich „naturbelassenen" Eindruck.

Gettsdorf
★

Direkt aus dem Ort führt
eine zweiseitige, durch Um-,
Zu- und Neubauten z. T.
stark veränderte Kellergasse
auf eine Hügelkuppe. Vor allem die eine Seite der Kellergasse wurde durch Wohn-
bauten — vornehmlich
Zweitwohnsitze — sehr
stark verändert.

Die Reste der Kellergasse wirken aber sehr ursprünglich und sollten wegen
ihres schlechten Bauzustandes dringendst renoviert werden.
Auf der Hügelkuppe sind einige recht große Preßhäuser locker angeordnet,
sodaß sie den Eindruck eines kleinen Kellerviertels erwecken.
Ein neues Preßhaus ist gerade im Rohbau erstellt, hält aber die Proportionen
der alten Preßhäuser und wird nach Fertigstellung nicht aus dem Rahmen
fallen. Interessant ist nicht nur die Anordnung und Größe der Preßhäuser,
sondern auch die Verwendung des Walmdaches als vorherrschende Dach-
form.

Lesemöglichkeit
Information: Gemeindeamt Ziersdorf, Telefon 029 56/22 04;
Weinbauobann: Roman Authried, Gettsdorf 33

Hollenstein
★

Als Rand der Bebauung verläuft quasi im „Hintaus" eine geschlossene, einseitige Kellergasse. Alle Preßhäuser sind renoviert und dürften auch in Betrieb sein.
Durch die Lage — jedem Haus ist ein Keller zugeordnet — wirkt die „Kellergasse" sehr privat, wenig einladend und kaum wie eine Kellergasse, son-
der viel eher wie ein Teil der Bebauung.
Außerhalb des Ortes befinden sich noch fünf weitere, sehr ursprüngliche,
schöne alte Keller, die allerdings leer stehen und bereits verfallen.

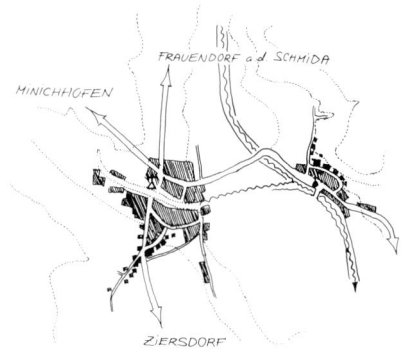

Lesemöglichkeit
Jährlich findet ein Kellergassefest statt.

Information:
Gemeindeamt Ziersdorf,
Telefon 029 56/22 04;
Ortsvorsteher: Josef Höller,
Hollenstein 35

Fahndorf
★ ★ ★

Malerisch eingebettet zwischen Weingärten, Obstbäumen und Getreidefeldern schließt direkt ans Wohngebiet, entlang der Straße nach Hollenstein eine zweiseitige Kellergasse an. Am Beginn erweitert sie sich zu einem kleinen Platz mit Kriegerdenkmal, der von einer Linde dominiert wird. Die eine, geschlossene Seite der Kellergasse bilden bunt gefärbelte Preßhäuser in gutem Zustand, während auf der anderen Seite nur einfache Kellereingänge und zwischen ihnen vereinzelt Akazien zu sehen sind.

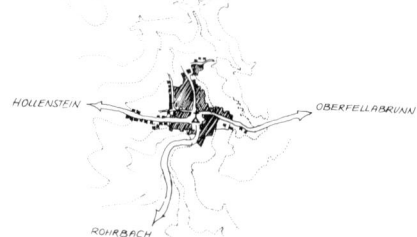

Lesemöglichkeit
Information:
Gemeindeamt Ziersdorf,
Telefon 029 56/22 04
Ortsvorsteher: Johann
Ährenberger, Fahndorf 58

Rohrbach

Oberhalb des Ortes liegt entlang der Höhenkante eine geschlossene, einseitige Kellergasse. Die Preßhäuser wurden z. T. „modernisiert": So wurden große Garagentore eingebaut, Fassaden umgestaltet, Dächer mit Welleternit gedeckt und manche Preßhäuser aufgestockt.
Trotz mehrerer alter leerstehender Keller scheint ein Großteil der Preßhäuser noch die ursprüngliche Funktion zu erfüllen.

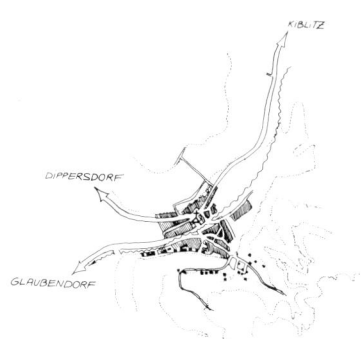

Lesemöglichkeit
Information:
Gemeindeamt Ziersdorf,
Telefon 029 56/22 04;
Ortsvorsteher: Georg
Engelmayer, Rohrbach 15

Dippersdorf

Einseitig und in teilweise geschlossener Reihe aneinandergebaut ist die Dippersdorfer Kellergasse. Manche Keller bzw. Preßhäuser wirken noch recht ursprünglich, andere wurden aufgestockt oder durch Toreinbauten u. ä. verändert. Das Vis-à-vis der Kellerreihe wird von einer neuerrichteten Einfamilienhaussiedlung gebildet. Durch dieses Gegenüber ging der Eindruck einer „Kellergasse" mehr oder weniger ganz verloren.
Information: Gemeindeamt Ziersdorf, Telefon 029 56/22 04;
Ortsvorsteher: Erich Schleger, Dippersdorf 21

Schmidatal

Niederrußbach

In einem schmalen Hohlweg verläuft eine kurze zweiseitige Kellergasse, die hauptsächlich aus Kellern ohne Preßhäuser bzw. Kellerstöckl besteht.

Lesemöglichkeit
Information: Gemeindeamt Niederrußbach, Telefon 02955/220/519; Weinbauobmann: Johann Weinlinger, Wienerstraße 15

Ravelsbach

Ravelsbach hat keine richtige Kellergasse mehr. Es bestehen zwar noch einige Keller im Ortsgebiet, aber keine eigentliche Kellergasse.

Oberravelsbach

Eine kurze, nur aus acht Kellern gebildete, zweiseitige Kellergasse findet man in Oberravelsbach.

Limberg

An der Straße nach Straning befinden sich einseitig einige Keller, die von der Straße in einen Hohlweg überleiten. Die Keller bzw. Preßhäuser sind entweder in einem schlechten Zustand, dem Verfall preisgegeben oder wurden schrecklich saniert: Eternitdach, neue Fenster, Dachrinnen, Glasziegel, usw.

Burgschleinitz

An der Bundesstraße 35 nach Eggenburg befindet sich noch ein kurzer Kellergassenrest von ca. zehn Kellern. Meist sind dies nur „Erdkeller" ohne Preßhäuser, die zur Lagerung von Kartoffeln genutzt oder „hobbymäßig" als Weinkeller betrieben werden. Die Weingärten auf dem Gemeindegebiet wurden aufgelassen. Wein — für den Eigenverbrauch — wird andernorts zugekauft und selbst die wenigen noch aktiven Weinhauer ziehen ihre Trauben auf dem Boden anderer Gemeinden.

Roggendorf

Eine richtige Kellergasse findet man in Roggendorf heute nicht mehr. Das, was früher wohl einmal eine einseitige Kellergasse war, ist jetzt in die Wohnbebauung integriert.
Viele Keller und Preßhäuser liegen im Ort und am Ortsrand verstreut — ohne jedoch Kellergassen zu bilden.

Klein-Reinprechtsdorf

Die sehr kurze, einseitige, „ehemalige" Kellergasse ist heute in die Wohnbebauung des Ortes integriert. Einige weitere Kellergebäude befinden sich am Ortsrand.

Braunsdorf

Einige große Preßhäuser begleiten einen kleinen Weg, der in Waldrand-ähnlicher Situation am Hang entlang nach Roseldorf führt. Weitere Keller sind im Ort verstreut.

Information: Gemeindeamt Sitzendorf a.d. Schmida, Telefon 02959/2203/2204

Kiblitz

Sehr kurz ist die aus nur sechs Kellern bestehende, einseitige Kellergasse von Kiblitz. Die meisten Preßhäuser sind umgebaut auf „Kellerstüberl" und werden als „Hobbyweinkeller" genutzt.

Retz und Umgebung

Zur Region „Retz und Umgebung" zählen hier die Orte rund um Retz. Begrenzt wird das Gebiet von der CSSR, vom Pulkautal und den Anhöhen des Waldviertels.

Von Wien aus mit dem Auto: A 22 — Stockerau — Hollabrunn (B 303) — bis Guntersdorf (B 2) — Retz

Von Wien aus mit Bahn/Bus: S-Bahn bis Hollabrunn/umsteigen — Retz/- dann Buslinien.

An der Weinstraße „Retz" liegen folgende Orte: Waitzendorf — Obermarkersdorf — Ober-, Mitter-, Unterretzbach — Retz.

Pillersdorf
★ ★ ★

In einem Graben des „Hochsteinberges" führt die sehr schöne, lange Kellergasse zweiseitig fast bis auf das Hochplateau.
Durch die Architektur, die Anordnung der Preßhäuser und die Lage weit außerhalb des Wohngebietes wirkt sie selbst wie ein kleiner — vielleicht sogar voralpiner — Ort.
Eine weitere, kurze Kellergasse liegt an der Straße nach Zellerndorf am „Ölberg".

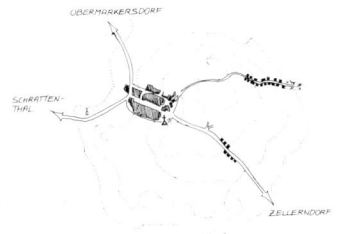

Lesemöglichkeit
Nach Voranmeldung sind Kellerführungen möglich
Information: Gemeindeamt Zellerndorf, Tel. 029 54/214

Schrattenthal
★

Die Kellergasse der zweitkleinsten Stadt Österreichs liegt innerhalb der Stadtmauern am Rande des historischen Ortskerns.
Nahezu alle Preßhäuser wurden aufgestockt und „modernisiert". Obwohl hier — schon aufgrund der Lage — kaum mehr von einer Kellergasse im herkömmlichen

Sinn gesprochen werden kann, vermitteln die sehr kompakt wirkenden Preßhäuser und die platzartigen Erweiterungen einen eigenwillig städtisch-sympatischen Eindruck.

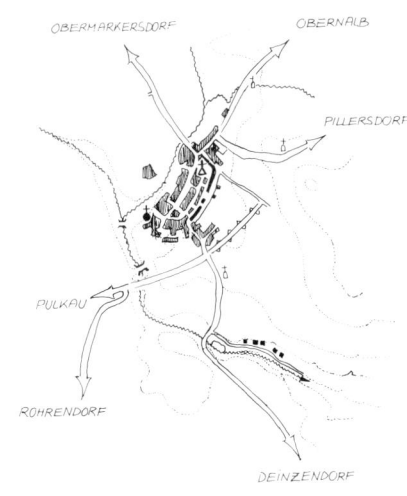

Nach Voranmeldung sind Kellerführungen möglich Jährlich findet Ende Juli — Anfang August ein Kellergassenfest statt
Information: Stadtamt Schrattenthal,
Tel. 029 42/82 04
Weinbauobmann: Franz Reinthaler, Schrattenthal 22

Waitzendorf

★ ★ ★ B

Am Ortsrand verläuft zuerst einseitig und mehrfach verzweigt die Kellergasse teilweise im „Hintaus" und geht nach und nach über in einen schmalen, von Kellereingängen gesäumten Hohlweg
Interessant sind hier die durch die Geländeform bedingten unterschiedlichen

„Charactere" einzelner Kellergassenabschnitte:Während im unteren Teil, mit den gut erhaltenen Preßhäusern, den Verzweigungen und kleinen Plätzen ein fast verträumter Eindruck entsteht, wirkt im Vergleich dazu der obere Teil mit den beiderseits des Weges eng beieinanderliegenden Kellereingängen streng funktional.

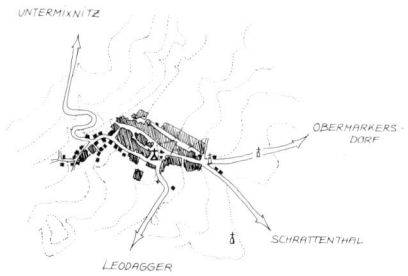

Jährlich findet ein
Kellergassenfest statt
Buschenschank: In der
Kellergasse befindet sich ein
Buschenschankbetrieb
Information:
Stadtamt Schrattenthal,
Telefon 029 42/82 04
Weinbauobmann: Norbert
Schöller, Waitzendorf 67

Untermixnitz
★ ★ ★

Außerhalb des Ortes, in
einem „verträumten Hohl-
weg", findet man die sehr
schöne, kurze Kellergasse.
An ihrem Beginn steht ein
kleines Preßhaus, ansonsten
ragen nur die Kellereingänge
mit ihren „gedrungenen"
Grasdächern aus der Erde.
Eigenlich müßte man dieser
Kellergasse das Prädikat
„malerisch" verleihen.

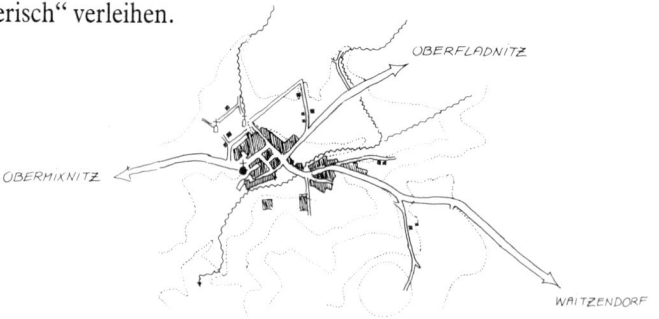

Information: Gemeindeamt Weitersfeld, Tel. 029 48/275

Retz

Ü

Die Weinstadt Retz ist bekannt für ihre weitläufigen, bis zu drei Stockwerke tiefen, unterirdischen Weinkeller. Dementsprechend kurz ist auch die an der Straße nach Oberretzbach gelegene Kellergasse mit einigen schönen, teilweise jedoch bereits verfallenen Kellern.

Lesemöglichkeit
Täglich finden Führungen durch die unter der Stadt gelegenen kilometerlangen Weinkeller statt.
Weinlehrpfad
Information: Stadtamt Retz, Telefon 029 42/22 23
Weinbauobmann: Eduard Donn, Lange Zeile 64
Pension Harzhauser, Privatzimmer

Obernalb

★ Ü

Parallel zur Straße nach Obermarkersdorf verläuft in einem Hohlweg eine kurze, am Beginn sehr idyllische, zweiseitige Kellergasse, deren Kellereingänge, vor allem im oberen Teil, stark überwuchert sind. Ein großes Preßhaus wurde neu

errichtet. Eine weitere zweiseitige Kellergasse liegt in einem Graben. Auch hier ist schon ein Großteil der Kellereingänge überwachsen. Andererseits entstanden hier zwei neue, moderne „Riesenpreßhäuser".

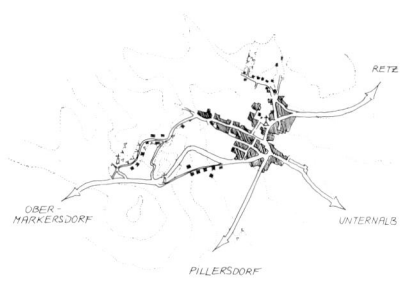

Lesemöglichkeit
Nach Voranmeldung sind
Kellerführungen möglich
Information: Stadtamt Retz,
Tel. 029 42/22 23
Weinbauobmann: Franz
Widhalm, Obernalb 54
Winzerhof Gruber

Unternalb

An der Straße nach Retz verläuft die großteils einseitige,
nur aus Kellereingängen bestehende „Durchzugskeller-
gasse", die zusätzlich zum
Autoverkehr auch noch von
der Bahn im Niveau ge-
kreuzt wird.
Diese „verkehrsgünstige"
Lage schränkt die Keller-
gasse in ihrer ursprünglichen
Funktion wahrscheinlich etwas ein.

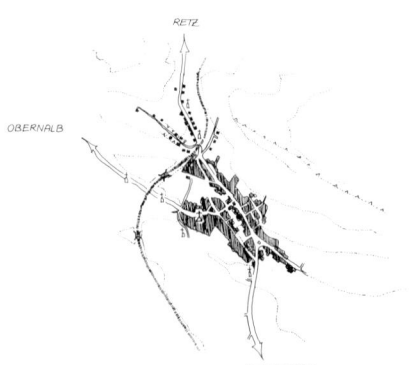

Lesemöglichkeit
Information: Stadtamt Retz,
Tel. 029 42/22 23
Weinbauobmann: Theodor
Paier, Unternalb 257

Oberretzbach
★ Ü

Wie Mitterretzbach hat auch
die Kellergasse von Ober-
retzbach keine Preßhäuser
mit „Kellerstöckl'n". Einseitig verläuft sie an der Höhenlinie und ist „sehr" gepflegt.
Fast an jedem Kellereingang
ragt ein Telegrafenmast auf.

Dadurch und durch die
Strenge und Art der Pflan-
zungen vor und zwischen
den Kellern verliert die Kellergasse jede Leichtigkeit und wirkt beinahe wie
eine Gedenkstätte.

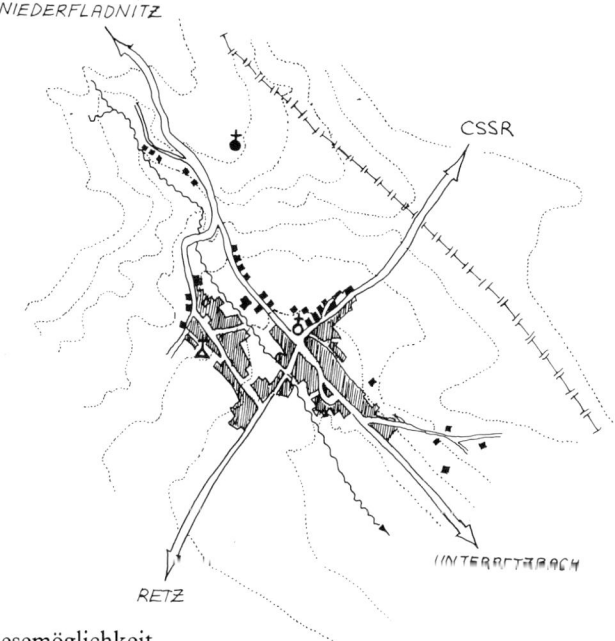

Lesemöglichkeit
Nach Voranmeldung sind Kellerführungen möglich
Jährlich findet Anfang September ein Kellergassenfest statt.
Information: Gemeindeamt Retzbach, Tel. 029 42/25 13
Weinbauobmann: Karl Binder jun., Mitterretzbach 34
Campingplatz „Hubertus"

Mitterretzbach
★ ★

Fast direkt an der Grenze zur CSSR verläuft einseitig, entlang der Höhenlinie, eine schöne, ursprüngliche Kellergasse ohne Preßhäuser, mit Blick auf die Weingärten. Eine weitere, einseitige und gut erhaltene Kellergasse, ebenfalls ohne richtige Preßhäuser, liegt an der Straße nach Niederfladnitz. Hier trifft man auf einen Keller, bei dessen Renovierung dem Gestaltungswillen freier Lauf gelassen wurde, was sich aufs deutlichste in Form und Farbe manifestiert. In Mitterretzbach läßt sich eine der skurrilsten Kellergassen bewundern: Sie verläuft in einem Graben, der einem Bachbett ähnelt. Oberhalb der Keller stehen Wohnhäuser, die jeweils von kleinen, die „Hauskellergasse" querenden Brücken erreicht werden können.

Lesemöglichkeit
Nach Voranmeldung sind Kellerführungen möglich
Information: Gemeindeamt Retzbach, Tel. 029 42/25 13
Weinbauobmann: Karl Binder jun., Mitterretzbach 34

Unterretzbach
★ ★

Beginnend bei der Kirche führt eine schöne, lange, einseitige Kellergasse mit großen, meist frei stehenden Preßhäusern auf die Kuppe eines Weinberges.
Die Gebäude sind großteils in gutem Zustand, einige sehr schöne und alte Preßhäuser sind jedoch vom Verfall bedroht.

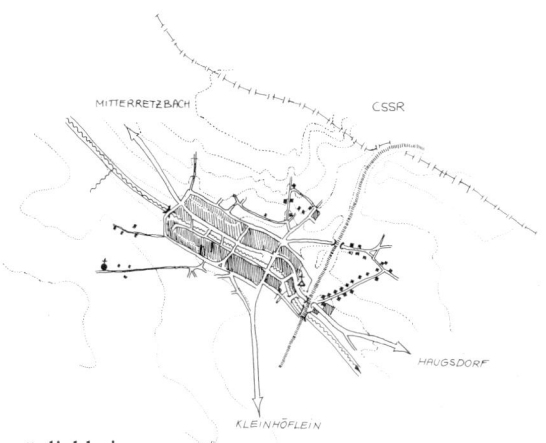

Lesemöglichkeit
Nach Voranmeldung sind Kellerführungen möglich
Jährlich findet im April ein Kellergassenfest statt
In der Kellergasse haben in den Sommermonaten abwechselnd mehrere
Weinhauer von Donnerstag bis Sonntag „ausg'steckt"
Information: Gemeindeamt Retzbach, Tel. 02942/2513
Weinbauobmann: Hermann Wurm, Unterretzbach 43
Privatzimmer

Kleinhöflein

Ü

Die recht lange, geschlossene, zweiseitige Kellergasse führt in der Fallinie auf die Kuppe eines Weinberges. Während sich auf der einen Seite „nur" Kellereingänge befinden, liegen auf der anderen große Preßhäuser. Rund 60% der Preßhäuser wurden aufgestockt, „modernisiert" oder überhaupt neu gebaut.

In ihrer Art ist diese Kellergasse sehr beeindruckend, hat aber nichts Romantisches, sondern entspricht einer reinen Weinproduktions- und -lagerstätte.

137

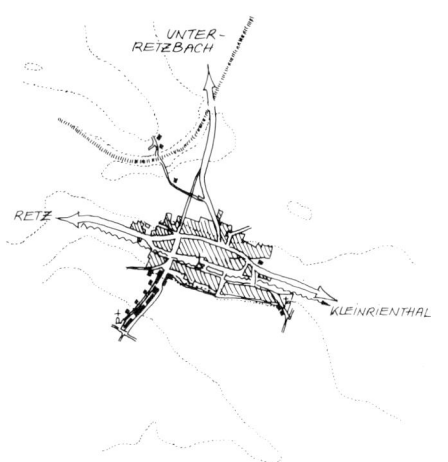

Lesemöglichkeit
Nach Voranmeldung sind
Kellerführungen möglich
In der Kellergasse befindet
sich ein Buschen-
schankbetrieb
Information:
Stadtamt Retz,
Telefon 029 42/22 23
Weinbauobmann: Johann
Graf, Kleinhöflein 8
Winzerhof Fleischmann

Kleinriedenthal

Besonders großzügig wirkt
die zweiseitige Kleinrieden-
thaler Kellergasse mit ihren
stattlichen Preßhäusern, den
davor befindlichen platzartigen Erweiterungen sowie
einem in der Mitte der Gasse
verlaufenden Graben und
Grünstreifen. Durch Auf-
stockungen, Einbau von Garagentoren und ähnlichem
wurden einige Preßhäuser
bereits stark verändert.

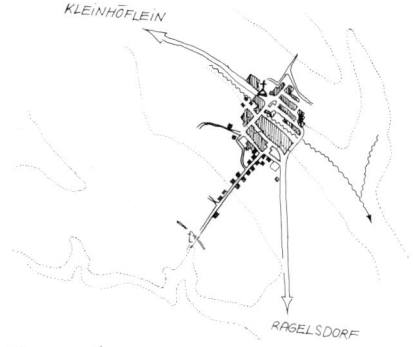

Lesemöglichkeit
Nach Voranmeldung sind Kellerführungen möglich
Information: Stadtamt Retz, Tel. 029 42/22 23
Weinbauobmann: Gerhard Breitenfelder, Kleinriedenthal 3

Leodagger

Am Ortsrand liegt die eine kurze und durch Wohngebäude stark überformte, einseitige Kellergasse. Ihren Abschluß bildet ein großes Preßhaus: der Keller der — im Weinviertel durchaus noch üblichen — „Herrschaft". Am ersten Samstag im September findet der „Tag der offenen Kellertür" statt.
Information: Stadtamt Pulkau, Tel. 029 46/276

Obermarkersdorf

Die ehemalige, einseitig an der Höhenlinie verlaufende Kellerreihe besteht heute praktisch nur mehr aus Wohngebäuden.

Hofern

Außerhalb des Ortes liegt die kurze, einseitige Kellergasse, deren sieben Keller gut erhalten bzw. renoviert sind.

Ragelsdorf

Die einseitige Kellerreihe ist sehr kurz, einige Keller bzw. Preßhäuser sind gut erhalten, andere verfallen bereits.

NEHMEN SIE
BEIM FAHREN
BITTE RÜCKSICHT
AUF DAS DACH

Pulkautal

Zur Region „Pulkautal" zählen Orte, die unmittelbar an der Pulkau liegen sowie einige Orte an Zubringerbächen.
Von Wien aus mit dem Auto:
Auf der A-22 bis Stockerau — B 4 Horner Bundesstr. bis Maissau — über Eggenburg nach Pulkau...
oder: Auf der A-22 bis Stockerau — B 2 (B 303) Pragerstr. über Hollabrunn Richtung Znojmo bis Jetzelsdorf...
Von Wien aus mit Bahn und Bus:
S-Bahn bis Hollabrunn und Buszubringer
oder: S-Bahn bis Mistelbach, umsteigen Laa am Thaya und Buszubringer
An der Weinstraße „Retz" liegen folgende Orte:
Pulkau, Rohrendorf, Deinzendorf, Zellerndorf, Watzelsdorf, Pernersdorf, Jetzelsdorf, Haugsdorf, Alberndorf, Untermarkersdorf, Hadres, Kadolz, Seefeld

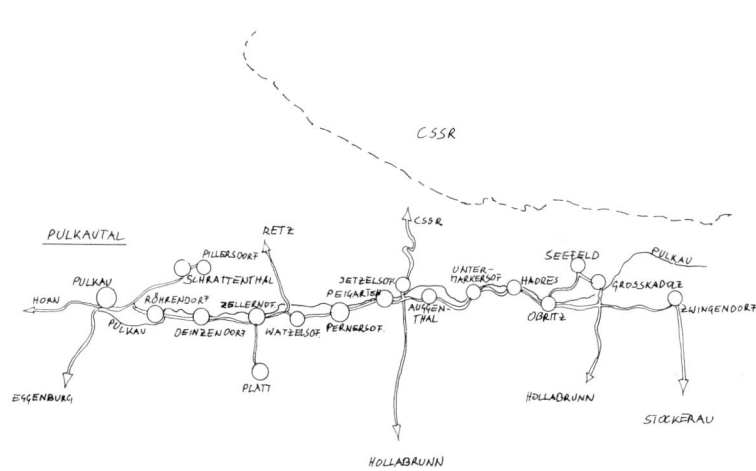

Pulkau

Ü

In Pulkau bestehen noch einige z.T. ganz nette „Kellergassenfragmente", aber keine Kellergasse mehr im ursprünglichen Sinn.
Die Preßhäuser wurden großteils durch Wohngebäude verdrängt. Eine ehemalige Kellergasse wird heute von einem modernen, „oberirdischen" Keller, dem „Raiffeisen-Silo" dominiert.

Information: Stadtamt Pulkau, Tel. 029 46/276
In Pulkau gibt es mehrereGastbetriebe mit Fremdenzimmer

Rohrendorf a.d. Pulkau
★ B

Einseitig an der Höhenlinie gelegen, bilden einige große und ursprünglich erhalten gebliebene Preßhäuser eine sehr kurze Kellerreihe.
Der an sich sehr schöne Anblick wird durch die unmittelbare Nachbarschaft neuer Wohngebäude etwas gestört.
Ein „winziger" Kellerplatz und einige weitere Keller liegen im Ort verstreut.

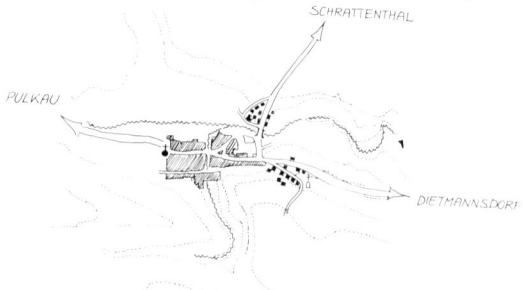

In der Kellergasse haben abwechselnd mehrere Weinhauer „ausg'steckt".
Information: Stadtamt Pulkau Tel. 029 46/276

Deinzendorf
★ ★

Am Rand von Deinzendorf — allerdings in schattiger Nordlage — verläuft entlang der Höhenlinie eine einseitige, geschlossene Kellergasse, deren Gegenüber von einer Nußbaumreihe gebildet wird.

Im Zentrum des Orts findet man einen eigenwilligen „schneckenhauswindungsartig"-eingerollten, kleinen, sehr sehenswerten Kellerplatz.

Nach Voranmeldung sind Kellerführungen möglich.

Information: Gemeindeamt Zellerndorf Tel. 029 45/214

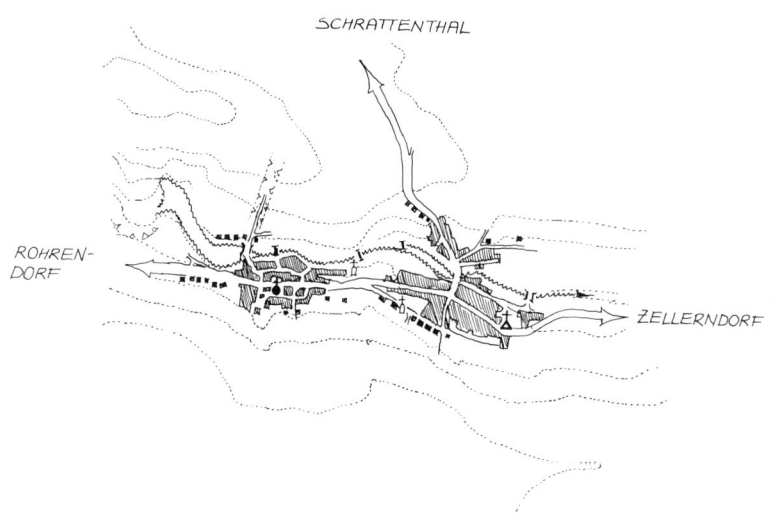

Dietmannsdorf
★ ★

Von Pulkau kommend, er-
blickt man die eindrucksvollen Dietmannsdorfer Preß-
häuser rechts der Straße in
erhöhter Lage. Etwas zu-
rückversetzt, folgen sie in
einem weichen Bogen der
Straße, und sind von ihr und
dem Straßenlärm durch einige Nußbäume — wenig-
stens ein bißchen — abge-
schirmt.

Nach Voranmeldung sind Kellerführungen möglich.
Information: Gemeindeamt Zellerndorf Tel. 029 45/214

Zellerndorf
★ ★ ★ B

Zellerndorf hat mehrere sehr
schöne Kellergassen. Am
längsten, und wohl auch be-
eindruckendsten ist die sogenannte „Kellertrift": Sie
führt aus dem Ort hinaus an
einem leicht geschwunge-
nen, gepflasterten Weg auf
ein „Hochplateau"; ihren
Abschluß bildet ein Marterl.

Die z.T. sehr großen Preßhäuser weisen die unterschiedlichsten Bauformen
auf und sind zu einem großen Teil gut erhalten bzw. renoviert. Lediglich im
oberen Teil sind einige alte Preßhäuser dringend renovierungsbedürftig.
Die weiteren Kellergassen befinden sich etwas außerhalb des Ortes in der
Umgebung der Kirche und an der Straße nach Pillersdorf. Auch diese Anla-
gen sind sehr attraktiv und großteils gut erhalten.
Offensichtlich wissen die Zellerndorfer den Wert und die Schönheit ihrer
Kellergassen zu schätzen.

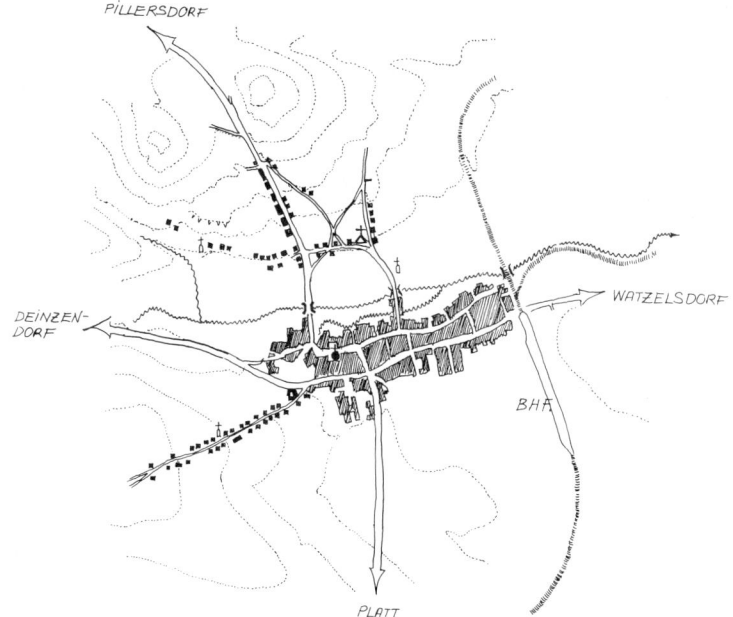

Nach Voranmeldung sind Kellerführungen möglich.
In den Kellergassen haben abwechselnd verschiedene Weinhauer "ausg'-steckt".
Information: Gemeindeamt Zellerndorf 029 45/214
Weinbauobmann: Gottfried Redl

Platt
★ ★ ★ B

Mehr als ein sehr sympathisches Kellerviertel findet man in Platt: Im einen Fall gruppieren sich um einen fast kreisförmigen Wiesenplatz und Nußbaumhain einige recht attraktive Kellergebäude. Unter ihnen fällt ein im neugotischen Stil aufwendig errichtetes Preßhaus

145

ganz besonders auf. Dieses und alle anderen sind liebevoll instandgehalten und befinden sich in gutem Zustand. Ein weiteres Kellerviertel umgibt einen leicht eingetieften Wiesen-Fußballplatz (welch eine praktische Kombination!). Diese Anlage ist ebenso reizvoll wie die erstgenannte und lohnt einen Besuch

Hier wie dort, dienen viele der Preßhäuser als Zweitwohnsitz oder Hobbyweinkeller — und nicht zuletzt deshalb haben selbstverständlich auch Veränderungen stattgefunden, die kellergassen-untypische Formen, Elemente und Materialien hierher brachten, was aber doch im großen und ganzen dem Reiz der Gesamtanlage kaum abträglich war.

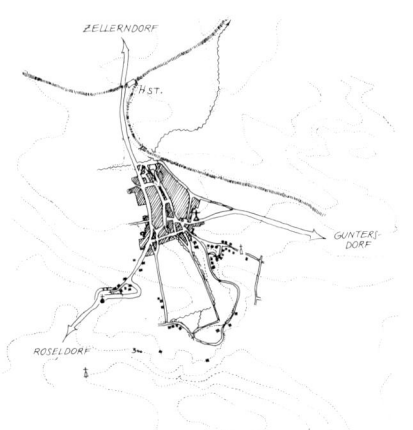

Nach Voranmeldung sind Kellerführungen möglich. Buschenschank: In der Kellergasse haben abwechselnd verschiedene Weinhauer „ausg'steckt".
Information: Gemeindeamt Zellerndorf Tel. 029 45/214

Watzelsdorf
★

An der Straße nach Pernersdorf verläuft die ein- und z.T. zweiseitige Kellergasse mit großen Preßhäusern. Die Gebäude sind in gutem Zustand und sehr behutsam renoviert.
Eine weitere, ebenfalls gut erhaltene Kellergasse mit locker angeordneten Preß-

häusern liegt am Rand der Weingärten, teilweise im „Hintaus" der randlichen Wohnbebauung.

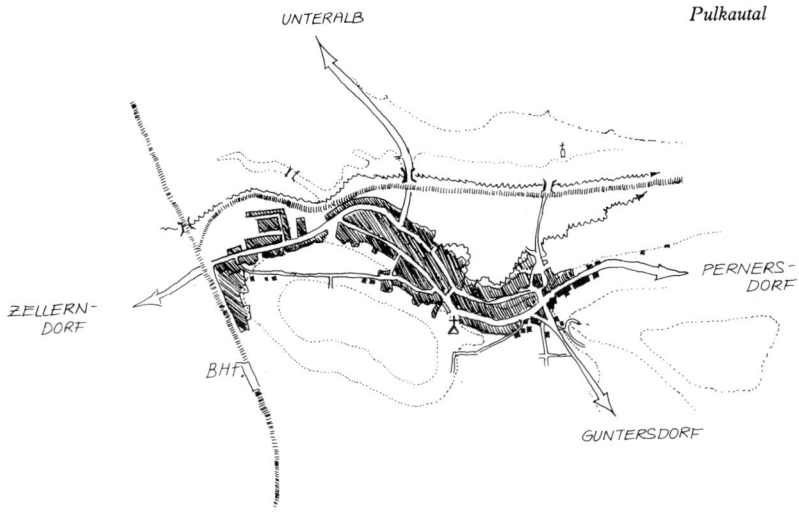

Nach Voranmeldung sind Kellerführungen möglich.
Information: Gemeindeamt Zellerndorf Tel. 029 45/214
Weinbauobmann: Franz Binder, Watzelsdorf 124

Pfaffendorf/Karlsdorf

★ B

Zwischen den beiden Orts-
teilen Pfaffendorf und Karls-
dorf verläuft eine nette,
zweiseitige Kellergasse horizontal an der Höhenlinie.
Die Preßhäuser sind, abgesehen von einigen Veränder-
rungen, großteils in gutem
Zustand. Vor und zwischen
den Kellern befinden sich
kleine akazienbestandene

Plätze. Alles macht einen gepflegten Eindruck.
Jährlich findet im Juli ein Kellergassenfest statt.
In der Kellergasse haben abwechselnd mehrere Weinhauer „ausg'steckt".

Information: Gemeindeamt Pernersdorf Tel. 029 44/82 75

Jetzelsdorf

Ähnlich den anderen Kellergassen des Pulkautales, ist
auch die Jetzelsdorfer eine
sehr stattliche, intakte Kellergasse mit zahlreichen,
recht großen Preßhäusern.
Entlang der Straße nach Ra-
gelsdorf schmiegt sie sich in
geschlossener Reihe, an den
Hangfuß. Abgesehen von
einem kurzen Abschnitt im

Ortsgebiet wurden die Kellergebäude nur auf einer Seite errichtet, wie das
für die meisten Kellergassen, die horizontal der Höhenlinie folgen, typisch
ist. Recht störend wirkt die „Asphaltpiste" vor den Kellergebäuden und vor
allem der rasante Autoverkehr, der dieser Kellergasse jegliche Ruhe raubt.

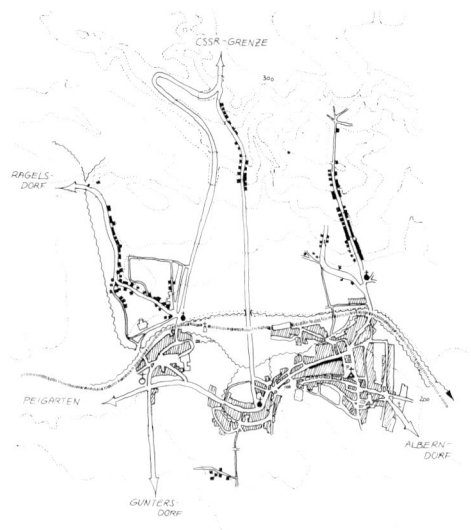

Lesemöglichkeit
In der Kellergasse gibt es einen ganzjährig geöffneten Heurigenbetieb
Nach Voranmeldung sind Kellerführungen möglich.
Jährlich findet am Ostermontag in der Kellergasse die sogenannte „Grean"
statt.
Information: Gemeindeamt Haugsdorf Tel. 029 44/22 18, 22 57
Weinbauobmann: Josef Siedler, Jetzelsdorf 56

Peigarten
★ ★

Aus dem Wohngebiet hinaus führt, an einem breiten, z.T. mit Akazien und Nußbäumen bestandenen Weg, eine erst ein- und dann zweiseitige, geschlossene Kellergasse. Ein Großteil der Kellergebäude ist in gutem Zustand und scheint wohl auch der Funktion entsprechend genutzt zu werden. Wie in vielen anderen Orten auch gibt es in Peigarten außerhalb der Kellergasse eine Reihe von Kellern und Preßhäusern.

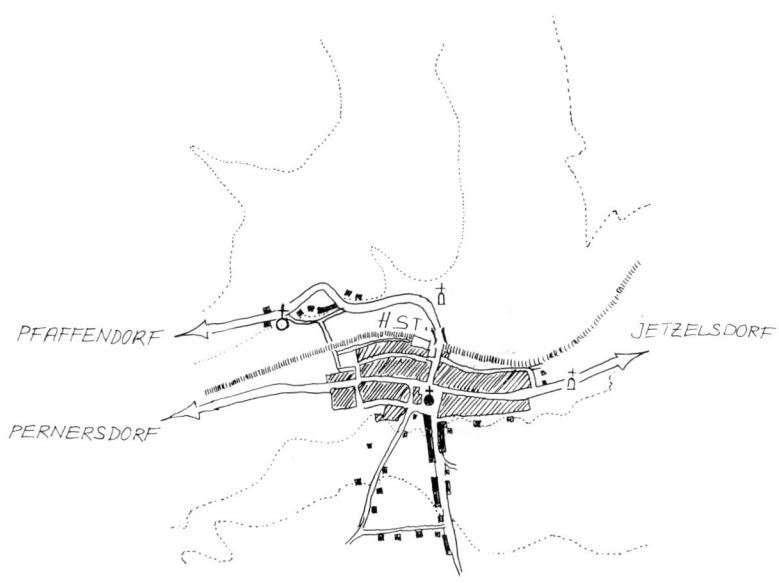

Lesemöglichkeit
Jährlich findet in der ersten Juliwoche das „Perigrini"-Fest in der Kellergasse statt.
Information: Gemeindeamt Pernersdorf Tel. 029 44/82 75

Auggenthal
★ B

Vom Zentrum Auggenthals aus erreicht man diese typische Pulkautaler Kellergasse. Sie beginnt erst weit außerhalb des Ortes an den Hängen des „Hutbergs", in ausreichendem Respektabstand vom ehemaligen Überschwemmungsbereich der Pulkau. Stattliche, große Preßhäuser — oft in typischer „Quaderstock-Lehm-

bauweise" errichtet und manche davon in schlechtem Zustand — säumen beidseits die breite, asphaltierte, der Fallinie des Hangs folgende Straße. Je höher man steigt, desto attraktiver wird der Ausblick ins Pulkautal und umso „arkadischer" entwickelt sich die Landschaft.

Einige weitere Auggenthaler Preßhäuser befinden sich am gegenüberliegenden Hang, dem „Kellerberg", hier wurde jedoch durch Bautätigkeit die Ursprünglichkeit ziemlich angegriffen, und mancher ehemalige Weinkeller wird jetzt dauernd bewohnt.

Lesemöglichkeit
Jährlich findet am Ostermontag in der Kellergasse die sogenannte „Grean" statt.
In der Kellergasse haben abwechselnd verschiedene Weinhauer „ausg'-steckt"
Information: Gemeindeamt Haugsdorf Telefon 029 44/22 18, 22 57
Weinbauobmann: Josef Schicher, Auggenthal 40

Haugsdorf
★ Ü

Die Haugsdorfer „Kellertrift" beginnt — wie viele andere Pulkautaler Kellergassen auch — weit außerhalb des Ortes an den Hängen des „Hutbergs". Wenig geschwungen, erstreckt sie sich, etwa 700m lang, beidseits und geschlossen mit

stattlichen Preßhäusern bebaut in der Fallinie. Viele Kellergebäude wurden noch in der angestammten „Quaderstock-Lehmbauweise" errichtet. Einiges wurde während der letzten Jahrzehnte verändert, d.h. auf moderne Weinproduktion bzw. auf Heurigenbetrieb abgestimmt und manches Kellerstöckl ausgebaut.

Insgesamt aber ist man von der Haugsdorfer Kellergasse ebenso beeindruckt, wie von anderen dieser besonders stattlichen Pulkautaler Kellergassen und sollte es auch nicht versäumen, diese, so gut in die Landschaft integrierte Kellergasse aus einiger Entfernung zu betrachten.

Nach Voranmeldung sind Kellerführungen möglich.

Jährlich findet am Ostermontag in der Kellergasse die sogenannte „Grean" statt.

Jedes Wochenende ist „Tag der offenen Kellertür"

Information: Gemeindeamt Haugsdorf Telefon 029 44/22 18, 22 57

Weinbauobmann: Herbert Prüstler, Hauptstr. 30

Gasthaus Aufgeweckt

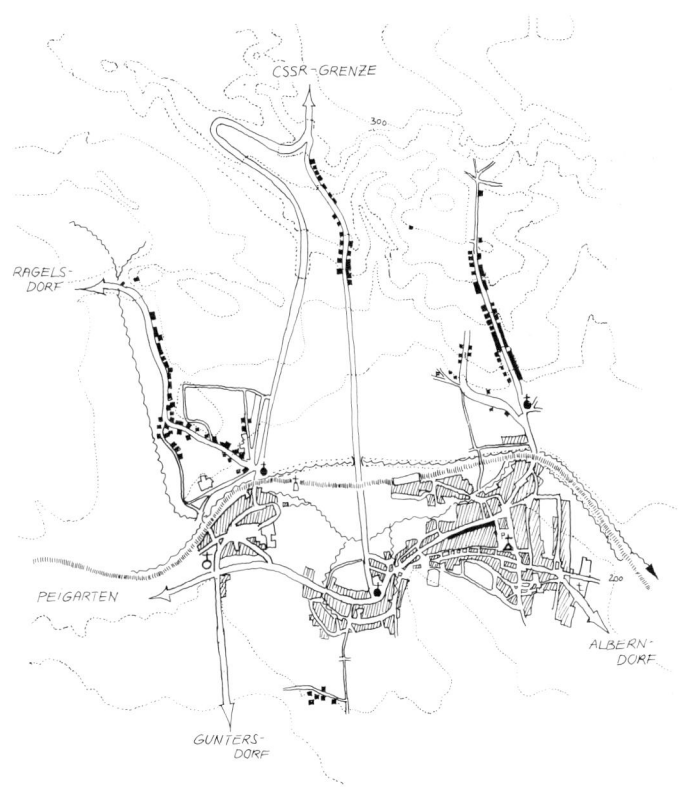

Alberndorf

★ ★

Wie fast überall im Pulkautal, liegt auch die Alberndorfer „Kellertrift" am Hang, weit außerhalb des Ortes, dort, wo keine Überschwemmungen der Pulkau mehr zu befürchten und überdies günstige Möglichkeiten zum Graben von Kellern gegeben waren. Beidseits der breiten, asphaltierten Straße steigen die großen — zum Teil in Quaderstock-Lehmbauweise errichteten — Preßhäuser in einer weichen Kurve nach oben bis zur Hügelkuppe mit einem kleinen Wäldchen. Im unteren Drittel schiebt sich eine Kellerreihe zwischen die beiden anderen, sodaß eine interessante Gabelung der Straße entsteht. Zwischen manchen Preßhäusern liegen kleine Plätze, die gelegentlich auch baumbestanden und entsprechend idyllisch sind. Da der Weinbau im Pulkautal eine sehr große Rolle spielt, blieb natürlich auch diese Kellergasse nicht vor manchen mehr oder weniger betriebsbedingten Veränderungen verschont: große Tore und Fenster wurden eingebaut, es wurde aufgestockt, neugedeckt, eingezäunt, sogar Wohnhäuser errichtet, … aber dennoch gehört die Alberndorfer Kellertrift zu den sehr sehenswerten und birgt manchen guten Tropfen. Bei „dramatischen" Wetterlagen, etwa kurz vor Gewittern, sollte man es nicht versäumen, diese Kellergasse auch aus einiger Entfernung zu betrachten, bei ensprechenden Lichtsituationen leuchten die kalkweißen Giebelseiten strahlend aus dem Grün bzw. Rotbraun (je nach Jahreszeit) der Weinstöcke hervor.

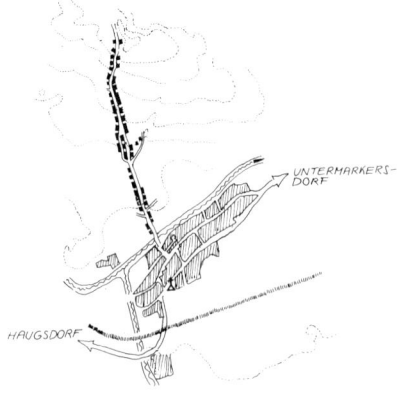

Lesemöglichkeit
Nach Voranmeldung sind Kellerführungen möglich.
Jährlich findet am Ostermontag in der Kellergasse die sogenannte „Grean" statt.
Information : Gemeindeamt Alberndorf 029 44/23 33
Weinbauobmann: Erich Lust, Gemeindestr. 51
Gasthaus Karlwirt

Untermarkersdorf

★ ★ ★ B Ü

Am sanft geneigten, süd-exponierten Hang, direkt im Anschluß ans Wohngebiet, beginnt die lange, beidseits bebaute Untermarkersdorfer Kellergasse und steigt dann allmählich entlang einer breiten, asphaltierten Straße nach oben. Im unteren Drittel beeindrucken einige sehr hohe, zwei- bis dreigeschossige, monumental wirkende Preßhäuser mit dicken Mauern — oft sind es „Quaderstock-Lehmbaumauern" — und winzigen Fensteröffnungen. Weiter oben bleiben die Preßhäuser dann niedriger und vermitteln dennoch urwüchsige Schwere.

Die Untermarkersdorfer Kellergasse besticht vor allem durch die noble Farbgebung: kalkweiße — „geweissingte" — Wände und dunkelgrün lakkierte Tore, Türen und Fenster herrschen vor.

Dies läßt einen über manchen Wohnbau, unpassende Einbauten und andere kleine Ausrutscher hinwegsehen. Zwischen den einzelnen Kellern befinden sich viele, sehr reizvolle, baumbestandene, kleine Wiesenplätze.

Vor- und rückspringende Bauten, kleine Abzweigungen, hin und wieder sogar Dreireihigkeit der Kellergebäude und höherliegende Parallelwege ergeben ungemein abwechslungsreiche Ensembles voller Romantik.

Vorbei am Friedhof, liegt entlang einer kleinen Straße nach Alberndorf noch ein weiteres sehr schönes, zum Teil doppelreihiges Kellerensemble horizontal an der Höhenlinie, das leider durch einen einzigen, völlig aus dem Maßstab geratenen und nicht mehr ganz jungen Kellerneubau sehr gestört wird.

Lesemöglichkeit
Nach Voranmeldung sind Kellerführungen möglich.
In der Kellergasse befindet sich ein Weinbaumuseum, das nach Voranmeldung besucht werden kann.
Jährlich findet am Ostermontag die sogenannte „Grean" und an Fronleichnam ein Kellergassenfest statt. In der Kellergasse wird abwechselnd von verschiedenen Weinhauern „ausg'steckt".

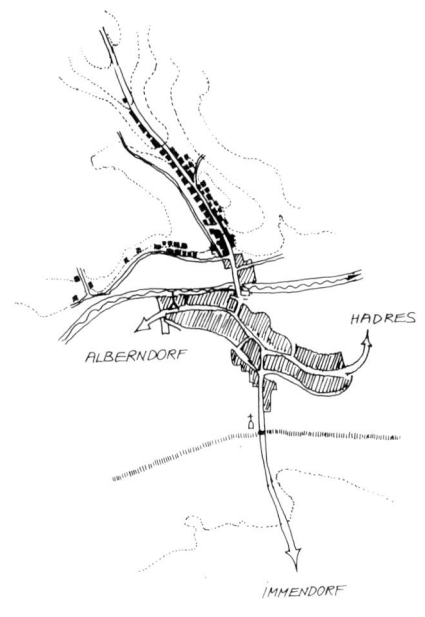

Information:
Gemeindeamt Hadres
Telefon 029 43/23 03/23 16
Weinbauobmann: Alfred
Seidl, Untermarkersdorf 9
Gasthaus Küniger

Pulkautaler
Weinbaumuseum
Bäuerliche Arbeitsgeräte mit
Schwerpunkt Weinbau
(Sammlung noch im
Aufbau)
Adresse: Untermarkersdorf,
Kellergasse, 2061 Hadres
Öffnungszeiten: Voranmel-
dung bei A. Seidl, Weinbau,
Untermarkersdorf 9,
2061 Hadres,
Telefon 029 43/344

Hadres
★ ★ Ü

Die Kellergasse von Hadres
gilt als die längste in ganz
Österreich: sie mißt stolze
1,6 km Länge. Ihr Beginn
liegt direkt im Wohngebiet
von Hadres, von wo aus die
relativ breite, asphaltierte
Straße in mehreren leichten
Schwüngen nach oben auf
die Anhöhe führt. Im un-
teren Teil sind die Preßhäuser sehr groß und stattlich,
nach oben hin nehmen sie ab
und werden kleiner. Als typologische Besonderheit fallen die gesonderten Kellereingänge, die den Preßhäusern vorgelagert sind, auf.

Nicht alle Kellergebäude dienen heute mehr dem Weinbau, einige sind bewohnt, andere werden als Hobbykeller genutzt — damit im Zusammenhang stehen auch einige Veränderungen, die an den Preßhäusern vorgenommen wurden. Die Länge dieser Kellergasse, ihre noch verbliebene Ursprünglichkeit, manches romantische Kellerensemble, das auch durch den vorhandenen Baumbestand entsteht, macht sie zu einer jener sehenswerten Kellergassen des Pulkautales.

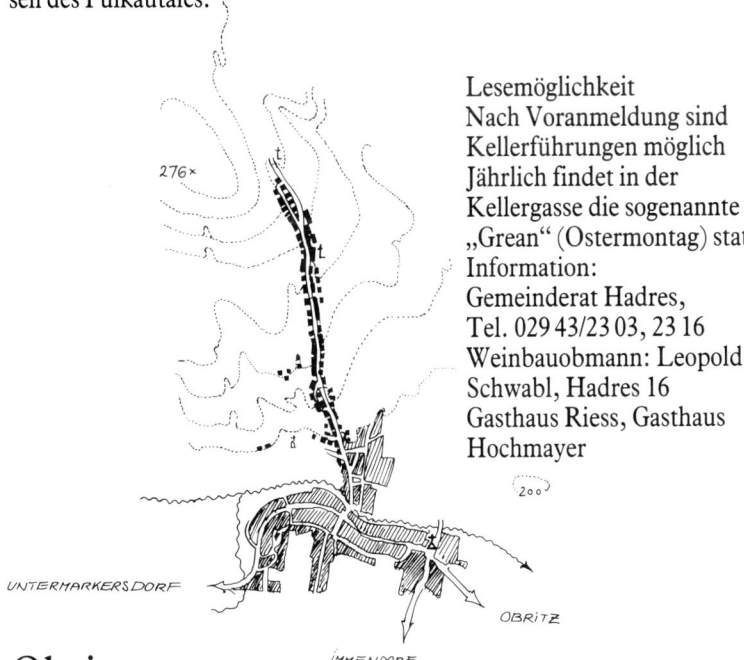

Lesemöglichkeit
Nach Voranmeldung sind Kellerführungen möglich Jährlich findet in der Kellergasse die sogenannte „Grean" (Ostermontag) statt. Information: Gemeinderat Hadres, Tel. 02943/2303, 2316 Weinbauobmann: Leopold Schwabl, Hadres 16 Gasthaus Riess, Gasthaus Hochmayer

Obritz
★ ★ ★

Weit außerhalb — wie in dieser Region üblich — aber anders als im sonstigen Pulkautal, liegen die Obritzer Preßhäuser im Süden des Ortes, an den flach auslaufenden Nordhängen des Buchberges. Nähert man sich von Obritz kommend den Kellergassen, die aufgrund der

Vielzahl und Stattlichkeit ihrer Preßhäuser den Eindruck eines ganzen Dorfes machen, so fällt die ungemein reizvolle Situierung der meist „geweissingten" Kellergebäude in der idyllischen Weinlandschaft auf.

Einige Preßhäuser steigen beidseits eines gepflasterten Hohlwegs in leichten Kurven an, andere sind — westorientiert — locker aneinandergereiht, doch die überwiegende Mehrzahl säumt in Zweier- bzw. Dreierreihen die kleine, asphaltierte Straße, die nach Mailberg führt. Freilich wurden auch hier, an den Obritzer Preßhäusern, die z.T. Zweitwohnsitze bzw. Hobbyweinkeller sind, manche Veränderungen vorgenommen: ausgebaut, aufgestockt, neu eingedeckt und gelegentlich auch die ursprünglichen Weingartenumgebung nach Schrebergarten-Muster mit entsprechenden Pflanzen samt Gartenzwergen und völlig unpassenden Zäunen ausgestattet; doch all das konnte bislang den attraktiven Gesamteindruck dieses stattlichen und urwüchsigen Kellerviertels nicht zerstören.

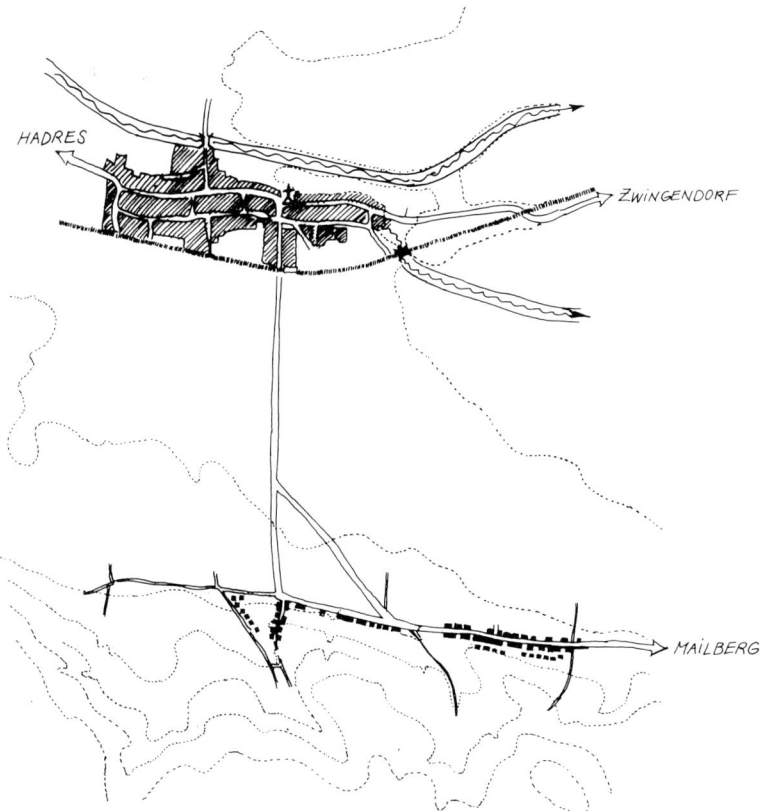

Lesemöglichkeit
Nach Voranmeldung sind Kellerführungen möglich
Jährlich findet am Ostermontag die sogenannte „Grean" und Anfang Juli ein Kellergassenfest statt.
Information: Gemeindeamt Hadres Telefon 029 43/23 03, 23 16
Weinbauobmann: Josef Reisinger, Obritz 319

Seefeld

Ü B

Fährt man an Schloß Seefeld vorbei, gelangt man linkerhand an den Beginn der Seefelder Kellergasse, die beidseitig, an einem schwach ausgeprägten Hohlweg des „Steinbühel" errichtet wurde.
Das Bild dominieren mittlerweile Haupt- und Zweitwohnsitze sowie sehr veränderte Preßhäuser. Doch der Ausblick auf Schloß Seefeld ist von, dieser so nahegelegenen und gleichzeitig erhöhten Situation aus, äußerst attraktiv!

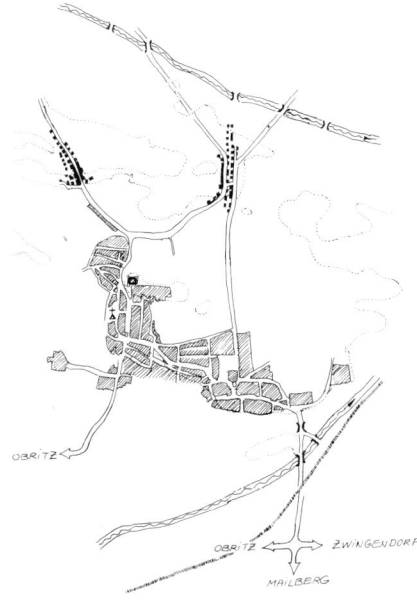

Lesemöglichkeit
Nach Voranmeldung sind Kellerführungen möglich
Jährlich finden am Ostermontag die sogenannte „Grean" und ein „Tag der offenen Kellertür" statt
Von Juni bis September und von Oktober bis März ist ein Heurigenbetrieb in der Kellergasse geöffnet
Information: Gemeindeamt Seefeld-Kadolz,
Tel. 029 43/22 01
Privatzimmer

Kadolz
★ Ü

Weit außerhalb des Ortes stehen viele Preßhäuser und Keller — allerdings nicht als Gasse oder Reihe, sondern als Ansammlung (zunächst) ohne erkennbare Ordnung. Der Großteil der Preßhäuser ist gut erhalten, nur bei wenigen wurden starke Veränderungen vorgenommen. Interessant ist — neben der „durcheinandergewürfelten" Anordnung der Keller, die immer wieder reizvolle kleine Plätze und schmale Durchgänge zwischen den Kellern zuläßt — vor allem die jeweilige Zuordnung von Preßhaus und Keller. Der Abgang zum eigentlichen Keller liegt nicht, wie sonst üblich, innerhalb des Preßhauses, sondern direkt vor dem Preßhaus: der Weg des Rebensaftes von der Presse ins Faß wurde durch ein Loch im Boden des Preßhauses um die Strecke des vorgelagerten Kellerabgangs verkürzt. In einer Zeit ohne flexible Schläuche und Elektropumpen war dies ein sehr wichtiges Faktum, dem die Preßhaus-Architektur Rechnung trägt. Diese Anordnung stellt aber auch einen ganz besonderen optischen Reiz dar, denn vor jedem Preßhaus ragt ein kleines Häuschen — der Kellerabgang — aus der Erde. — Erwähnt sei auch noch der — sympathischerweise — in diesem Kellerviertel fast gänzlich fehlende Asphalt.

Lesemöglichkeit
Nach Voranmeldung sind Kellerführungen möglich
Jährlich findet am Ostermontag in der Kellergasse die sogenannte „Grean" statt.
Information: Gemeindeamt Seefeld-Kadolz Tel. 02943/2201
Privatzimmer

Zwingendorf a.d. Pulkau
★ Ü

Sehr weit außerhalb des Ortes, jenseits der Pulkau und dort, wo der Hang leicht ansteigt, wurden entlang eines horizontal verlaufenden Hauptweges viele Preßhäuser, primär in lockeren, einseitigen Reihen, gelegentlich aber auch beidseitig errichtet: die „Leopoldstadt".

Heute sind die meisten Kellergebäude — zum Teil umgebaut — als Wochenendhäuschen oder als Hobbyweinkeller genutzt. Alles macht den heiteren, einladend-gut gepflegten und sonnigen Eindruck einer Feriensiedlung. Folgt man dem Weg noch ein Stück weiter, und geht man bis über die Kuppe, ergibt sich, über den Grenzbalken hinweg, ein sehr reizvoller Blick auf die Stadt Jaroslavice.

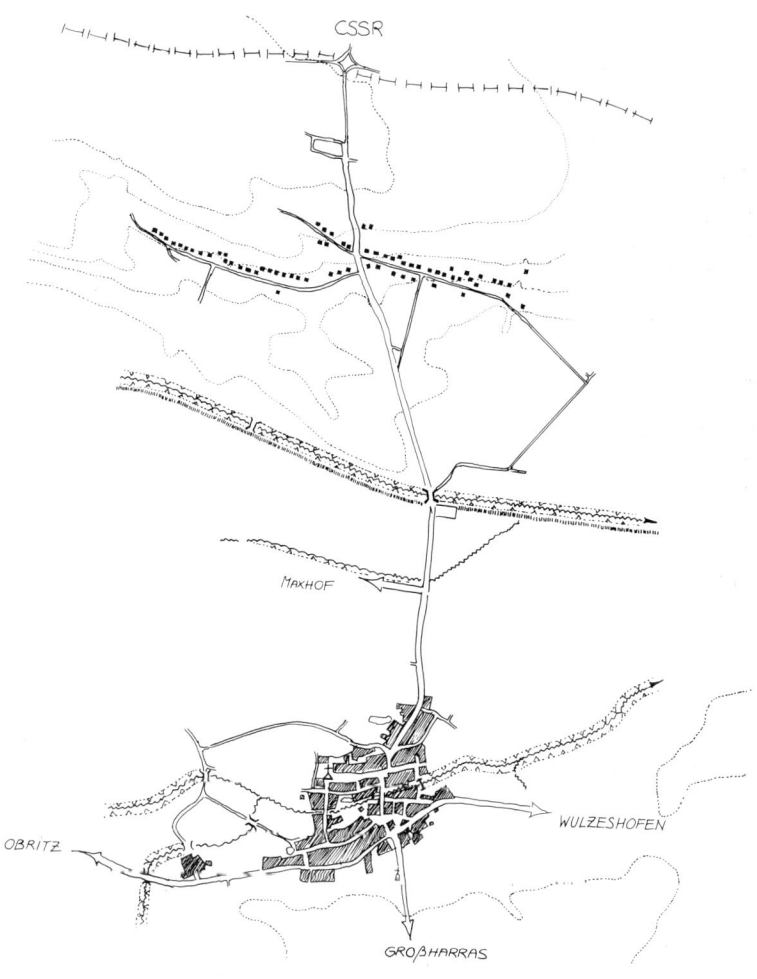

Lesemöglichkeit
Nach Voranmeldung sind Kellerführungen möglich
Information: Gemeindeamt Großharras Tel. 025 26/315
Gasthaus Richter

Pulkautal

Unterstinkenbrunn

In der sogenannten „Lehm-
grube" — eigenartiger Weise
auf einem Hügel — liegt das
außerordentlich schöne, eindrucksvolle   Kellerviertel,
dessen Gebäude überwie-
gend in sehr gutem und ursprünglichem Zustand er-
halten sind.

Vor den großen Preßhäusern liegen reizvolle, Akazien-bestandene Plätze.
Besonders interessant und auffällig sind die, in ihrer Form einzigartigen und
für Unterstinkenbrunn charakteristischen „Vordach'ln" der Preßhäuser:
Fast jedes Preßhaus hat neben dem eigentlichen Eingang einen gesonderten,
von außen betretbaren Kellerabgang, geschützt durch ein kleines Vordach,
das auf zwei Säulen ruht.
In seiner Großzügigkeit und Ursprünglichkeit beeindruckt das Unterstin-
kenbrunner Kellerviertel ungemein und stellt sicher eines der schönsten im
ganzen Weinviertel dar.

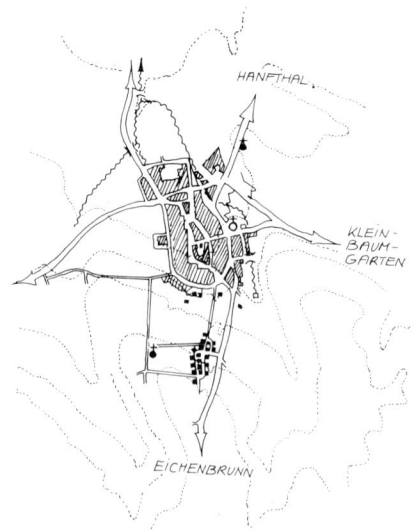

Lesemöglichkeit
Nach Voranmeldungen sind
Kellerführungen möglich
Jährlich findet Mitte August
ein Feuerwehrfest im Keller-
viertel statt
Information:
Gemeindeamt Gartenbrunn,
Tel. 025 25/380
Weinbauobmann:
Friedrich Guss,
Unterstinkenbrunn 66

160

Pernersdorf

Ü

In den Ort integriert, verläuft die einseitige, geschlossene und z.T. mit alten Wohngebäuden durchmischte Kellergasse im „Hintaus".
Lesemöglichkeit
Information: Gemeindeamt Pernersdorf Tel. 02944/82 75
Übernachtungsmöglichkeit: Gasthaus Freitag

Wulzeshofen

Über die Pulkau und nach Norden in Richtung CSSR-Grenze führt der Weg, an dem man die kleine Kellersiedlung — einseitige, lockere Kellerreihen — am schwach geneigten, fast ebenen, der Sonne zugewandten Hang, findet.
Mittlerweile spielt der Weinbau nurmehr eine untergeordnete Rolle und Erholung dominiert: Als Wochenendwohnsitz und Hobbyweinkeller werden die Preßhäuser hier liebevoll gepflegt und an ihre neue Bestimmung angepaßt.
Information: Stadtamt Laa a.d.Thaya, Tel. 02522/501 / 502

Unterschoderlee

Wie in Oberschoderlee, besteht auch hier nurmehr der Rest einer Kellergasse.

Oberschoderlee

Es besteht nur mehr ein kurzer, einseitiger Rest einer ehemaligen Kellergasse, dessen Keller bzw. Preßhäuser leer stehen, verfallen oder umgebaut wurden.

DAS LEBEN
IST ZU KURZ
UM SCHLECHTEN
WEIN ZU TRINKEN!

Zwischen Buchberg (Mailberg) und Ernstbrunner Wald

Hierzu zählen die Orte in dem Gebiet östlich der Prager Straße, eingeschlossen zwischen „Buchberg", „Haslerberg", „Ernstbrunner Wald", „Gartenberg" und „Geißberg".
Von Wien aus mit dem Auto:
B 2 „Znaimer Bundesstraße" bis Hollabrunn-Aspersdorf...
Von Wien aus mit Bus und Bahn:
S-Bahn bis Hollabrunn und Buszubringer
An der Weinstraße „Retz" liegen folgende Orte:
Aspersdorf — Oberstinkenbrunn — Nappersdorf — Kleinweikersdorf — Mailberg

Aspersdorf
★ ★ ★

Weithin sichtbar, gruppieren sich auf einer leichten Anhöhe um die barocke Kirche einige Kellergebäude und bilden einen sehr attraktiven, ursprünglich erhaltenen Kellerplatz, mit strahlend weißen Preßhäusern, die alle „geweissingt" — also mit Kalkanstrich versehen sind — und sich in gutem Zustand zeigen. Große Bäume überschirmen die freistehenden Preßhäuser und kleinen Wiesenplätze zwischen ihnen. Von hier aus bietet sich ein schöner Ausblick — auch auf die Bundesstraße. Eine schattige, einseitige Kellerreihe zieht sich horizontal an der Höhenlinie im „Hintaus" von Wohnbauten hin. Dieses Kellergassenrudiment befindet sich in einem bedauernswerten Zustand, wird es doch nach und nach einfach zu— bzw. weggebaut.

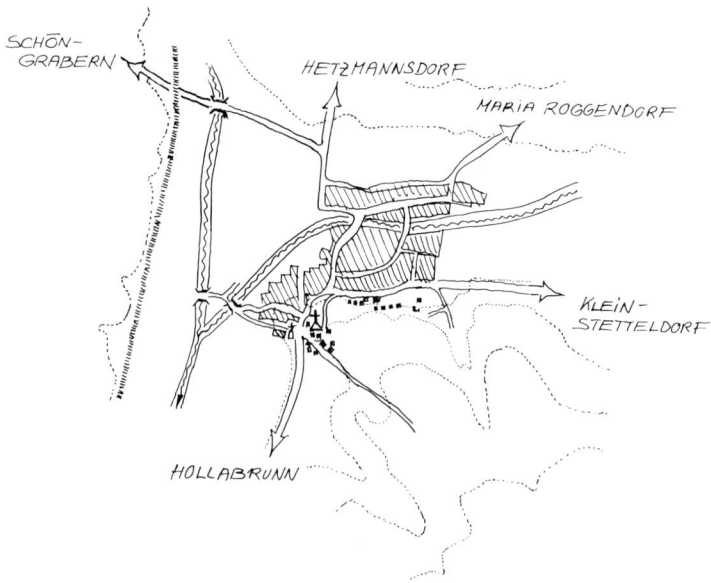

Information: Stadtamt Hollabrunn, Tel. 029 52/21 020
Weinbauobmann: Hubert Pfeiffer, Wieselsfeld 7

Wullersdorf

In der Nähe der eindrucksvollen Wullersdorfer Kirche
gruppieren sich am baumbestandenen Hang mehrere,
leerstehende Keller. Auffallend ist hier die eigenartige,
und für Keller unüblich aufwendige Architektur der Gebäude. So sind die meisten
Kellerfronten aus rotem
Backstein errichtet und mit
Risaliten, Attiken und deko-

rativen Elementen versehen. Durch diese geradezu sakral wirkende Architektur und die schattige Lage machen diese Keller einen sehr düsteren Eindruck.

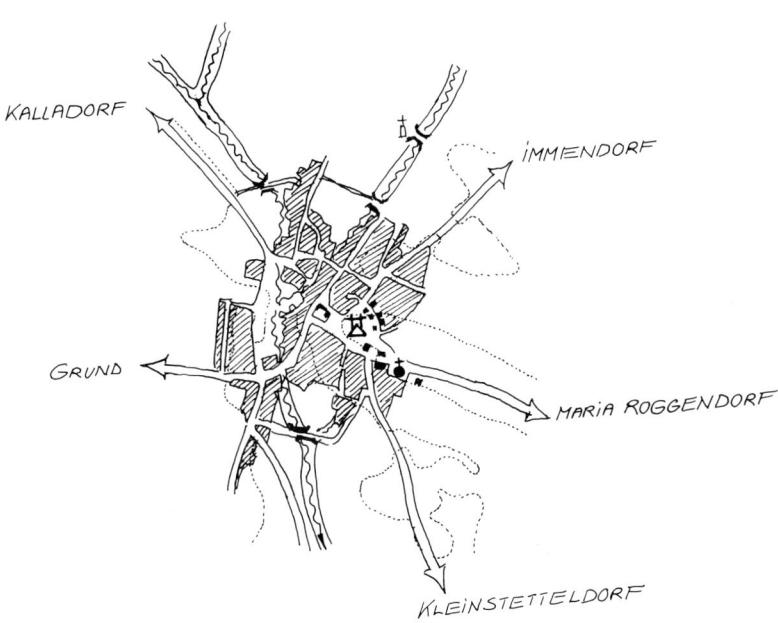

Immendorf
★ ★

Zwei der drei Immendorfer Kellergassen liegen sehr weit außerhalb, eine dritte, sehr kurze, etwas näher beim Ort. Eine der beiden erstgenannten verläuft in den „unteren alten Bergen", einseitig, als geschlossene Kellerreihe an der Höhenlinie. Sie wirkt durch ihre Länge und die großen Preßhäuser sehr eindrucksvoll. Die zweite ist

dagegen relativ kurz und verläuft in der Fallinie, parallel zur Straße nach Mailberg. Der Zustand der Preßhäuser dieser Kellergasse ist relativ gut, einige werden saniert. In der dritten bilden wenige Keller und Preßhäuser ein kurzes „Kellergassenrestchen".

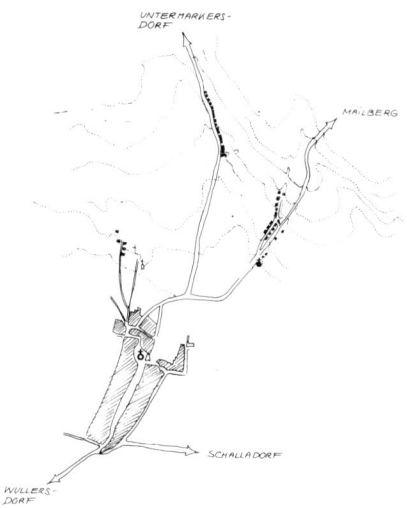

Information:
Gemeindeamt Wullersdorf,
Telefon 029 51/317
Weinbauobmann:
Josef Kerschl

Mailberg

★ ★ [Ü]

Mailberg hat eine Reihe sehr schöner, meist auch gut erhaltener Kellergassen und „Kellergassenfragmente". Eine sehr lange und zweiseitige verläuft an der Straße nach Immendorf. Hier wurden im Vergleich zu den anderen Mailberger Kellergassen die meisten Veränderungen vorgenommen: Im ortsnahen Teil wurden einige

Wohnhäuser errichtet, eine Reihe von Preßhäusern aufgestockt, anderen Garagentore eingebaut u.v.a.m. — Sehr schön und noch ursprünglich erhalten ist hingegen die Kellergasse, die einseitig an einem mit Nußbäumen bestandenen Weg, direkt in die Weingärten führt. Eine weitere, unter Denkmalschutz stehende, Kellergasse, verläuft ebenfalls einseitig an der Höhenlinie „im Zipf". Sämtliche Mailberger Kellergassen und -fragmente beindrukken durch ihre Geschlossenheit und die sehr großen und schönen Preßhäuser. In den Kellergassen haben abwechselnd mehrere Weinhauer „ausgsteckt"

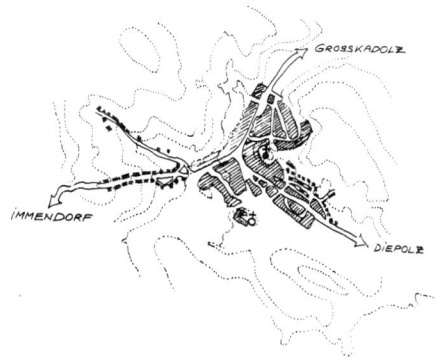

Information:
Gemeindeamt Mailberg,
Tel. 029 43/22 53
Winzerhof Hörmann

Diepolz
★ ★

In sehr sonniger Lage verläuft weit außerhalb von
Diepolz, einseitig an der Höhenlinie, die stattliche, geschlossene Kellerzeile. Fast
alle Preßhäuser sind sehr
groß und in recht gutem Zustand. Hier befindet sich
einer der „Habanerkeller":
eine enge, gewendelte
Treppe führt noch unter das
Weinkellerniveau zu einem
ziegelgefaßten, runden Brunnen im Grundwasserhorizont, der den Wieder-
täufern, einer verfolgten Gruppe von Protestanten, die im mährischen
Raum beheimatet war, wohl zu Kultzwecken, wie heimlichen Taufritualen
o.ä., diente.

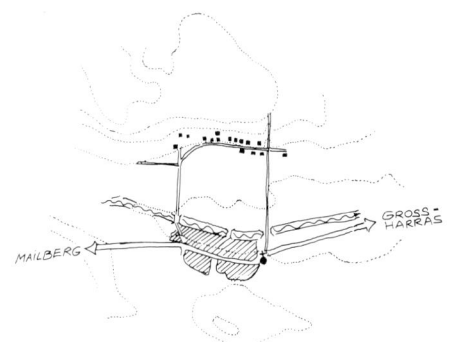

Information: Gemeindeamt
Großharras Tel.: 025 26/315
Weinbauobmann:
Josef Holzer

Großharras

★ ★ Ü

Direkt aus dem Ort hinaus
führt die zweiseitige, geschlossene, sehr schöne,
„steinerne" Kellergasse. Ihr
Weg ist gepflastert, die Preßhäuser sind in gutem Zu-
stand. Am Beginn der Kel-
lergasse wurden einige geringfügige Veränderungen
vorgenommen. Eine weitere
Kellergasse verläuft einseitig
am Ortsrand. Sie wurde sehr
verändert: an ihrem oberen und unteren Ende stehen jeweils große Wohngebäude.

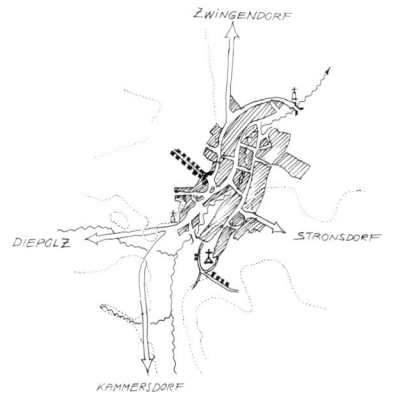

Information: Gemeindeamt
Großharras, Tel. 02526/315
Weinbauobmann:
Josef Wolfsberger,
Großharras 128
Übernachtungsmöglichkeit:
Gasthaus Pristl

171

Stronsdorf

An der Straße zum Friedhof
verläuft eine geschlossene,
und durch Auf— und Um-
bauten bereits stark veränderte Kellergasse. Das „Gegenüber" dieser einseitigen
Kellerreihe bilden Wohn-
häuser.

Information: Gemeindeamt Stronsdorf, Tel. 025 62/309
Gasthaus Jenisch

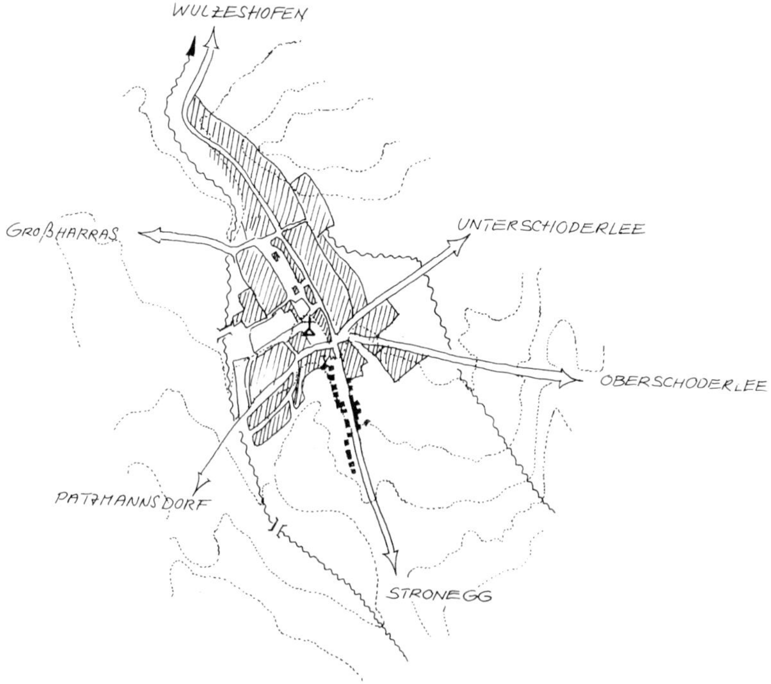

Patzmannsdorf
★ ★

In der Nähe des Friedhofes
verlaufen einseitig und in
zwei Teilen, geschlossene
Kellerreihen im „Hintaus".
An diesen Kellern führt der
„österreichische Grenzland-
weg"   (=Weitwanderweg)
vorbei.

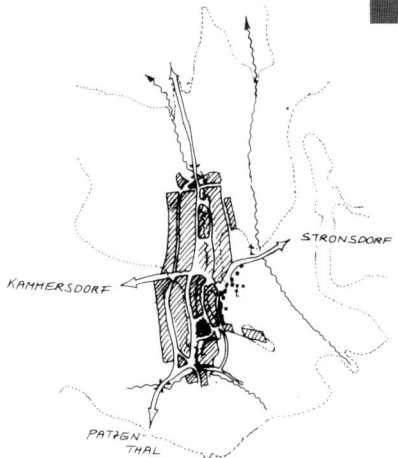

Information:
Gemeindeamt Stronsdorf,
Telefon 025 62/309

Kammersdorf

Gut „versteckt" verläuft einseitig an der Hangkante eine
schattige Kellergasse, die in
iherer   Ursprünglichkeit
durch einige Neubauten gestört wird.
Nicht weit davon befindet
sich eine kurze, gekrümmte
Kellergasse, mit einem
neuen   „Riesen-Tiroler"-
Preßhaus als Mittelpunkt.

173

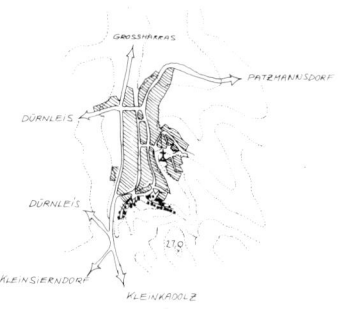

Information: Gemeindeamt: Nappersdorf—Kammern, Tel. 029 53/23 14
Weinbauobmann: Erwin Böck, Kammersdorf 76

Dürnleis

An der Strße nach Kammersdorf liegt auf einer leicht bewaldeten Anhöhe ein sehr idyllisches kleines „Kellerviertel".
Die Preßhäuser sind gut und ursprünglich erhalten.
Eine zweite einseitige, geschlossene Kellerreihe steigt längs eines kleinen, bepflanzten Grabens an. Hier wurden bereits manche Veränderungen vorgenommen.

Information: Gemeindeamt Nappersdorf—Kammern, Tel. 029 53/23 14
Weinbauobmann: Walter Pamperl, Kleinweikersdorf 76

Kleinweikersdorf
★ ★ ★

Parallel zur Straße nach
Nappersdorf verläuft eine
sehr schöne, geschlossene
Kellergasse.
Durch die Höhe der über-
wiegend gut erhaltenen
großen Preßhäuser wirkt der
gepflasterte Weg relativ
schmal. Eine weitere, ebenfalls geschlossene, schmale
Kellergasse, die beidseits
von kleineren Preßhäusern

gesäumt ist, verläuft parallel zur Straße nach Nappersdorf und geht direkt
ins Wohngebiet über. Mit ihrem aspahaltierten Weg wirkt sie aber bei weitem nicht so ursprünglich wie die erstgenannte, die eine der wenigen, schönen, „steinernen" Kellergassen ist.

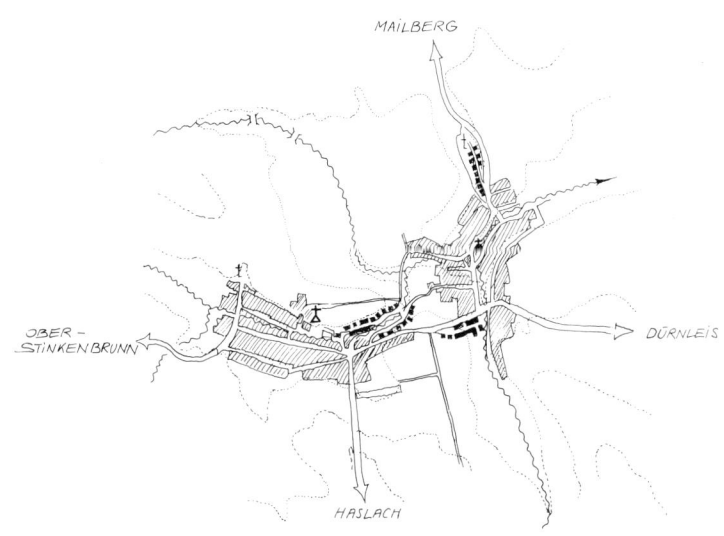

Nach Voranmeldung sind Kellerführungen möglich
Information: Gemeindeamt Nappersdorf—Kammern, Tel. 029 53/23 14
Weinbauobmann: Walter Pamperl, Kleinweikersdorf 35

Nappersdorf
★ ★ B

Am Ortsrand liegt um einen großen, linsenförmigen und „parkartig" bepflanzten Platz, mit einem Graben in der Mitte, die geschlossene Kellergasse. Die Preßhäuser sind groß und in sehr gutem Zustand. Einige wurden aber bereits in Wohnhäuser umgebaut. Mit der „parkartigen" Grünfläche in der Mitte wirkt diese Kellergasse sehr großzügig.

Nach Voranmeldung sind Kellerführungen möglich
Jährlich findet in der ersten Juliwoche ein Kellergasenfest statt.
In den Sommermonaten wird von Freitag bis Sonntag in der Kellergasse „ausg'steckt"
Information: Gemeindeamt Nappersdorf—Kammersdorf; Tel.029 53/23 14
Weinbauobmann: Erwin Böck

Schalladorf
★ ★

Weit außerhalb des Ortes steigt in ruhiger, sonniger Lage die Kellergasse einseitig in der Fallinie an. Die Preßhäuser sind groß und in sehr gutem Zustand, einige wurden neu errichtet.
Eine weitere Kellergasse liegt in einer Hangmulde, um eine Wiese mit einem Graben in der Mitte. Hier wurden bereits einige Verän-

derungen vorgenommen und überraschend viele Gebäude neu errichtet. Die Nutzung vieler Preßhäuser als „Hobbyweinkeller" o. a., verbreitet in dieser Kellergasse die Stimmung eines „Feriendorfes"

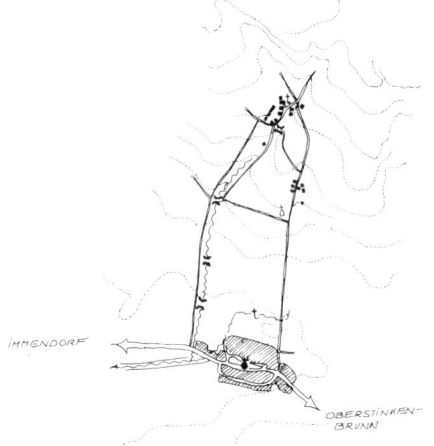

Information:
Gemeindeamt Wullersdorf,
Telefon 029 15/315
Weinbauobmann:
Leopold Rohrer,
Schalladorf 48

Oberstinkenbrunn

Oberstinkenbrunn ist umgeben von einer Vielzahl von Kellern und „Kellergassenfragmenten", sodaß unwillkürlich der Eindruck entsteht, es gäbe hier mehr Keller und Preßhäuser als Wohngebäude.
Ein Großteil, der von ihrer Substanz her sehr schönen Preßhäuser, befindet sich aber in ziemlich desolatem Zustand.

Zwischen Buchberg (Mailberg) und Ernstbrunner Wald

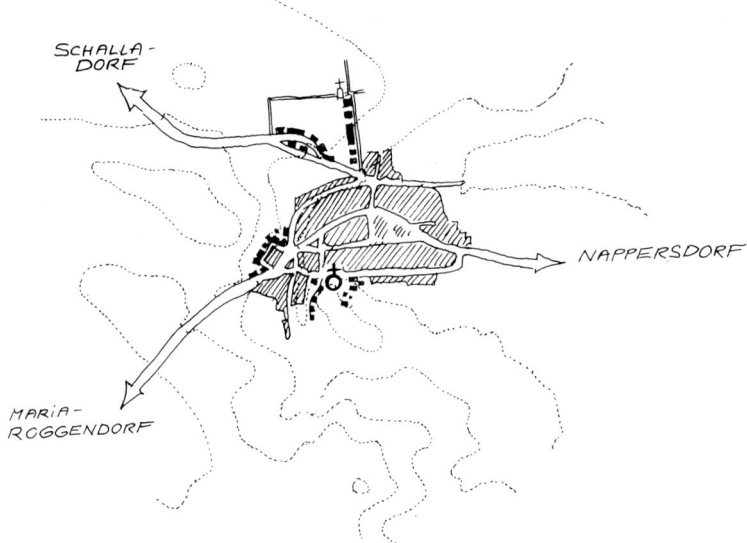

Information: Gemeindeamt Wullersdorf, Tel. 029 51/317

Aschendorf—Hart

Außerhalb des Ortes, in einer kleinen, baumbestandenen Hangmulde, gruppieren sich einige Keller. Diese, von ihrer Substanz her sehr reizvolle Kelleransammlung befindet sich leider in einem bereits recht schlechten Zustand.

Information: Gemeindeamt Wullersdorf, Tel. 029 51/137

178

Altenmarkt im Thale
★ ★

An den Hängen, weit außerhalb von Altenmarkt im Thale, verläuft horizontal an der Höhenlinie eine schöne, einseitige Kellerreihe. Hier wurden nie große Preßhäuser errichtet. Nur einfache Kellereingänge, die direkt in die Hangkante gegraben wurden, sind zu sehen. — Obwohl gerade diese Kellergebäude das Landschaftsbild stark prägen, wird ihnen keine Pflege zuteil, weshalb sich der Großteil leider in sehr schlechtem Zustand befindet und zu verfallen droht.

Auf der naheliegenden Hangkuppe befinden sich einige Preßhäuser — drei von ihnen wurden aufgestockt.

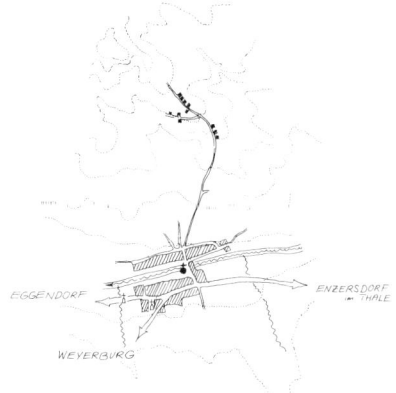

Information:
Stadtamt Hollabrunn,
Telefon 029 52/21 020
Weinbauobmann:
Hubert Pfeiffer

Weyerburg
★ ★

Am Rande des Parkes von Schloß Weyerburg zieht sich in einem schmalen schatti-gen Hohlweg eine zweisei-tige Kellergasse entlang der Kuppe des „Spielberges" hin.

Die meisten Keller haben keine vorgelagerten Preß-häuser, nur die schlichten Eingänge, der direkt in den Löß gegrabenen Keller sind zu sehen. Sie befinden sich allerdings in schlechtem Zustand, verfallen be-reits, sind überwuchert und stehen leer.

Dadurch und durch die schattige Lage wirken die Keller viel eher wie eine Reihe kleiner „Räuberhöhlen" als eine Kellergasse.

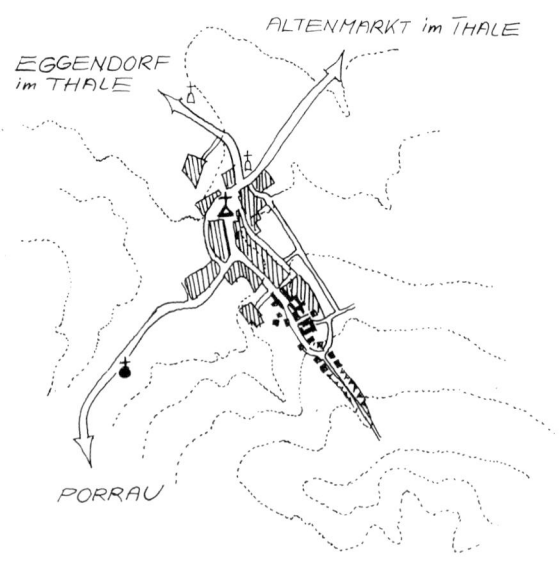

Information: Stadtamt Hollabrunn; Tel. 029 52/21 020
Weinbauobmann: Hubert Pfeiffer, Wieselsfeld 7

180

Patzenthal

An der Ortseinfahrt von Patzenthal verläuft einseitig ein winziger „Kellergassenrest".

Kleinsierndorf

Am Rander der Wohnbebauung verläuft einseitig, eine sehr kurze Kellergasse im leichten Bogen um einen kleinen, angerartigen Platz.

Haslach

Am Ortsrand liegen zwischen Wohn— und Wirtschaftsgebäuden einige recht schöne Keller, die jedoch keine Kellergasse darstellen.

„Prager"-Straße

Hierzu zählen die Orte, die links und rechts der Verbindungsstraße
Wien—Znaim—Prag liegen.
Von Wien aus mit dem Auto: bereits in Wien, im 21. Bezirk, nimmt die
„Prager"-Straße ihren Anfang und kann über die Floridsdorfer- oder die
Nordbrücke erreicht werden. Außerhalb von Wien orientiert man sich an
den Wegweisern Richtung „Hollabrunn".
Von Wien aus mit Bahn und Bus: S-Bahn Richtung Hollabrunn und Buszu-
bringer
An der Weinstraße „Rctz" liegen folgende Orte: Hollabrunn und Aspers-
dorf

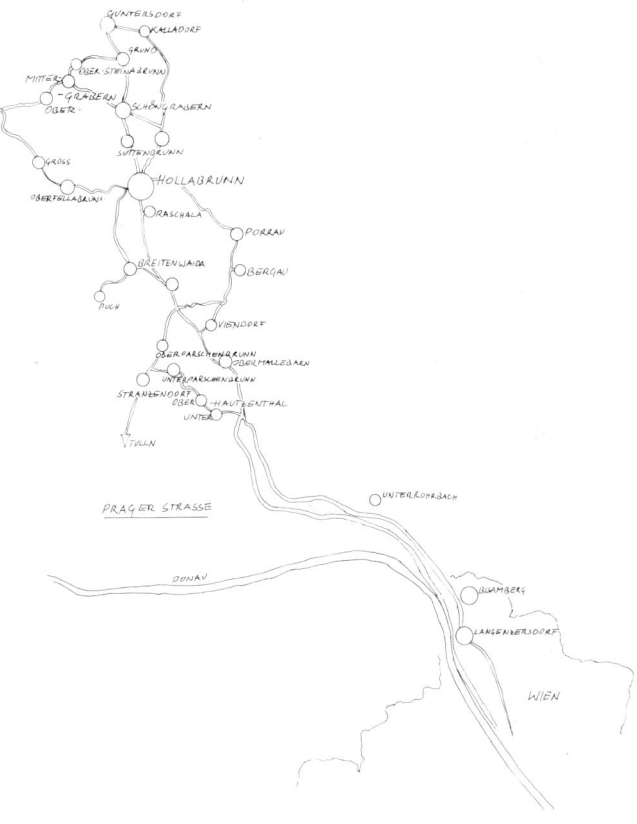

Langenzersdorf

Parallel zur Prager Straße
zieht sich am Fuß des Bisamberges in sehr sonniger Lage
eine lange Reihe von Preßhäusern und Kellergebäu-
den bis Strebersdorf hin. Die
meisten wurden allerdings
— zum Teil recht aufwendig
— umgebaut und dienen
heute vielfach Wohnzwek-
ken. Eingestreut zwischen
ihnen liegen aber noch „Kel-

lerensembles", die für das frühere Aussehen der Kellergasse typisch sind.

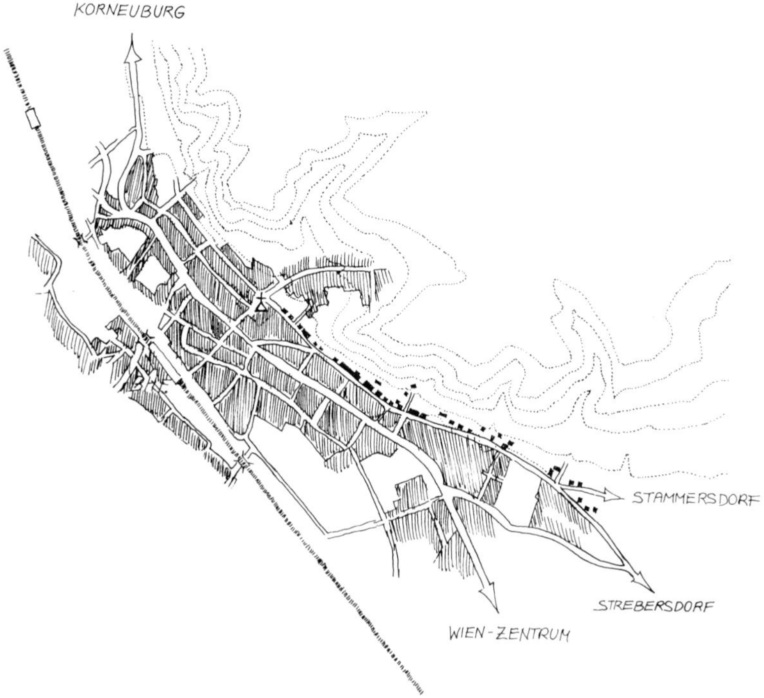

Heurigen bzw. Gasthaus — ständig geöffnet
Information: Gemeindeamt Langenzersdorf, Tel. 022 44/23 080
Weinbauobmann: Karl Laimer, Wiener Straße 3

Bisamberg

B

An der Bergstraße zur „Eli-
sabethhöhe" befindet sich
ein ziemlich veränderter,
wenig eindrucksvoller Rest
einer zweiseitigen Kellergasse.

Eine zweite, ebenfalls stark
veränderte, zweiseitige Kel-
lergasse verläuft entlang der
Straße zur „Lourdesgrotte".
Sie macht durch die Art der
Veränderungen einen bei-
nahe „städtischen" Eindruck. Teilweise sind bereits „Rückbauversuche" im
Gange.

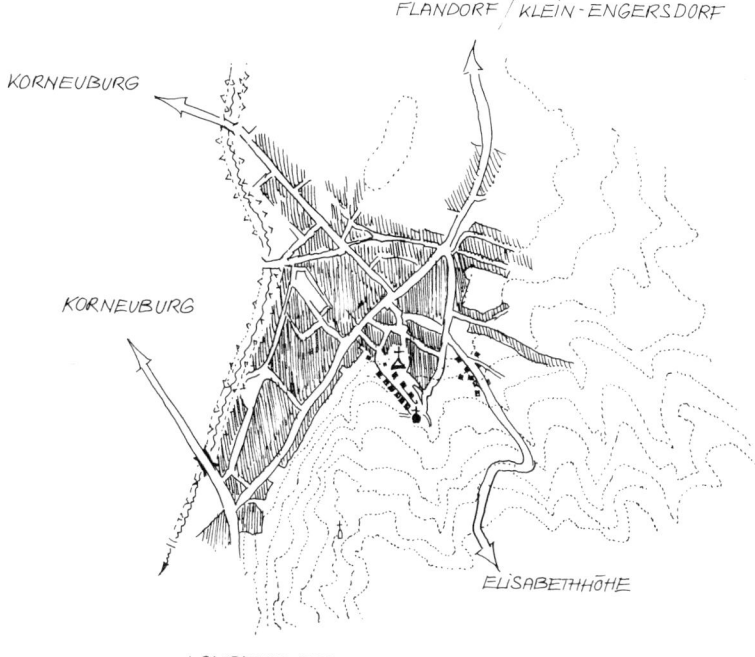

In den Kellergassen befinden sich Heurigen- und Buschenschankbetriebe
Information: Gemeindeamt Bisamberg, Telefon 022 44/23 10
Weinbauobmann: Karl Blöchl

185

Unterrohrbach

B

Am Waldrand verläuft an der Hangkante eine kurze, einseitige Kellerreihe. Einige dieser Keller stehen leer. Sie scheinen vor allem als Staffage für den „Asperlkeller", der in dieser Nachbarschaft wie das „Wirtshaus im Spessart" wirkt, zu dienen.

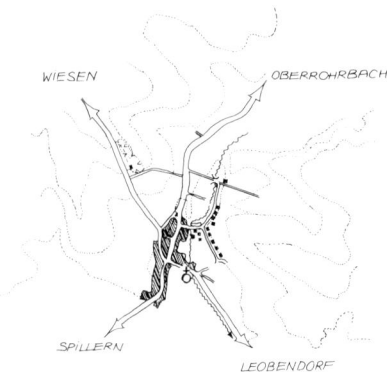

In der Kellergasse befindet sich ein ganzjährig geöffneter Heurigenbetrieb
Information:
Gemeindeamt Leobendorf,
Tel. 022 62/41 51
Weinbauobmann:
Ignaz Widermann,
Leobendorf, Hauptstraße 28

Stranzendorf
★ ★

Am Hang um die weithin sichtbare Kirche gruppieren sich kleine Kellergässchen und bilden in diesem „Weinbau-Rückzugsgebiet" einen richtigen, sehr reizvollen Kellerberg, der bis auf die Asphaltierung der Straßen und wenige bauliche Veränderungen sehr ursprünglich erhalten ist.
Lesemöglichkeit
Information: Gemeindeamt Niederrußbach, Tel: 029 55/220, 519
Weinbauobmann: Anton Christ, Stranzendorf 47

Obermallebarn

Mit dem Rückgang des Weinbaus in diesem Gebiet verloren auch die Keller an Bedeutung und wurden vernachlässigt.

So findet man zwar wohl noch eine Kellergasse in Obermallebarn, doch vom Ort
durch die auf einem Damm geführte Bundesstraße getrennt und ohne Funktion,
sind die einseitig in einem schattigen Hohlweg errichteten Kellergebäude bereits dem
Verfall preisgegeben.

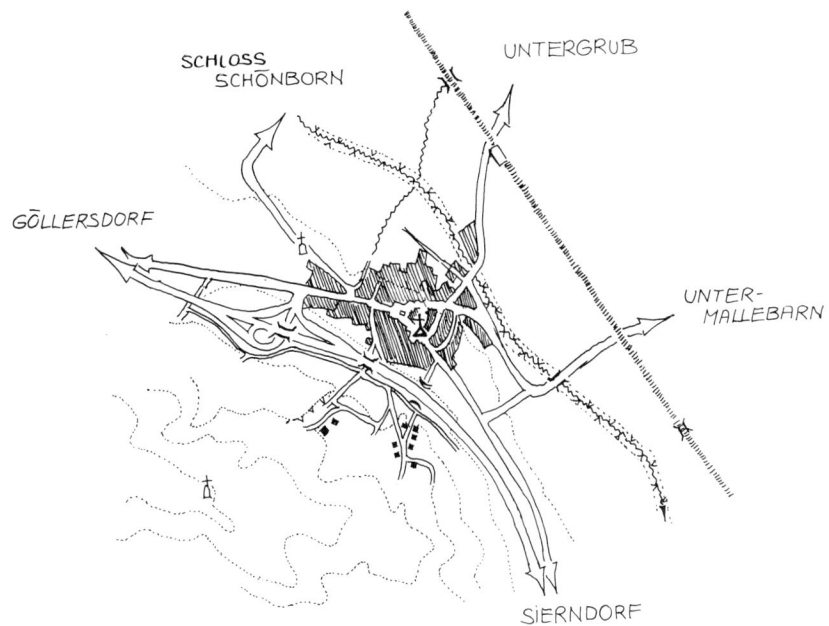

Viendorf
★ ★ B

Einseitig an der Höhenlinie
verläuft die Kellergasse, die
von der Straße nach Bergau
gekreuzt wird, mit locker angeordneten Kellern sie geht
an beiden Enden in Wohn-
bebauung über.
Ein großer Teil der Preßhäuser ist renoviert und gefärbelt; die vorgenommenen
Veränderungen sind relativ
geringfügig.

Vor und zwischen den Kellern sind großzügige, mit Nußbäumen, Eichen
und Akazien bestandene Wiesenplätze.
Die Kellergasse ist sehr gepflegt, macht aber teilweise (Wagenräder, Blu-
menschmuck, Föhren etc.) den Eindruck, als hätte hier die Gründungsfeier
eines Verschönerungsvereins stattgefunden.

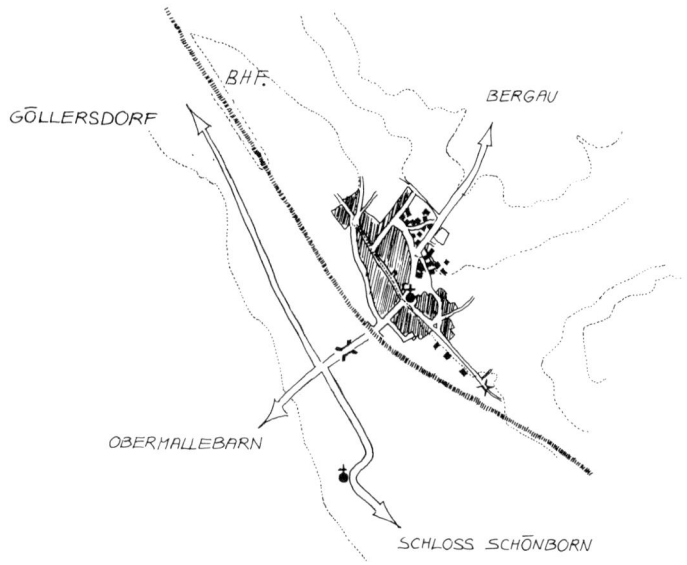

Lesemöglichkeit
Information: Gemeindeamt Göllersdorf, Tel. 029 54/22 65
In der Kellergasse befindet sich ein Buschenschankbetrieb

Bergau
★

An der Straße nach Porrau
liegt einseitig an der Höhenlinie eine recht gut erhaltene
Kellerreihe, die kaum in die
hügelige, waldbestandene,
aber auch von Getreidefeldern dominierte Gegend
paßt, denn großflächiger
Weinbau wurde hier schon
seit langem verdrängt.

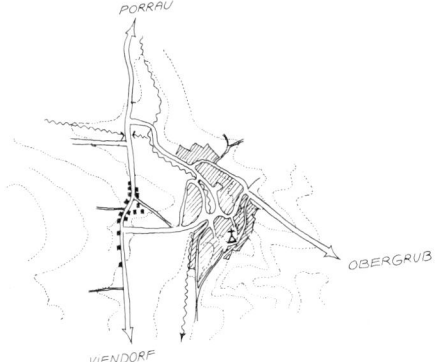

Lesemöglichkeit
Information: Gemeindeamt
Göllersdorf Tel: 029 54/22 65
Weinbauobmann: Ludwig
Hoschek

Großstelzendorf
★ B

Aus dem Wohngebiet hinaus
führt an einem flachen, breiten Hohlweg die zweiseitige,
geschlossene Kellergasse,
die mit ihren relativ kleinen
Preßhäusern sehr kompakt
wirkt.
Fast alle Gebäude sind in gu-

tem Zustand, viele von ihnen bunt gefärbelt. Ein Teil der Keller wird als „Hobbyweinkeller" genutzt.

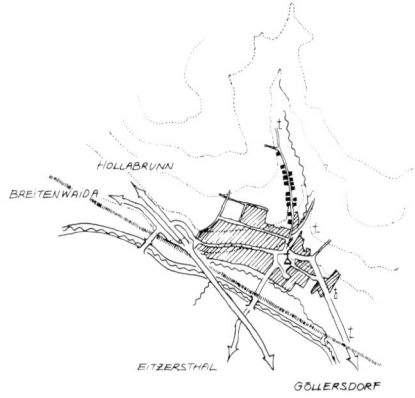

Lesemöglichkeit
In der Kellergasse befindet sich ein Buschenschankbetrieb.

Breitenwaida

Hinter der Kirche am Hang verlaufen zwei Äste einer Kellergasse. Beide haben eine kleine, platzförmige Erweiterung in der Mitte. Ein Ast befindet sich in relativ gutem Zustand und wird offensichtlich vor allem „hobbymä-

ßig" genutzt. Der zweite Ast der Kellergasse hingegen ist durch Aufstokkungen, Garageneinbauten, etc. stark verändert und in relativ schlechtem Bauzustand.

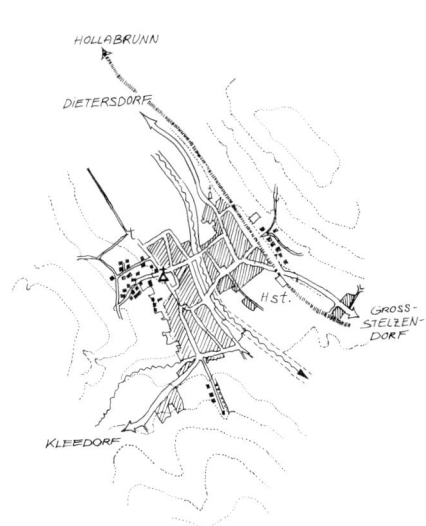

Buschenschank: In der Kellergasse wird abwechselnd von verschiedenen Weinbauern „ausg'steckt"
Information:
Stadtamt Hollabrunn,
Telefon 029 52/21 020
Weinbauobmann:
Hubert Pfeiffer,
Wieselsfeld 7

Dietersdorf

Die zweiseitige Kellergasse zieht sich in einer leichten Kurve den Hang hinauf.
Vor allem im oberen Teil wurden viele Keller bzw. Preßhäuser „hergerichtet", also Dächer mit Welleternit gedeckt, Dachrinnen angebracht, Fenster mit Holzläden oder schmiedeeisernen Gittern versehen u.ä.

Diese Veränderungen zeigen, daß ein Funktionswandel der Kellergebäude in Richtung „Kellerstüberl" und „Ferienwohnung" stattgefunden hat.
Information: Stadtamt Hollabrunn Tel. 029 52/21 020
Weinbauobmann: Hubert Pfeiffer, Wieselsfeld 7

Raschala bei Hollabrunn
★ ★ ★

Die Kellergasse ist sehr reizvoll und gut erhalten. Es
stört allerdings ein wenig,
daß der schmale, leicht ver-
winkelte Weg bis an den
Rand der Preßhäuser hin
asphaltiert wurde.
Trotzdem ist hier ein sehr
gutes Beispiel für die möglichst ursprüngliche Erhaltung und Sanierung einer
Kellergasse gegeben.

Jährlich findet im Juli ein Kellergassenfest statt.
Information: Stadtamt Hollabrunn Tel. 02952/21020
Weinbauobmann: Hubert Pfeiffer, Wieselsfeld 7

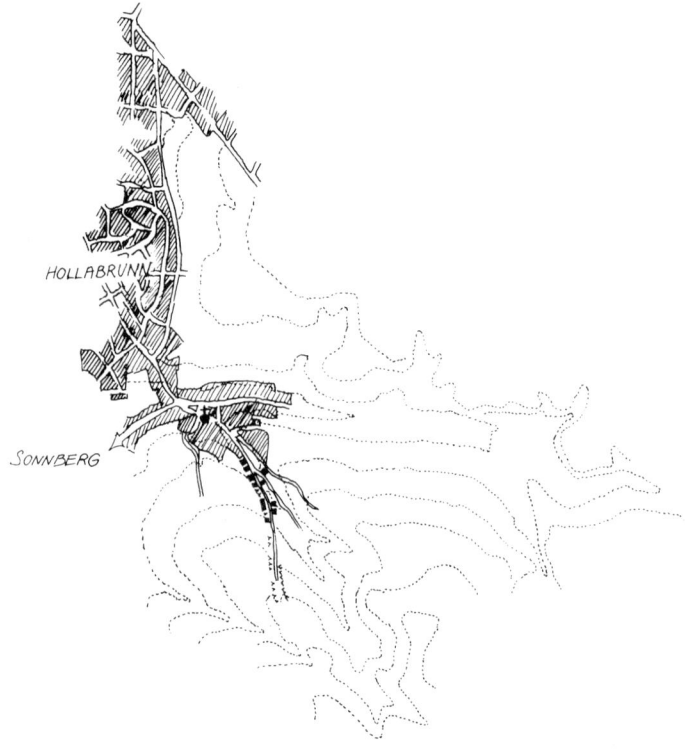

HOLLABRUNN

SONNBERG

Hollabrunn

★ B Ü

Die Stadt Hollabrunn selbst hat drei Kellergassen: die „Sitzendorfer"-, die „Mittlere"- und die „Gerichtsberg"-Kellergasse. Die längste und für Hollabrunn typischste, ist die „Sitzendorfer"-Kellergasse. Sie ist zweiseitig, sehr lang, dicht bebaut, mehrfach verzweigt und führt an einem gepflasterten Wege, meist in der

Fallinie, nach oben. Hier wurden sehr umfangreiche Veränderungen vorgenommen: Preßhäuser wurden aufgestockt, umgebaut. Fassaden gefärbelt und verändert, die schmalen Streifen vor den Kellern abgezäunt und — hier und da bewacht bereits ein Heer von Gartenzwergen die Anlage.

Rund 80 Prozent der Preßhäuser wurden derart zum Kellerstüberl oder zur „Ferienwohnung" umgebaut, andere bilden noch sehr ursprüngliche Kellerensembles, einige Preßhäuser wurden liebevoll restauriert. Im unteren Teil überbrückt die Kellergasse in Hochlage die neuerbaute Bundesstraße.

Durch die Heterogenität und Vielfalt der Veränderungen strahlt diese Kellergasse aber einen ganz eigenen Reiz aus.

Ähnliches gilt für die „Mittlere" und die „Gerichtsberg"-Kellergasse. Nur wurden hier die Veränderungen meist etwas vorsichtiger vorgenommen.

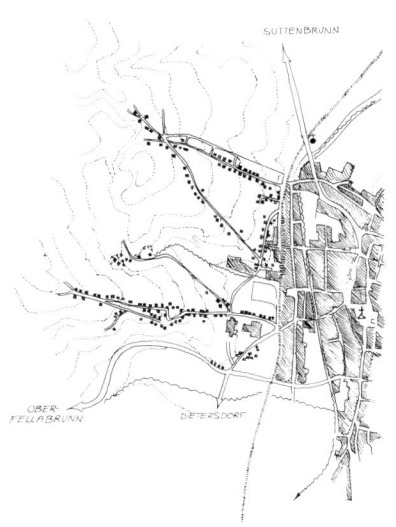

Vor allem die „Gerichtsberg"-Kellergasse ist über weite Teile noch sehr ursprünglich erhalten, hat am Beginn einen sehr schönen Platz mit großen, alten, gut erhaltenen Preßhäusern und Kastanienbäumen; neue Preßhäuser werden hier im alten Stil errichtet und die Wege gepflastert.

Doch auch hier wurden Ziergärten angelegt, Zäune aufgestellt, Weinpressen sinnigerweise als Dekoration zur Schau gestellt etc., sodaß in Hollabrunner Kellergassen der Eindruck von Kleingartenanlagen mit allen dazugehörigen skurrilen und bizarren Ingredienzien entsteht.

Wie in einer Kleingartenanlage Blumen gezüchtet und Rasen gepflegt werden, wird hier eben hobbymäßig Weinbau betrieben oder doch zumindest Wein getrunken.

Jährlich findet im September ein Kellergassenfest statt.

In den Kellergassen haben mehrere Buschenschankbetriebe abwechselnd ganzjährig geöffnet

Information: Stadtamt Hollabrunn Tel. 029 52/21 020

Weinbauobmann: Hubert Pfeiffer, Wieselsfeld 7

In Hollabrunn gibt es eine Reihe von Gastbetrieben mit insgesamt 500 Betten

Oberfellabrunn

Ü

An einer Hangkante verläuft, in einer kleinen Mulde, eine kurze, geschlossene Kellergasse. Durch diese Lage entsteht beinahe der Eindruck eines kleinen Kellerplatzes.

Die Preßhäuser sind relativ groß und in gutem Zustand, zwei Gebäude wurden neu errichtet.

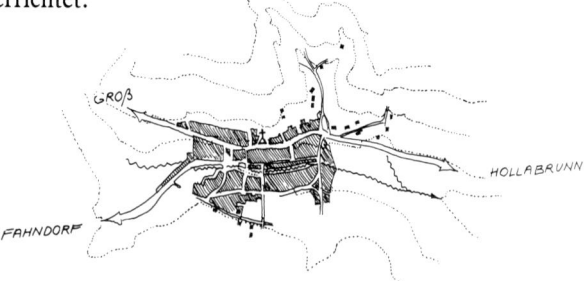

Information: Stadtamt Hollabrunn Tel. 29 52/21 020

Weinbauobmann: Hubert Pfeiffer, Wieselsfeld 7

Gasthaus Strobl

Groß

In unmittelbarer Nachbar-
schaft zum Friedhof, am
Weg nach „Maria-drei-Ei-
chen" steigt von zwei Seiten
die ein- bzw. zweiseitige, geschlossene Kellergasse zur
Kuppe an. Der Weg ist nicht
asphaltiert, vor den Preßhäusern liegt ein durchge-
hender Wiesenstreifen und
durch die vielen Bäume
wirkt die Kellergasse schattig und feucht.

Während der „zweiseitige" Teil der Kellergasse bereits z.T. renoviert
wurde, ist der Großteil der „einseitigen" Kellerreihe in sehr schlechtem Zustand. Hier wäre dringend eine Sanierung notwendig, da sonst die Keller in
wenigen Jahren verfallen.

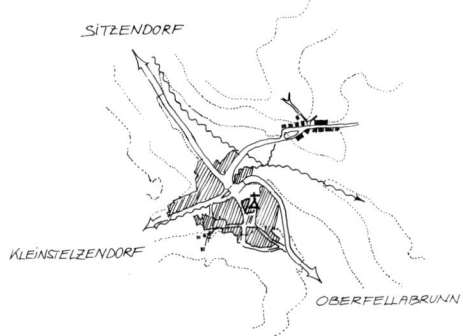

Information: Stadtamt Hollabrunn Tel. 029 52/21 020
Weinbauobmann: Hubert Pfeiffer, Wieselsfeld 7

Suttenbrunn

An der B 2 erblickt man einige, noch recht ursprüngliche Keller bzw. Preßhäuser. Weitere Keller befinden sich am Ortsrand. Von einer „Kellergasse"
kann hier jedoch nicht gesprochen werden.

Schöngrabern
★ ★ ★ B

Entlang des Schöngraber-
ner-Baches verläuft die
lange, sonnige und sehr
schöne, einseitige Kellerreihe. Ihre Preßhäuser sind
relativ groß und gut erhalten; mehrere von ihnen sind
auf Buschenschankbetrieb
eingerichtet; Vor einigen befinden sich kleine, baumbestandene Plätze.

Alles in allem macht die Kel-
lergasse einen großzügigen und „stimmigen" Eindruck.

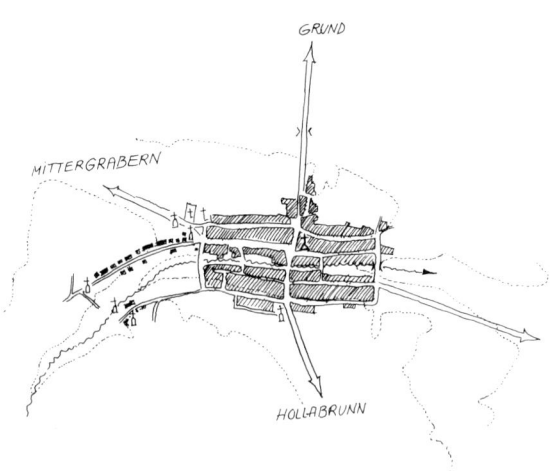

Jährlich findet ein Kellergassenfest statt
In den Sommermonaten wird abwechselnd von verschiedenen Weinhauern
„ausg'steckt"
Information: Gemeindeamt Grabern Tel. 029 52/21 32
Weinbauobmann: Josef Rösler, Schöngrabern 186

Obergrabern

Direkt aus dem Ort führt eine geschlossene Kellergasse über einen kurzen, steilen Anstieg auf eine Hangkuppe. Vor allem der ortsnahe Teil ist durch Wohn- und Wirtschaftsgebäude, die aber die Proportionen der Preßhäuser „halten", verändert.

Jährlich finden im Juli und August Keller- und Kellergassenfeste statt
Information: Gemeindeamt Grabern, Tel. 029 52/21 32

Mittergrabern

Eine kurze, zweiseitige Kellergasse, in der Fallinie verlaufend, befindet sich in Friedhofsnähe. Die Preßhäuser sind in sehr gutem Zustand und durch relativ sensible Eingriffe in „Kellerstüberl" umgebaut: hier überwiegt die hobbymäßige Nutzung der Keller.
Die zweite Kellergasse am anderen Ortsende ist eben-

falls zweiseitig, folgt der Fallinie, ist lang und gabelt sich in zwei Äste. Der Beginn dieser Kellergasse ist durch große Wohnhäuser stark verändert, ansonsten ist sie aber noch originär. Im Gegensatz zur anderen Kellergasse wird hier auch primär Wein produziert und gelagert.
Information: Gemeindeamt Grabern Tel. 029 52/21 32
Weinbauobmann: Josef Sauberer, Mittergrabern 3

Ober-Steinabrunn
★ ☆

Weit außerhalb des Ortes auf halbem Weg nach Grund — befindet sich in sehr sonniger Lage der „Petrusberg", ein winziger Kellerberg, der offensichtlich aufgegeben wurde. Allen Verfallserscheinungen zum Trotz strahlen die überwucherten Reste des Kellerensembles dennoch eine heitere Stimmung aus und bereichern die sonst völlig ausgeräumte Agrarsteppe.

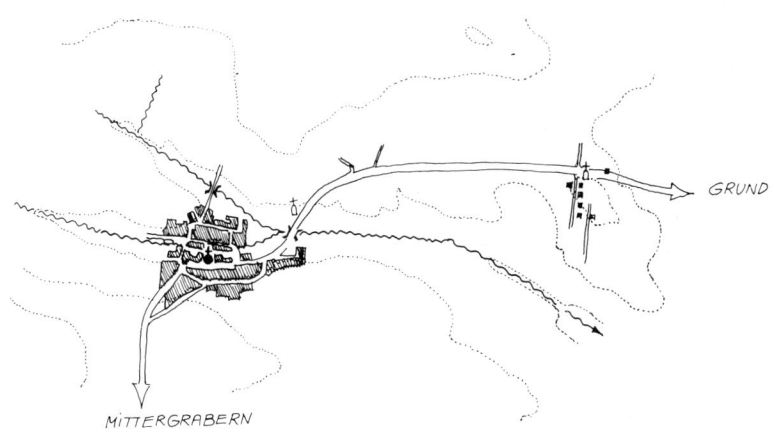

Grund
★ ★ ★

Weit außerhalb des Ortes liegt die großzügig angelegte und sehr abwechslungsreiche Kellergasse, die eigentlich den Eindruck eines Kellerviertels oder besser eines kleinen „Kellerdorfes" macht.
Die Keller und Preßhäuser sind locker angeordnet, zwischen ihnen liegen kleine z.T. baumbestandene Plätze.

199

Ein besonderer Reiz dieser Anlage ergibt sich aus ihrer Vielfalt: Praktisch die ganze Bandbreite verschiedenster Kellergassenelemente und Bauformen von Kellergebäuden ist hier zu finden: einseitig und zweiseitig geschlossene Preßhäuser in einer Reihe, freistehende Preßhäuser, Sattel- und Walmdächer, Giebel- und Traufstellung, alte und neu errichtete Preßhäuser, sehr gut renovierte neben verfallenden, einfache Kellereingänge ohne Preßhäuser etc....

Bis auf den fehlenden Buschenschankbetrieb wirkt diese Anlage wie einem Lehrbuch über Kellergassen entnommen und ist sicher eine sehr gute „Einstiegskellergasse" für den Anfänger.

Ähnliches gilt für das zweite Kellerviertel in Grund: Auch dieses birgt — gut beschirmt durch viele Bäume — idyllische Elemente, ist aber durch seine Lage direkt an der Bundesstraße ziemlich beeinträchtigt und durch manche Veränderungen in Mitleidenschaft gezogen.

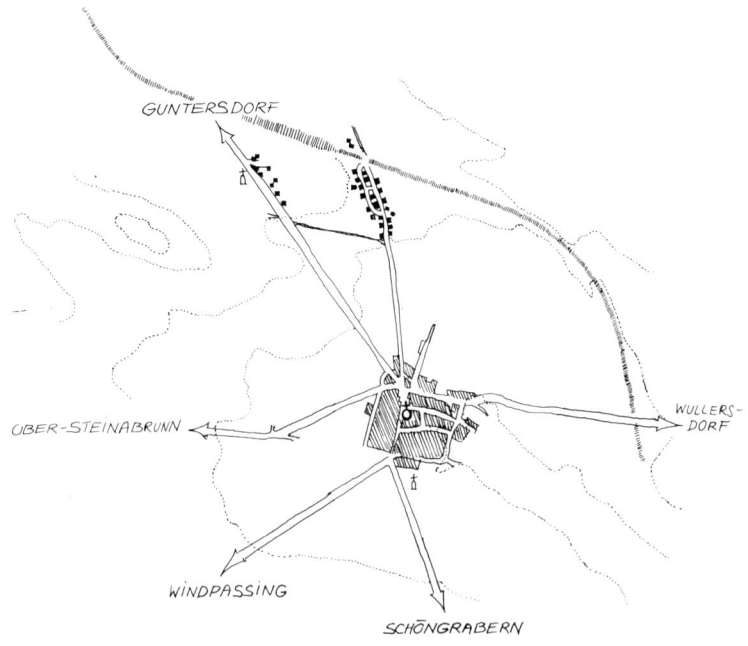

Lesemöglichkeit
Information: Gemeindeamt Wullersdorf Tel. 029 51/317

Guntersdorf
★ ★ ★

Hinter dem Schloßpark liegt eine schöne und gut erhaltene „dreizeilige" Kellergasse in einem Akazienwäldchen.

Sehr reizvoll sind ihre schmalen Wege entlang und zwischen den Preßhäusern. Einzig störend an dieser schönen Kellergasse ist der im oberen Teil deutlich vernehmbare Verkehrslärm von der Bundesstraße.

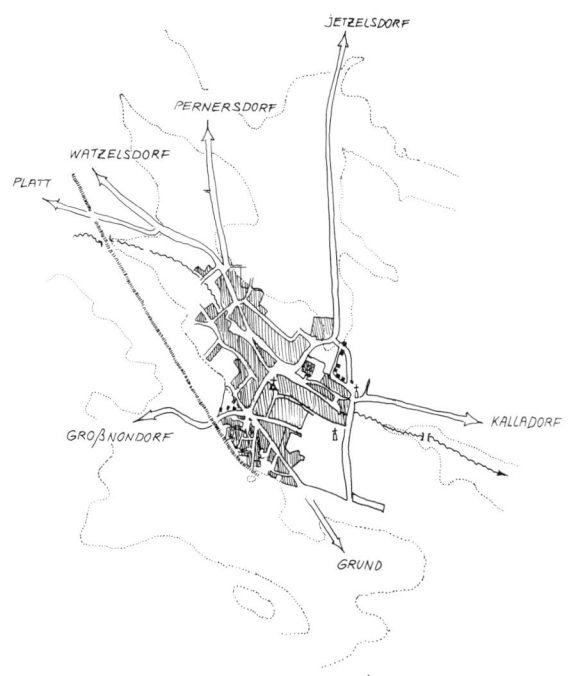

Jährlich findet im Juli ein Kellergassenfest statt
Information: Gemeindeamt Guntersdorf Tel. 029 51/247
Weinbauobmann: Johann Trittenwein, Guntersdorf 566

Kalladorf
★

Kalladorf hat zwei, recht weit außerhalb des Ortes gelegene schöne Kellergassen.
Eine verläuft in der „Kalladorfer Breiten", horizontal an der Höhenlinie, ihre Preßhäuser stehen frei und sind in gutem Zustand.
Die zweite liegt in den „Klafteräckern", verläuft T-förmig, erst ein- und dann zweiseitig. Etwas abseits davon ist noch eine sehr kurze, ebenfalls einseitige Reihe von Kellergebäuden zu finden.

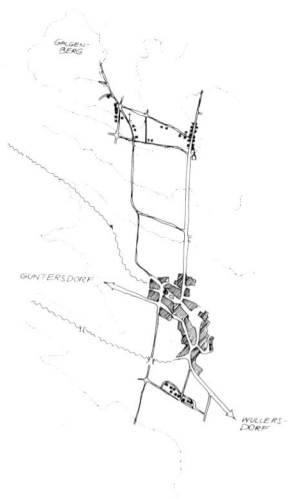

Alle Kellergassen in Kalladorf liegen sehr reizvoll und sonnig, am sanften Hang und sind harmonisch in die Landschaft eingefügt.
Lesemöglichkeit
Information: Gemeindeamt Wullersdorf Tel. 029 51/317

Unterhautzenthal

Am Nordrand des Siedlungsgebietes liegt — auf der Höhenlinie — einseitig als Vis-a-vis des „Hintaus", eine Reihe von Kellern, die samt und sonders kaum noch genutzt werden und deutliche Spuren des Verfalls zeigen.

Oberhautzenthal

Kellergassenfragmente, vermischt mit landwirtschaftlichen Schuppen, befinden sich an den Ortsrändern im „Hintaus".

Oberparschenbrunn

Manches reizvolle Kellergassenfragment befindet sich an den Ortsrändern und Hängen neben der Straße. Da die Kellergebäude nurmehr wenig benutzt werden, zeigen sie Verfallserscheinungen.

Porrau

Die einseitige und durch Zu- und Aufbauten teilweise stark veränderte Kellergasse ist mehr oder weniger in den Ortsraum integriert. Nur ein sehr kurzes Stück wirkt noch wie eine „richtige" Kellergasse.

Puch

An der Straße nach Kleedorf verläuft eine kurze, einseitige, unbedeutende Kellerreihe an der Höhenlinie.

Zwischen „Brünner"- und „Prager"-Straße

Hierzu zählen Orte, die sich im Gebiet zwischen der Brünner-, der Prager-Straße und dem „Ernstbrunner Wald" (im Norden) befinden.
Von Wien aus mit dem Auto:
Auf der A-22 bis Korneuburg, dann Richtung Laa a.d. Thaya...
Oder:
Auf der Prager Straße (B-3) bis Bisamberg,... Klein-Engersdorf...
Von Wien aus mit Bahn und Bus:
S-Bahn Richtung Hollabrunn und Buszubringer...

Klein-Engersdorf

Was ehemals eine einseitige Kellergasse war, verläuft heute mit vielen Wohngebäuden durchsetzt, förmlich als „Hintaus" neuerrichteter Einfamilienhäuser und ist als Kellergasse praktisch kaum mehr erkennbar. Manche noch verbliebene Kellergebäude zeigen überdies Verfallserscheinungen.

Seebarn
★ ★ Ü

Weit außerhalb des Ortes liegt die Kellergasse in einer leichten Mulde zwischen zwei Hügeln des Zeiselberges. Ihre Keller bzw. Preßhäuser sind relativ gut erhalten, dienen aber kaum noch dem Weinbau — viele sind „Hobbykeller", Zweitwohnsitze oder stehen leer. Die Lage ist sehr reizvoll und ruhig, hier kann man nur von Vogelzwitschern gestört werden.

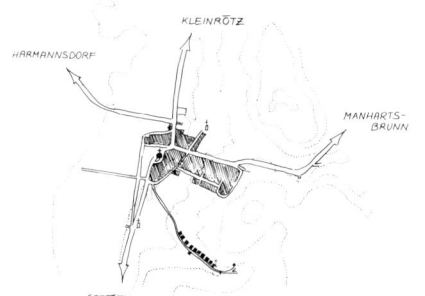

Information:
Gemeindeamt Harmannsdorf.
Telefon 022 64/238
Weinbauobmann:
Kurt Dostal, Seebarn 35
Gasthaus Breit

Tresdorf

★ ★ B

In schattiger Lage, verläuft die Kellergasse einseitig in der Fallinie. Vor den Kellern sind kleine Wiesenplätze angelegt. Der neugeschotterte Weg wird von einer Nußbaum- und Akazienallee begleitet. Nahezu die Hälfte der Preßhäuser wurde erst vor kurzem renoviert, wobei auf eine möglichst „sanfte" Erneuerung und Erhaltung der Kellergasse offensichtlich großer Wert gelegt wurde.

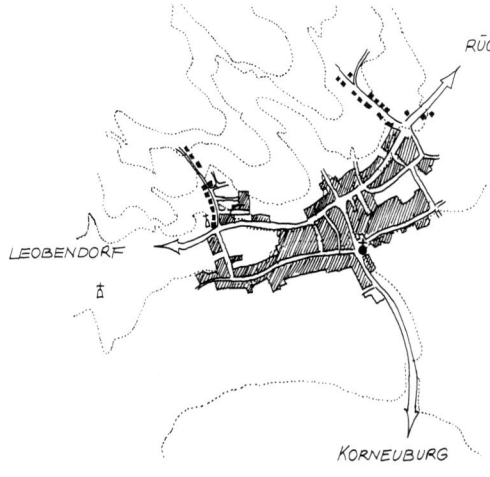

In der Kellergasse ist ein Buschenschankbetrieb mehrere Wochen hindurch geöffnet.
Information:
Gemeindeamt Leobendorf,
Telefon 022 62/4151
Weinbauobmann:
Ignaz Widermann,
Hauptstraße 28/Leobendorf

Harmannsdorf — Rückersdorf

Locker aneinandergereiht auch in geschlossenen Reihen, so säumen die Kellergebäude die „Hang"-Seite der stark befahrenen B-6, die Harmannsdorf-Rückersdorf durchquert. Gelegentlich zweigen von ihr kurze Kellergassen-Äste in die Hohlwege, die sich an diesen sanften Hängen gebildet haben, ab. Zum Teil ist die Kellergasse bereits so sehr ins Wohngebiet integriert, daß

sie als eine solche kaum noch erkennbar ist. Vielen anderen Kellergebäuden fehlt eine pflegende Hand; sie zeigen deutliche Verfallserscheinungen. Trotz mancher schöner Kellerensembles ist der Gesamteindruck nicht besonders gut und die Kellergasse eigentlich zur Gänze renovierungsbedürftig.

Information: Gemeindeamt Harmannsdorf Tel. 022 64/236

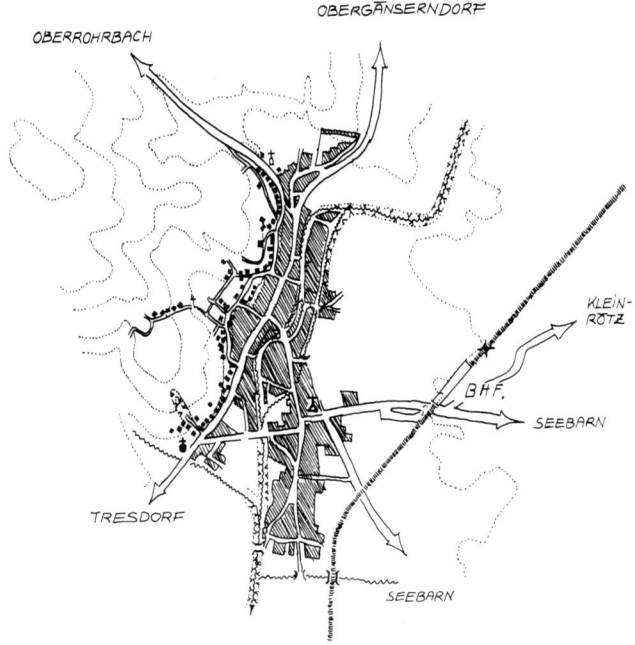

Obergänserndorf

Teilweise im „Hintaus" und durchsetzt mit alten und neuen Wohngebäuden verläuft die sehr stark veränderte Kellergasse einseitig an der Höhenlinie. Einige Keller stehen leer und verfallen.
Nach dem Alter der Veränderungen zu schließen, haben in Obergänserndorf Aufstockungen und schlechte Renovierung von Preßhäusern bereits eine lange Tradition.
Eine zweite, sehr kurze und noch ursprünglich belassene Kellerreihe findet man an der Ortsausfahrt Richtung Niederfellabrunn. Hier stehen die Keller leer und werden in wenigen Jahren total verfallen sein.
Information: Gemeindeamt Harmannsdorf Tel. 022 64/236

Roseldorf

Von Niederhollabrunn kommend, findet man auf einer Seite der Ortseinfahrt eine noch recht ursprünglich erhaltene, schöne Kellergasse, die an der Höhenlinie verläuft. Ein Teil der Keller und Preßhäuser ist gut erhalten, andere stehen leer und drohen zu verfallen.
Information: Gemeindeamt Großmugl, Tel. 022 58/210
Ortsvorsteher: Leopold Hofmann/Roseldorf 34

Großmugl

Mehrfach verzweigt, liegen die einzelnen Äste der Kellergasse sowohl als einseitige Reihen in der Fallinie, als auch horizontal an der Höhenlinie. Einige Wohnbauten haben sich bereits unter die Kellergebäude gemischt. Die charakteristischen Preßhäuser sind recht groß und gut erhalten. Zum Teil findet man jedoch nur einfache Kellereingänge, die aus der Erde schauen.

Am Ortsausgang existieren noch einige weitere, schöne Preßhäuser.

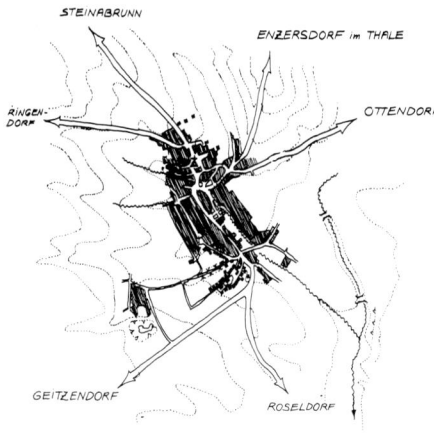

Information: Gemeindeamt Großmugl Tel. 022 68/210

Steinabrunn

An der Ortseinfahrt besteht ein recht netter, zweiseitiger „Kellergassenrest".

Einige Keller bzw. Preßhäuser sind in schlechtem Zustand. Sie sollten aber auf jeden Fall erhalten werden, da das kleine Ensemble sehr gut zu dem „winzigen, verschlafenen Nest" paßt.

Information: Gemeindeamt Großmugl Tel. 022 58/210

Niederfellabrunn

Ü

In dieser von der Funktion her intakten Kellergasse wurden aufgrund betrieblicher Erfordernisse Auf- und Einbauten vorgenommen, die weder in der Form, noch in ihren Dimensionen zu einer traditionellen Kellerumgebung passen und somit leider den Verlust der Ursprünglichkeit dieser Kellergasse bewirkt haben.

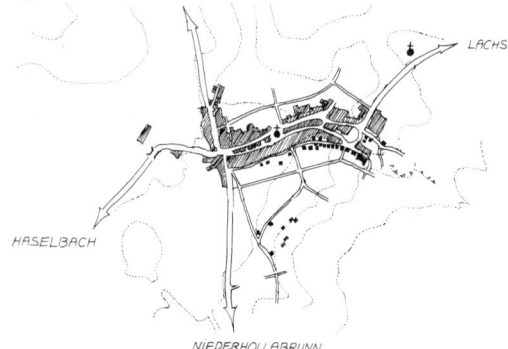

Information:
Stadtamt Hollabrunn.
Telefon 029 52/21 020
Weinbauobmann:
Hubert Pfeiffer,
Wieselsfeld 7
Gasthaus Strobl

Oberkreuzstetten

Ü

Zweiseitig bebaut, verläuft die kurze, durch dichten Bewuchs schattig und düster wirkende Kellergasse in der Fallinie. Einige Keller verfallen, andere wurden oder werden renoviert.

Nach Voranmeldung sind Kellerführunen möglich
Information: Gemeindeamt Kreuzstetten Tel. 022 63/84 72
Ortsvorsteher: Josef Flandorfer, Hauptstraße 115
Gasthaus Walter

Niederkreuzstetten

★ ★ B

Die Kellergasse ist relativ kurz und verläuft L-förmig, ein- aber auch zweiseitig bebaut an einem Schotterweg. Die Keller bzw. Preßhäuser sind in gutem Zustand erhalten oder werden sehr liebevoll und ursprünglich saniert: Sogar ein Verein zur Erhaltung der Kellergasse wurde hier gegründet.

Nach Voranmeldung sind Kellerführungen möglich
Jährlich findet im Septemer ein Kellergassenfest statt
In der Kellergasse gibt es einen Buschenschankbetrieb
Information: Gemeindeamt Kreuzstetten Tel. 022 63/84 72

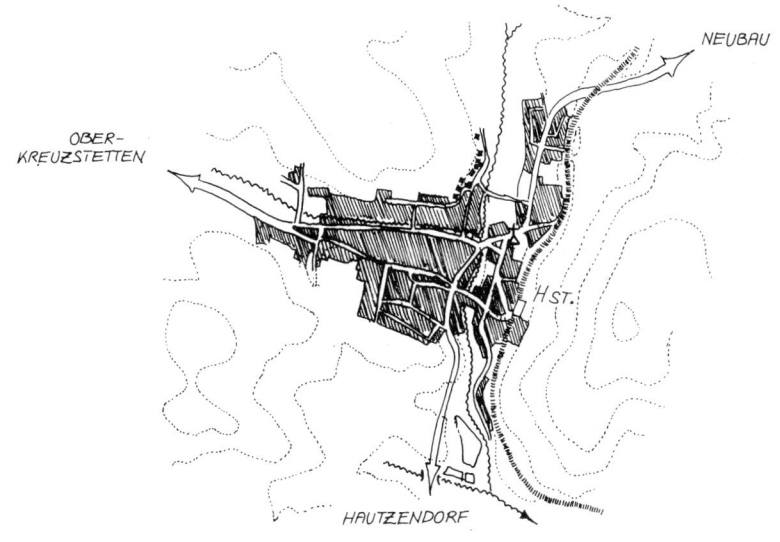

Stetten

In der unmittelbaren Wiener Umgebung gelegen, wurden hier viele Eigenheime mit Gärten errichtet, weshalb von einer ursprünglichen Kellergasse nur noch wenig zu finden ist.
In der Kellergasse befinden sich Heurigenbetriebe

Ringendorf

Am Ortsrand Richtung Untergrub liegt ein kleines, durch Um- und Aufbauten stark verändertes „Kellerviertel".

Herzogbirbaum

Im Anschluß ans „Hintaus" liegen einige z. T. sehr schöne Keller; sie ergeben aber keine Kellergasse.
Jährlich findet am ersten Juliwochenende ein Kellerfest statt.
Information Großmugl Telefon 022 58/210

Grußrußbach

Im Ortsgebiet befinden sich noch kleine Kellergassenfragmente und -ensembles.

215

„Brünner"-Straße

Zu dieser Region zählen Orte, die links und rechts der „Brünner"-Straße, also an der Verbindungsstraße Wien — Brno, liegen. Im Norden schließt die Region „Mistelbach-Zayatal" an. Die Benennung der Region erfolgt in Anlehnung an den im Volksmund oft zitierten „Brünner-Straßler", womit ein rescher Wein aus eben dieser Gegend gemeint ist.

Von Wien aus mit dem Auto: Auf der B7 = Brünner Straße
Von Wien aus mit Bahn und Bus: An der S-Bahn-Strecke Richtung Mistelbach liegen: Wolkersdorf — Ulrichskirchen — Schleinbach — Hautzendorf — Neubau.
Einige Orte haben direkte Busverbindungen nach Wien.
An der „Veltliner-Weinstraße-Matzen-Bisamberg" liegen folgende Orte: Hagenbrunn — Enzersfeld — Großebersdorf — Münichsthal — Schleinbach — Kronberg — Traunfeld — Wolfpassing — Hautzendorf — Gaweinsthal — Kollnbrunn — Wolkersdorf — Ulrichskirchen — Kronberg.

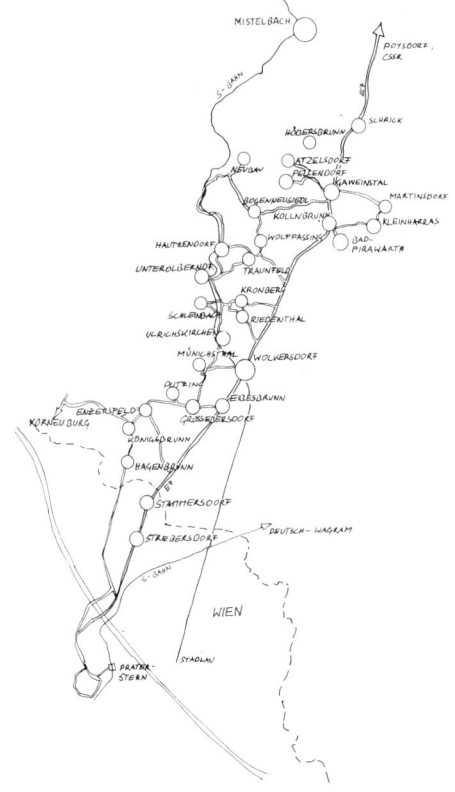

Stammersdorf — Strebersdorf

★ ☆

Die Weinhauer der „transdanubischen" Wiener Weinorte Stammersdorf und Strebersdorf haben die Hohlwege in den weichen Lößflanken des Bisamberges benutzt, um in ihnen mehrere Kellergassen anzulegen.

Am bekanntesten ist wohl die „Hagenbrunner-Straße". Beiderseits der leicht ansteigenden, heute gepflasterten, stark befahrenen Straße nach Hagenbrunn erbaute man große, zum Teil geschlossene Reihen von Preßhäusern. Viele von ihnen — eine vor allem für Wien typische Besonderheit — haben Flachdächer und Dachterrassen, die sich vorzüglich für geselliges Beisammensein nützen lassen.

Trotz der Nähe zur Großstadt findet man hier noch recht urspünglich wirkende Ensembles, aber auch hier wurde und wird bei Veränderungen längst nicht immer auf kellergassentypische Materialien und Formen Wert gelegt. Ab dem späten Nachmittag und am Abend dominieren in der Hagenbrunner Straße die vielen parkenden Autos der Heurigenbesucher das Bild.

Ebenfalls recht bekannt ist die einseitig am sonnigen Hangfuß des Bisamberges auf der Höhenlinie in Richtung Langenzersdorf verlaufende Kellergasse namens „Am Bisamberg". Zahlreiche Wohnbauten und mancher umgebaute Hobbyweinkeller mischen sich hier mit den noch ursprünglich belassenen Preßhäusern oder einfachen Kellerstöckl'n. Die Aneinanderreihung von Kellergebäuden setzt sich auf Langenzersdorfer Gemeindegebiet fort.

Besonders lang und für die Stadtnähe ungewöhnlich gut erhalten ist die im tief eingeschnittenen Hohlweg leicht ansteigende „Krottenhofgasse". Hier wurden beidseits in die senkrechten, oft mehrere Meter hohen

Wände Kellereingänge gebaut und gelegentlich auch Kellerstöckl'n daraufgesetzt. Zwischen den einzelnen Kellern liegen oft malerische kleine Treppen und dichtbewachsene Böschungen. Da in dieser schmalen, gepflasterten Gasse Fahrverbot gilt, bietet sie sich als lohnender Spazierweg durch die noch recht ursprüngliche und geradezu archaisch wirkende Nutzarchitektur des Wiener Raums an. Im unteren Teil findet man obendrein ein Gasthaus und im Verlauf der Kellergasse manchen Heurigen, der, saisonal bedingt, mit etwas Glück auch gerade ausg'steckt hat. Von der „Krottenhofgasse" zweigen noch weitere, sehr wild-romantisch wirkende Kellergassen in extrem tief eingeschnittenen, schmalen Hohlwegen, ab.

Manchem Wochenend-Spaziergänger ist die etwas feuchte, schattige „Senderstraße" bekannt: Eine asphaltierte Straße führt hier im Hohlweg — von einem kleinen Bach begleitet — vom Parkplatz an der Wiener Stadtgrenze hinauf zum Sender Bisamberg. Die Kellergebäude befinden sich im unteren Teil nur auf der einen, weiter oben dann auf beiden Seiten. Auch hier wurde manches kleine Preßhaus zum Wochenendhaus bzw. Hobbyweinkeller auf- oder umgebaut, zwischen ihnen liegt noch gelegentlich ein „naturbelassener" Keller.

Weniger bekannt sind die am Ortsrand von Stammersdorf liegenden, weiteren kleinen Kellergäßchen und -fragmente.

219

Hagenbrunn
 ★

Als einseitige, kurze Reihe verläuft die ostexponierte Hagenbrunner Kellergasse an der Höhenlinie und geht schließlich nahtlos über in eine Neubausiedlung. Die Preßhäuser sind großteils in gutem Zustand, die Straße vor den Gebäuden ist asphaltiert und die Böschung baumbestanden. Von diesem leicht erhöhten Standort aus bietet sich zwischen den Bäumen ein weiter Ausblick auf die Agrar-Ebene und die „Alten Schanzen" am Bisamberg.

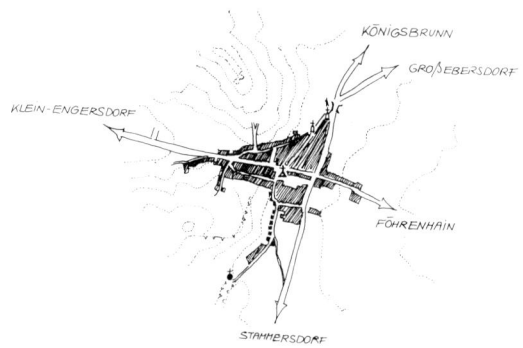

Information: Gemeindeamt Hagenbrunn, Telefon 022 62/47 64; Weinbauobmann: Michael Oberschil, Stammersdorferstraße 21

Königsbrunn
★ ★ Ü

Von Hagenbrunn kommend, taucht — einseitig und lose „aufgefädelt" — eine Reihe kleiner Kellergebäude entlang der Straße nach Königsbrunn auf. Die Kellereingänge verdichten sich und werden stattlicher, je mehr man sich dem Ort nähert.

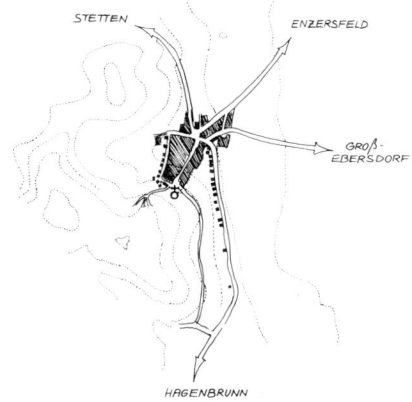

Lesemöglichkeit
Information:
Gemeindeamt Enzersfeld,
Telefon 022 62/49 94;
Weinbauobmann:
Josef Zwanzinger,
Hauptstraße 4,
Königsbrunn
Gasthaus Scheiterer

Enzersfeld
★ ★ B

Enzersfeld hat sechs, zum Teil sehr unterschiedliche Kellergassen.

Sehr eindrucksvoll ist die enge, beidseitig mit Kellern bebaute, steile „Schüler-Kellergasse".

Von der Anlage her ganz anders ist die einseitige, auf der Höhenlinie liegende, „Fürstenberg-Kellergasse", mit weitem Ausblick in die Umgebung.

Zwei weitere Kellergassen liegen an der Straße nach Manhartsbrunn in schattiger, etwas feuchter Lage am tiefsten Punkt des Geländes. Beide sind völlig „überformte" Kellergassen, in denen sich Zweitwohnsitze und Buschenschanken mischen.

Lesemöglichkeit

In den Kellergasse befinden sich mehrere Heurigen- und Buschenschankbetriebe.

Jährlich wird im September ein internationaler Wandertag durch die Kellergassen veranstaltet.

Information: Gemeindeamt Enzersfeld, Telefon 022 62/49 94;

Weinbauobmann: Josef Eichberger, Mühlengasse 36

Putzing

★ ☆

Überwiegend einseitig mit Preßhäusern bebaut, führt der „Hoadweg" auf einen wunderschön gelegenen, halbrunden Platz mit alten Kellergebäuden. Am Beginn dieses Platzes wurde ein Heurigenbetrieb neuerrichtet, der durch seine Größe und die Art der verwendeten Materialien die Schlichtheit und Einheitlichkeit des sonstigen Ensembles stört. Der Heurigenbetrieb bringt es überdies mit sich, daß, vor allem an Wochenenden, der an sich idyllische Kellerplatz zum Parkplatz umfunktioniert wird.

In Putzing scheinen die Preßhäuser, durch die symmetrische Anordnung von je zwei kleinen Fenstern, fast so etwas wie ein „Gesicht" zu haben, wodurch diese netten Kellergebäude — dem Namen des Ortes alle Ehre machend — auch wirklich „putzig" aussehen. — Der Zustand vieler Keller ist leider schlecht und renovierungsbedürftig.

Eine weitere Kellergasse verläuft dicht im Anschluß an das Ortsgebiet im „Hintaus" entlang eines gepflasterten Weges. An ihrem Beginn befindet sich ebenfalls ein „überdimensionaler" Heurigenrohbau, der alle Kellergassen-Maßstäbe sprengt.

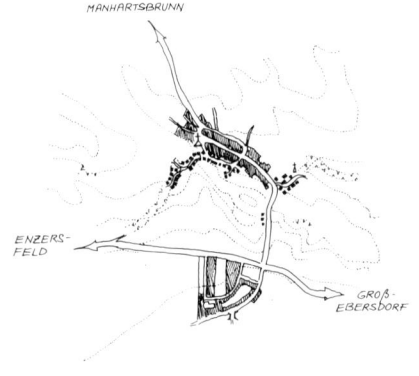

Nach Voranmeldung sind Kellerführungen möglich. In der Kellergasse ist ein großer, ganzjährig geöffneter Heurigenbetrieb. Information: Gemeindeamt Großebersdorf, Telefon 022 45/27 14; Weinbauobmann: Franz Reichel

Großebersdorf
★ ★ Ü

Großebersdorf hat fünf, zum
Teil sehr lange und ein-
drucksvolle Kellergassen,
von denen jede eine Reihe
von Veränderungen durch-
gemacht hat, aber trotzdem
noch schöne und romanti-
sche Ensembles aufweist.
Die Vielzahl der Keller und
Preßhäuser, die oft sehr
schön gelegen sind, laden geradezu zur „Erforschung"
dieser Kellergassen ein.

Nach Voranmeldung sind Kellerführungen möglich.
Information: Gemeindeamt Großebersdorf, Telefon 022 45/27 14;
Weinbauobmann: Franz Reichel
Hotel Gschwindl, Hotel Kugler

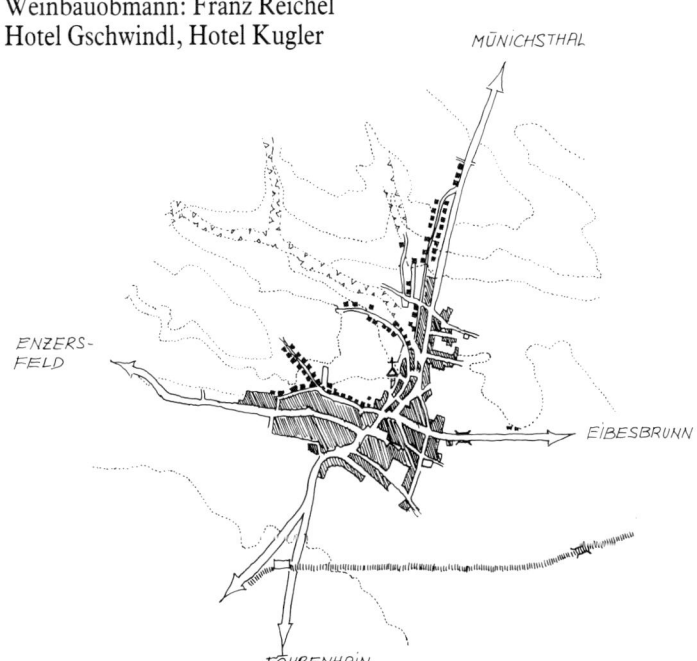

Münichsthal

In einem schattigen Hohl-
weg führt die kurze zweiseitige Kellergasse auf eine
Hangkuppe.
Die Keller haben keine
Preßhäuser und sind direkt
in den Löß gegraben.

Ulrichskirchen
★ ★ ★ Ü

Ulrichskirchen hat drei sehr
unterschiedliche Kellergassen. An einem schwach ausgeprägten Hohlweg liegt,
„hinter" der Bahnlinie eine
sonnige, weite Kellergasse,
die sehr heiter wirkt. Die
locker angeordneten Preß-
häuser stehen zu beiden Seiten eines schmalen Angers

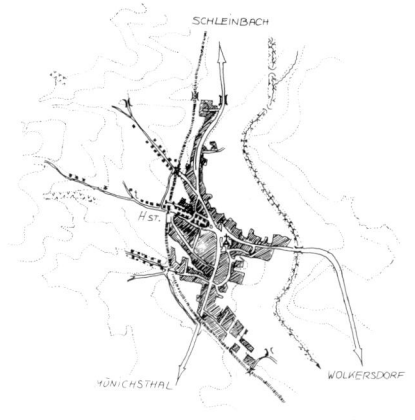

mit Nußbäumen und einem kleinen Graben in der Mitte. Die zweite Kellergasse liegt ebenfalls „hinter" der Bahn, allerdings weit außerhalb des Ortes, und verläuft in einem tief eingeschnittenen Hohlweg. Sie ist im Vergleich zur ersten sehr düster und schattig.

Eine dritte, zweiseitige Kellergasse ist in den Ortsraum integriert. Mit ihren beiden gegenüberliegenden Reihen von hohen Preßhäusern an der engen, gepflasterten Straße wirkt sie überaus städtisch.

Lesemöglichkeit
Nach Voranmeldung sind Kellerführungen möglich.
Information: Gemeindeamt Ulrichskrichen-Scheinbach,
Telefon 022 45/24 32
Gasthaus Aicher

Schleinbach
★ ★ ★ Ü

In einem klassischen Ausflugsgebiet — dem „Kreuttal" — verläuft einseitig, entlang der Höhenlinie, die sehr liebliche Kellergasse.

Die Kellergebäude stehen locker angeordnet, sind recht groß und befinden sich in gutem Zustand.

Einige Preßhäuser wurden als Zweitwohnsitz oder Hobbyweinkeller adaptiert. Der Beginn der Kellergasse wird leider durch einen großen garagenähnlichen Bau gestört.

Wie in anderen Orten auch gibt es in Schleinbach noch eine Reihe weiterer Keller und Kellergassenteile im Ort und an dessen Rändern.

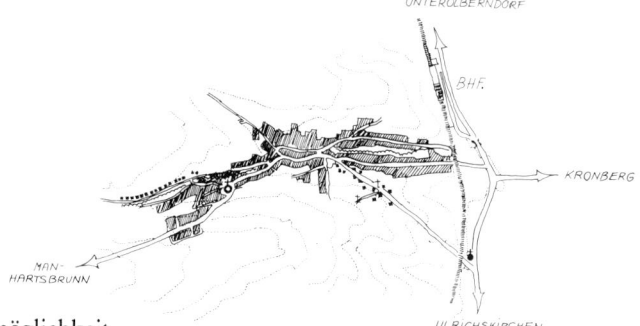

Lesemöglichkeit
Nach Voranmeldung sind Kellerführungen möglich.
Information: Gemeindeamt Ulrichskirchen-Schleinbach,
Telefon 022 45/24 32
Gasthaus Aprea

Unterolberndorf

★ ★ Ü

Um einen kleinen, mit Kirschenbäumen bestandenen Anger liegt die zweiseitige, ursprünglich erhaltene Kellergasse.
Die Kellergebäude machen einen gepflegten Eindruck und sind gut erhalten.
Der Großteil der Preßhäuser wird als „Zweitwohnsitz" oder Hobbykeller genutzt.

Lesemöglichkeit
Nach Voranmeldung sind Kellerführungen möglich.
Jährlich findet im Juni ein Kellergassenfest statt.
Information: Gemeindeamt Kreuttal, Telefon 022 45/89 260;
Weinbauobmann: Hannes Sauer, Unterolberndorf 38
Gasthaus Bayer-Magister

Hautzendorf
★ ★ ★

In einem tief eingeschnittenen, schmalen Hohlweg, unter hohen Robinien gut versteckt, findet man weit außerhalb des Ortes (allerdings unweit der S-Bahn-Station) eine recht lange, sehr naturbelassene, wild-romantische Kellergasse.

Die gemauerten Kellerein-
gänge sind beiderseits direkt
vor die senkrechten, bis zu
4 Meter hohen Lößwände
gesetzt, wodurch die Ge-
bäude kaum Plastizität be-
kommen und beinahe zwei-
dimensional wirken.

Ihre dichte Stimmung und
die Einheitlichkeit dieser
Kellergasse machen sie äußerst sehenswert.

Wolfpassing an der Hochleithen
★ ★

Über die ganze Länge des Ortes erstreckt sich im „Hintaus" die einseitige Kellergasse. Einige der Kellergebäude stehen leer und drohen zu verfallen, andere sind noch ursprünglich erhalten und sehr idyllisch gelegen. Durch die Lage im „Hintaus" wirkt die Kellergasse stellenweise fast privat oder „halböffentlich".

Von ihr durch einen Graben getrennt, verläuft eine zweite, kurze Kellergasse in einem schmalen schattigen Hohlweg.

Hier sind die Keller bzw. Preßhäuser in einem eher schlechten Zustand, ein Großteil davon steht bereits leer.

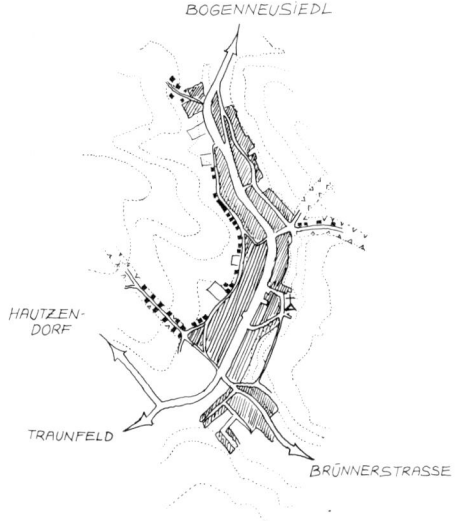

Lesemöglichkeit
Nach Voranmeldung sind
Kellerführungen möglich.
Information:
Gemeindeamt Hochleithen,
Telefon 022 45/89 166;
Weinbauobmann:
Adolf Mechtler

Bogenneusiedl
★ ★ ★

Aus dem Ort hinaus führt, der Fallinie folgend, teils ein- und teils zweiseitig, die geschlossene Kellergasse in die Weingärten. Am Beginn befindet sich ein schattiger Platz, den allerdings eine „Traktorentankstelle", d. h. ein oberirdischer Tank mit Zapfsäule, etwas stört.
Vor allem die im oberen Teil sonnig gelegenen Preßhäuser sind sehr reizvoll und sehenswert.

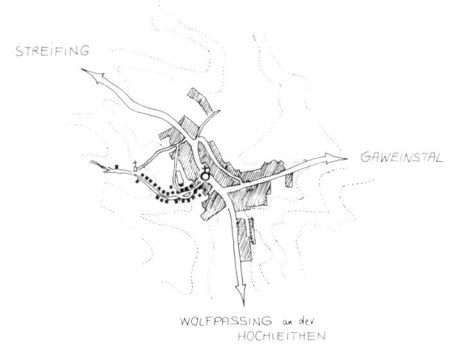

Lesemöglichkeit
Nach Voranmeldung sind Kellerführungen möglich. Jeweils im Frühjahr und Spätherbst findet ein Kellergassenfest statt.
Information:
Gemeindeamt Hochleithen, Telefon 022 45/89 166; Weinbauobmann: Alois Schutz, Bogenneusiedl 27

Neubau

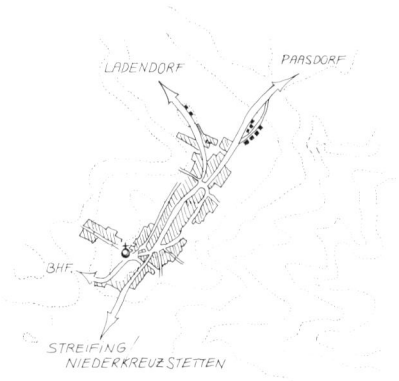

Zweiseitig verläuft in einer leichten Mulde in Fallinie die Kellergasse ohne Preßhäuser.
Das einzige kleine Preßhaus wurde als „alpines Sommerhäuschen" getarnt.
Weitere kleine Keller liegen im Ort und an den Ortsrändern verstreut.

Atzelsdorf
★ ★

Einen schönen, weiten Ausblick bietet die auf der Hangkuppe über Atzelsdorf reizvoll gelegene, einseitig verlaufende Kellergasse, die hauptsächlich aus einfachen Kellereingängen und nur wenigen Preßhäusern besteht.
Der Beginn der Kellergasse wird durch die „Ausläufer" einer neuen Einfamilienhaussiedlung gestört.
Im Ort selbst verläuft im „Hintaus", am Hangfuß eine kurze, einseitige Kellerzeile mit gut erhaltenen Preßhäusern.

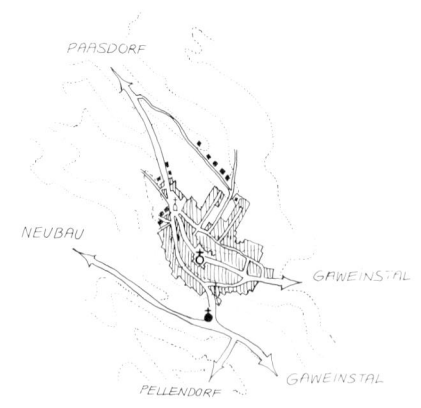

Lesemöglichkeit
Information: Gemeindeamt Gaweinsthal, Telefon 025 74/22 21

Pellendorf

Im „Hintaus" einer neueren Wohnbebauung führt die kurze, einseitige Kellergasse, an deren Beginn auch einige Wohnhäuser stehen, auf eine bewaldete Hangkuppe.

Die meisten der Preßhäuser sind bereits nachhaltig verändert worden und machen nicht unbedingt einen einladenden Eindruck.

Höbersbrunn
★

Am Ortsrand liegt eine kurze, teils ein-, teils zweiseitige Kellergasse mit einigen sehr schönen Preßhäusern und Kellerabgängen.

Mehrere Keller stehen leer und verfallen bereits.

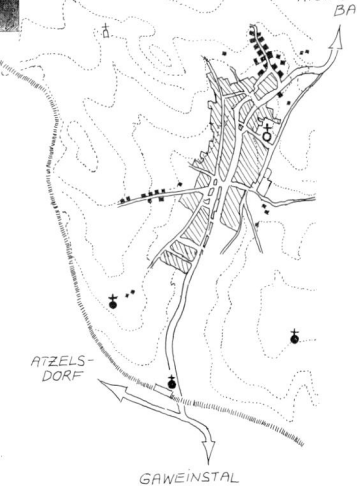

Lesemöglichkeit
Information:
Gemeindeamt Gaweinsthal,
Telefon 052 74/22 21

Schrick

An der Straße nach Gaweinsthal liegt die stark mit Wohnbauten durchmischte und daher kaum mehr als solche erkennbare Kellergasse.

Lesemöglichkeit
Jährlich findet in der Kellergasse das „Hollitsch"-Fest statt.
Information: Gemeindeamt Gaweinsthal, Telefon 02574/22 21

Gaweinsthal
★ ★

Aus dem Ort hinaus auf das Hochplateau führt etwas versteckt eine zweiseitige, lange und eindrucksvoll geschlossene Kellergasse mit großen Preßhäusern. Im oberen Abschnitt befinden sich teilweise sogar drei Reihen von Preßhäusern.
Die Keller bzw. Preßhäuser sind gut erhalten und scheinen auch von der Funktion her intakt zu sein.

Eine zweite, allerdings weit weniger beeindruckende Kellergasse verläuft einseitig an der relativ befahrenen Straße nach Atzelsdorf/Pellendorf.

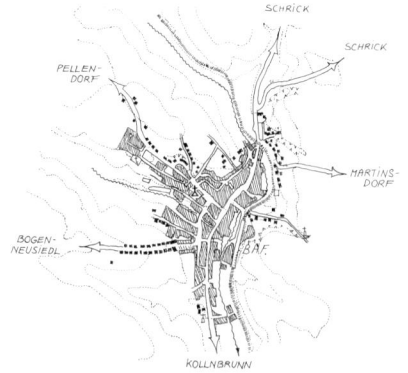

Lesemöglichkeit
Nach Voranmeldung sind Kellerführungen möglich.
Information:
Gemeindeamt Gaweinsthal,
Telefon 025 74/22 21
Gasthaus Klapka

Martinsdorf
★ ★

Weit außerhalb des Ortes in sehr schöner Lage findet man eine stattliche, lange, zwei- und über weite Strecken sogar dreiseitige, geschlossene Kellergasse, die langsam in der Fallinie ansteigt. Manche der großen Preßhäuser wirken gepflegt, einige zeigen aber auch deutliche Verfallserscheinungen. Besonders auffallend sind in Martinsdorf viele liebevoll gearbeitete Türbeschläge.

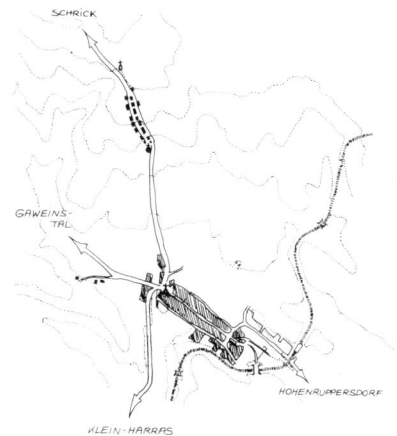

Lesemöglichkeit
Nach Voranmeldung sind Kellerführungen möglich.
Information: Gemeindeamt Gaweinsthal, Telefon 025 74/22 21

Klein-Harras
★

Um einen schmalen, „aufgeschütteten" Keller, der wie ein über dem Niveau liegender Anger wirkt, führt die sehr enge, zweiseitige Kellergasse in der Fallinie aus dem Ort hinaus.
Die kleinen Preßhäuser sind geschlossen aneinander gebaut und in eher schlechtem Zustand, wodurch die Kellergasse einen fast „abenteuerlichen" Eindruck macht.

Nach Voranmeldung sind Kellerführungen möglich.
Information: Gemeindeamt Matzen, Telefon 022 89/22 73;
Weinbauobmann: Franz Grün jun.

Bad Pirawarth
★ ★

Bad Pirawarth hat eine Reihe von Kellergassen mit einer Vielzahl von Kellern und Preßhäusern.

Unterschiedlich wie die Größe und Anlage der einzelnen Kellergassen ist auch die Architektur der Preßhäuser. Dem Besucher bieten sich hier — neben natürlich bereits veränderten Situationen — eine große Vielfalt idyllischer, teils sonniger, teils schattiger und sehr romantischer Ensembles.

Lesemöglichkeit
Nach Voranmeldung sind Kellerführungen möglich.
Information: Gemeindeamt Bad Pirawarth, Telefon 025 74/23 40;
Weinbauobmann: Michael Gaismayer, Obere Hauptstraße 23

Kollnbrunn
★ B

Am Hügel oberhalb der Bundesstraße liegt der locker bebaute Kellerberg. Auf seiner Kuppe befindet sich ein großer Heurigenbetrieb. Die meisten Preßhäuser sind recht groß, wirken aber, durch ihre Bauart, eher wie Scheunen u. ä.

Am Kellerberg befindet sich ein ganzjährig geöffneter Heurigenbetrieb. Information: Gemeindeamt Bad Pirawarth, Telefon 025 74/23 40; Weinbauobmann: Alfred Vielnascher, Winterzeile 35

Kronberg
★ ★ ★

Spiralförmig windet sich die Kellergasse von Kronberg in einem Hohlweg am Hang oberhalb der Ortschaft langsam nach oben. Beide Seiten sind bebaut. Die Tore vieler Preßhäuser haben zum Teil prächtige Sandsteineinfassungen, manche sind hübsch berankt.

Durch die Kellergasse führt ein Weinlehrpfad. Hier befindet sich auch der „Himmelkeller" von Prof. Bauch, einem Bildhauer und Maler, der sehr um die Erhaltung der Kellergasse bemüht ist. Durch seine Anstrengungen hat diese Kellergasse einen sehr noblen, fast „musealen" Charakter gewonnen.

Information: Gemeindeamt Ulrichskirchen-Schleinbach, Telefon 02245/24 32

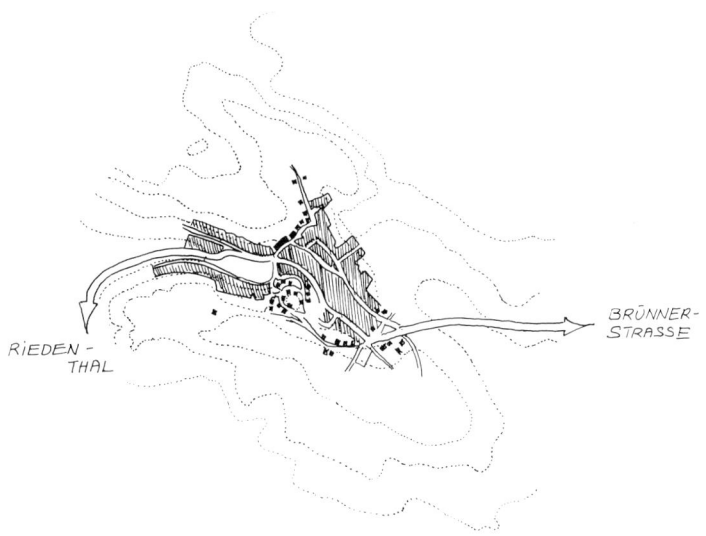

Himmelkeller: Ensemble renovierter Preßhäuser, Kellergewölbe und -gänge, verbunden mit dem Atelier des Initiators der Revitalisierung, Prof. Hermann Bauch, Bildhauer und Maler, der hier auch einen „Kulturheurigen" betreibt.
Adresse: 2123 Kronberg, Telefon 022 45/80 277
Öffnungszeiten: April—Oktober, Samstag, Sonn- und Feiertag 14—18 Uhr (Führungen 15 und 17 Uhr)

Traunfeld
★ ★ ★

Direkt im Anschluß an das Wohngebiet bilden einige große und gut erhaltene Preßhäuser ein sehr schönes Kellerensemble, das einen sehr ursprünglichen und gepflegten Eindruck macht.

Lesemöglichkeit
Nach Voranmeldung sind
Kellerführungen möglich.
Information:
Gemeindeamt Hochleithen,
Telefon 022 45/89 166;
Weinbauobmann:
Franz Regner, Traunfeld 9

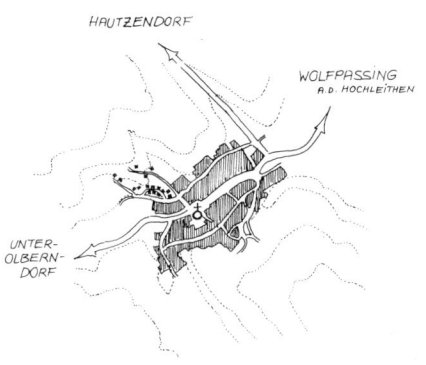

Riedenthal

In einem tief eingeschnittenen Weg verläuft die kurze,
einseitige Kellergasse ohne
Preßhäuser.
Lediglich am oberen Ende
stehen drei schön renovierte
Preßhäuser, die allerdings —
unüblich für eine Keller-
gasse — abgezäunt sind und
daher auch der übrigen
Gasse einen sehr privaten
Charakter verleihen.

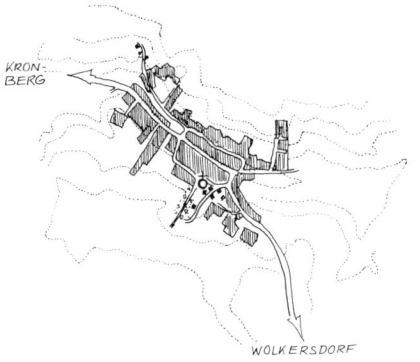

Wolkersdorf

Im Ortsgebiet von Wolkersdorf beginnend, steigt die
zweiseitige Kellergasse in
einem sanft geschwungenen
Hohlweg an. Sie verengt sich
deutlich im oberen Teil und
wird schattiger. Hier ist sie
weniger mit Wohnhäusern
durchmischt und wirkt da-
her ursprünglicher.

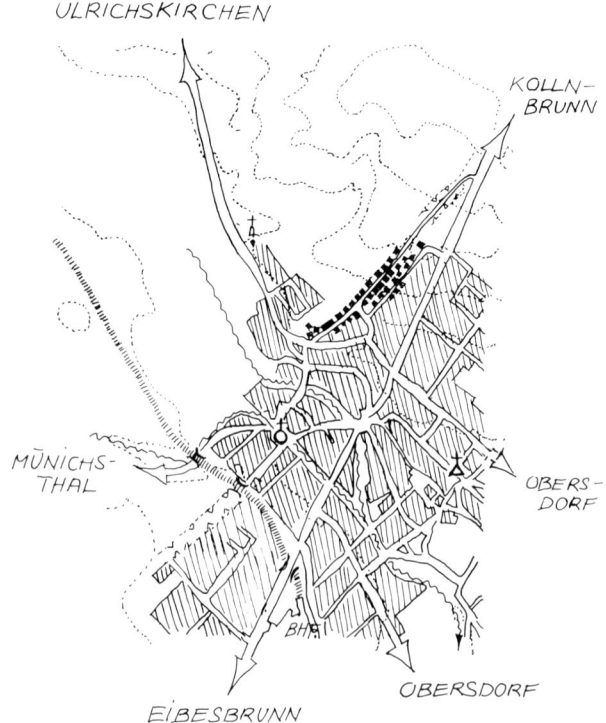

Nach Voranmeldung sind Kellerführungen möglich.
Information: Gemeindeamt Wolkersdorf, Telefon 022 45/24 010;
Weinbauobmann: Maurer Martin, Wienerstraße 36

Eibesbrunn
★ ★

Aus dem Ort hinaus führt, zwischen der E7 und den Weingärten zweiseitig und fallweise sogar „dreiseitig", die lange, geschlossene Kellergasse.

Die Preßhäuser sind großteils in einem recht guten Zustand. Verwundert stellt man fest, daß die außerordentlich verkehrsgünstige Lage (die beinahe schon zur Lärmbelastung wird) nicht zur Einrichtung von Buschenschanken o. ä. geführt hat.

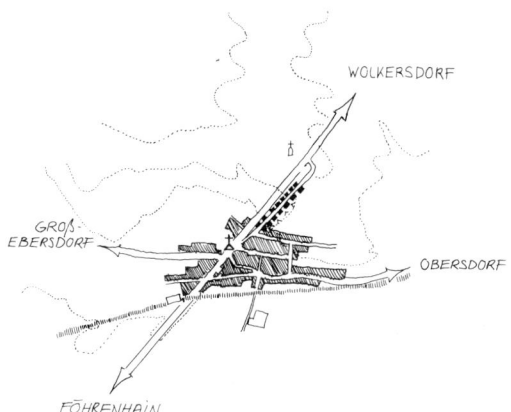

Nach Voranmeldung sind Kellerführungen möglich.
Information: Gemeindeamt Großebersdorf, Telefon 022 45/27 14;
Weinbauobmann: Martin Rögner, Hauptstraße 20

Mistelbach-Zayatal

Zur „Region Mistelbach-Zayatal" zählen die Orte am Mistelbach, der Zaya und ihren Zubringerbächen; im Süden schließt das Gebiet „Brünner-Straße" sowie „Nördlich des Matzner Waldes" an; im Norden die Region „Falkenstein-Poysdorf-Staatz".

Von Wien aus mit dem Auto: Wien — B7 Brünner Straße — Wilfersdorf
Von Wien aus mit Bahn und Bus: An der S-Bahn Richtung Mistelbach liegen: Ladendorf — Paasdorf — Mistelbach; Buszubringer

An der „Veltlinerweinstraße" (Bereich Falkenstein) liegen folgende Orte:
Mistelbach — Wilfersdorf — Dobermannsdorf — Palterndorf — Neusiedl — Bullendorf

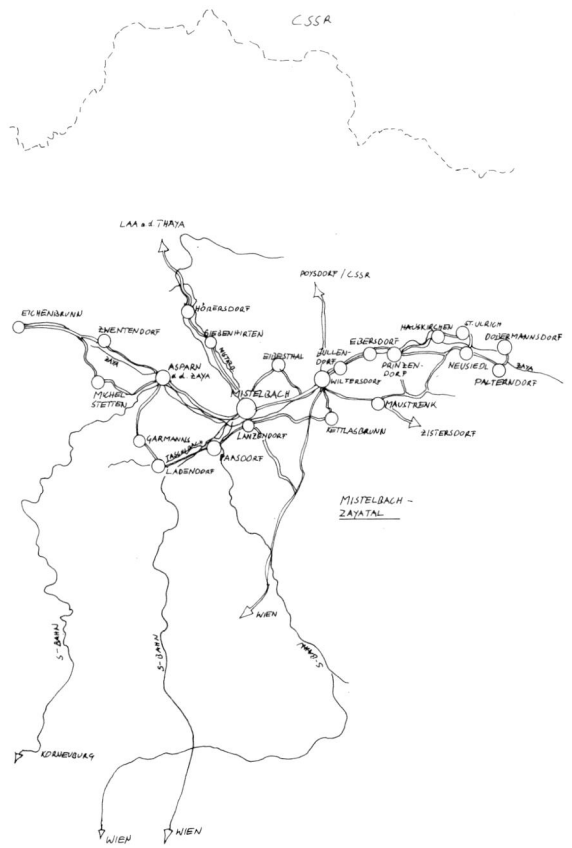

Wilfersdorf

★ ★ B

Hoch über dem Ort, verläuft schön gelegen eine Kellergasse einseitig an der Höhenlinie, mit großen Preßhäusern, die im Schatten hoher Akazien liegen. Einige weitere Preßhäuser stehen im Ort verstreut.

In der Kellergasse wird gelegentlich „ausg'steckt"
Information: Gemeindeamt Wilfersdorf, Telefon 02573/23 66

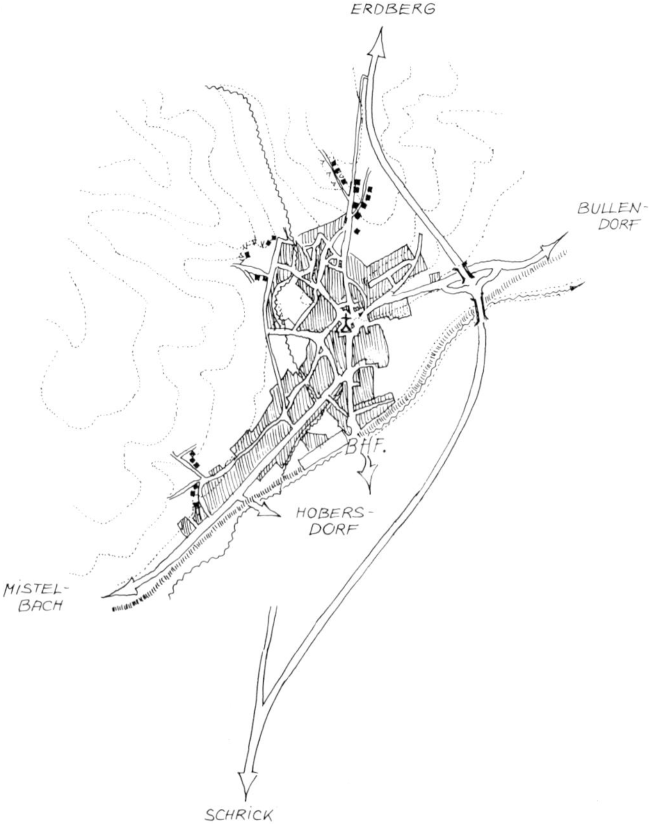

ERDBERG

BULLEN-
DORF

BHF.

HOBERS-
DORF

MISTEL-
BACH

SCHRICK

Paasdorf
★ ★ ★

Beginnend in einer idyllischen und fast privat wirkenden „Hintauslage", führt die
Kellergasse einseitig vorbei
an einigen Einfamilienhäusern auf einen sehr schönen,
halbrunden Kellerplatz, der
von einem mächtigen alten
Preßhaus beherrscht wird.
Die geschotterten Wege werden links und rechts von
baumbestandenen Wiesen
gesäumt. Die Preßhäuser
sind in gutem Zustand weshalb die gesamte Anlage sehr
gepflegt wirkt.

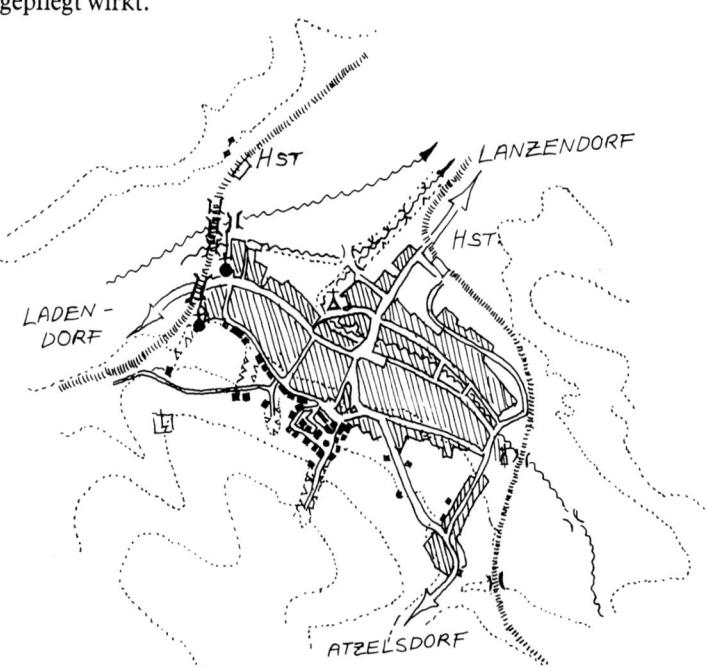

Jährlich finden in der Kellergasse mehrere Veranstaltungen statt.
Information: Stadtamt Mistelbach, Telefon 025 72/25 15;
Weinbauobmann: Herbert Ribisch, Paasdorf 38

Ladendorf
★ ★

An der Höhenlinie verläuft eine kurze, sehr gut restaurierte Kellergasse, auf deren Erhaltung offensichtlich viel Wert gelegt wird.

Der gute Zustand läßt fast darauf schließen, daß die Keller nur mehr hobbymäßig genutzt werden. Eine zweite, ebenfalls einseitige Kellergasse liegt am Ortsrand im „Hintaus". Hier läßt der Zustand der Gebäude zu wünschen übrig; einige Keller stehen auch leer.

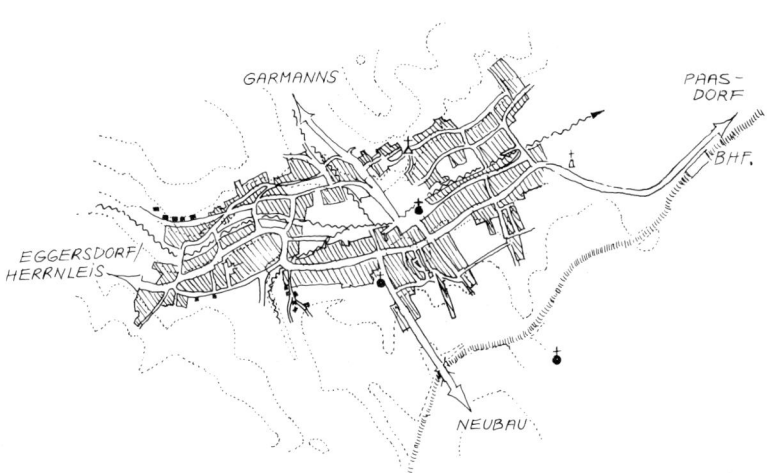

Nach Voranmeldung sind Kellerführungen möglich.
Information: Gemeindeamt Ladendorf, Telefon 025 75/22 50

Garmanns

In einem schmalen Hohlweg verläuft die schattige, zwei-seitige Kellergasse. Einige Preßhäuser sind sehr schön renoviert, andere befinden sich in schlechtem Zustand oder wurden eigenartig ver-ändert.

Nach Voranmeldung sind Kellerführungen möglich.
Information: Gemeindeamt Ladendorf, Telefon 025 75/22 50

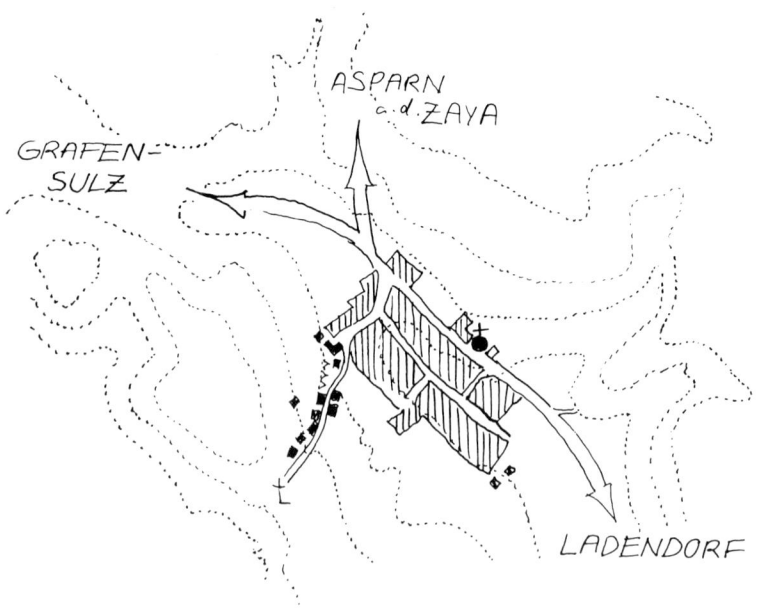

Michelstetten

Nur mehr zwei stark überformte Kellergassenreste, sowie einige weitere Einzelkeller, sind hier zu finden.

Eichenbrunn
★

Im oberen Teil der Straße, die von Klement kommend in den Ort Eichenbrunn führt, liegen links und rechts kleine gemauerte Kellereingänge, die kaum noch benutzt werden. Im Ort selbst schließt daran — vis-à-vis der Wohnbebauung — eine geschlossene Kellerreihe mit stattlichen, hohen, zum Teil veränderten Preßhäusern

an. Heute dienen viele dieser Keller vorwiegend der Lagerung von Erdäpfeln. Weitere Keller findet man in Eichenbrunn verstreut.

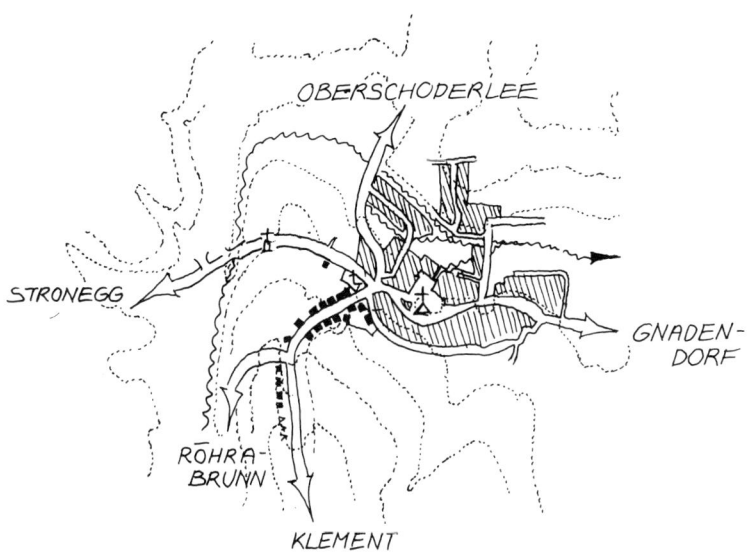

Information: Gemeindeamt Gnadendorf, Telefon 025 25/214

Zwentendorf
★ ★ ★

Außerhalb des Ortes verläuft am Hang, an der Höhenlinie, die sehr schöne und gut restaurierte, einseitige Kellergasse am Rande eines kleinen Akazienwäldchens. Der Weinbau spielt in Zwentendorf und Umgebung nur mehr eine untergeordnete Rolle. Wieder einmal wird es paradoxerweise deutlich, daß in Orten, in denen nur noch wenig oder nur „hobbymäßig" Weinbau betrieben wird, sehr viel mehr auf die Erhaltung und Renovierung von Kellergassen geachtet wird, als in „richtigen" Weinbauorten, in denen Preßhäuser und ganze Kellergassen oft bis zur Unkenntlichkeit „modernisiert" werden.

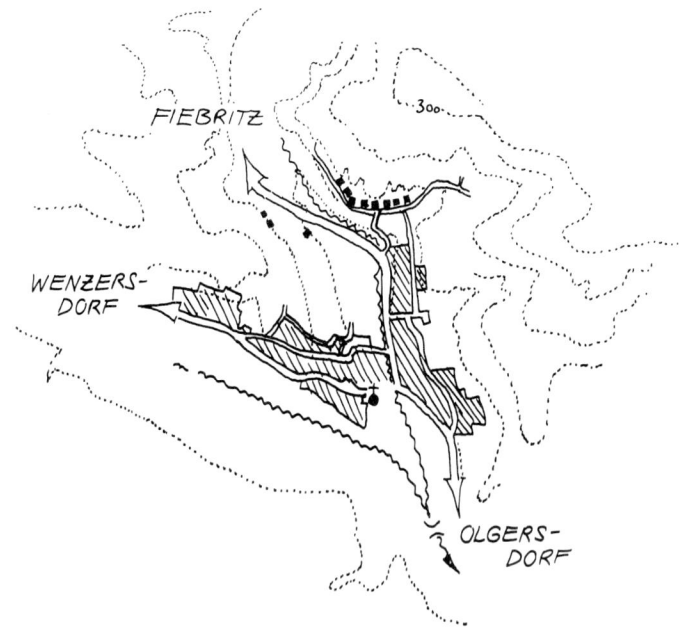

Information: Gemeindeamt Gnadendorf, Tel. 02525/214

Asparn an der Zaya
★ ★

An der Straße in Richtung Garmanns liegt — nach dem Bahnübergang — beidseits und teilweise geschlossen bebaut, die Kellergasse. Zwischen der Straße und den Kellerreihen verläuft ein Wiesenstreifen mit einer Kirsch- und Nußbaumallee. Die Preßhäuser sind gut und ohne viel Veränderung erhalten.

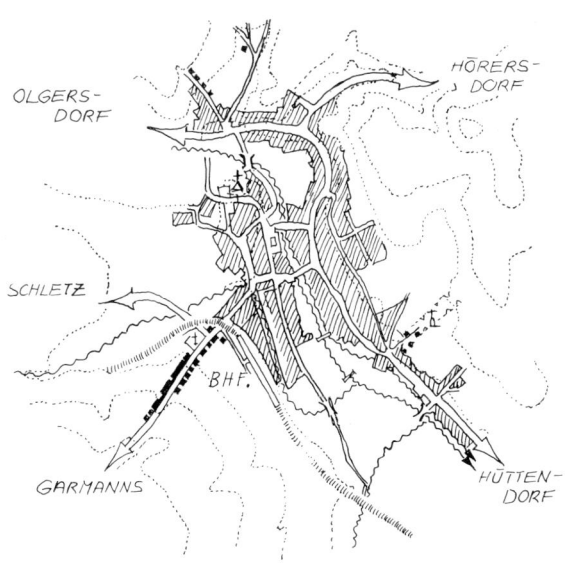

Information: Gemeindeamt Asparn, Tel. 025 77/240
Weinbauobmann: Johann Meikner, Asparn 78

Weinlandmuseum Asparn an der Zaya
Das Museum zeigt etwa 2.500 Exponate zur Geschichte, Kunst und Volkskultur des Weinviertels, wobei die Kultur der Bauern, Weinhauer und Handwerker einen Schwerpunkt bildet.
Adresse: 2151 Asparn an der Zaya, Ehemaliges Minoritenkloster;
Öffnungszeiten: 1.April—31.Oktober Sa 13.00—17.00, Sonn— und Feiertag 9.00—17.00, in der übrigen Zeit für Gruppen nach Voranmeldung bei Prof. H Schöfmann, Tel. 025 77/227 oder
Marktgemeinde Asparn an der Zaya, Tel. 025 77/240

Hörersdorf

B

Streckenweise im „Hintaus"
verläuft die z. T. geschlossene Kellergasse einseitig an
der Höhenlinie. Ein Teil ihrer recht großen Preßhäuser
ist gut erhalten, andere werden renoviert. Vor den Kellern liegen kleine baumbestandene Wiesenplätze.

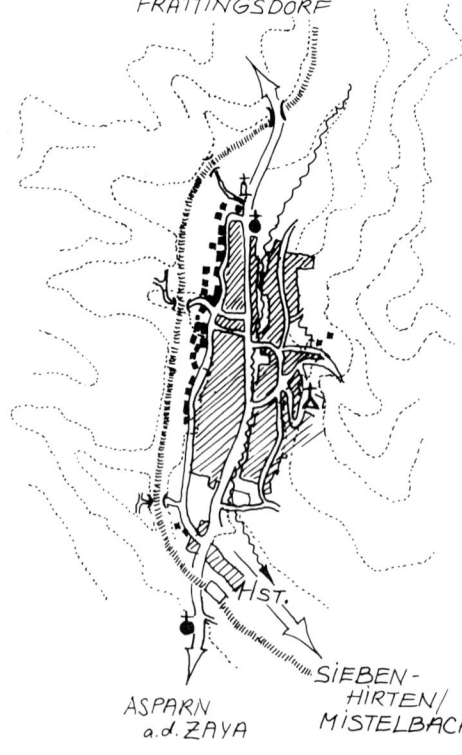

In der Kellergasse wird ein
Buschenschank betrieben.
Information:
Stadtamt Mistelbach,
Telefon 025 72/25 15
Weinbauobmann:
Josef Amon, Hörersdorf 14

Siebenhirten
 ★

In der Fallinie führt die einseitige, geschlossene Kellergasse teilweise steil ansteigend auf den „Neuberg" und
wird — etwa in der Mitte —
von der Bahn gekreuzt. Die
Preßhäuser sind in gutem
Zustand und wurden nur geringfügig verändert. Eine
zweite reizvolle Kellergasse
— ebenfalls einseitig — findet man im „Hintaus". Ihre
großen Preßhäuser sind mit
einigen großen Wohngebäu-
den vermischt.

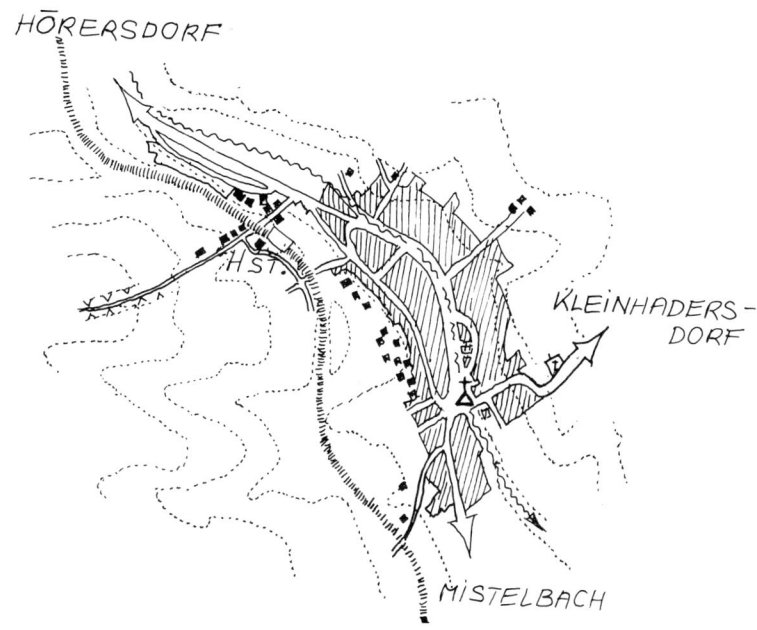

Information: Stadtamt Mistelbach, Tel. 025 72/25 15
Weinbauobmann: Erich Schawdy, Siebenhirten 147

Eibesthal
★ ★ B

Im „Oberort" verläuft an der Straße nach Erdberg eine schöne, geschlossene Kellergasse. Die durchwegs gut erhaltenen Preßhäuser haben kaum störende Veränderungen erfahren. Eine weitere geschlossene Kellergasse mit kleinen Preßhäusern führt am „Pfandnerweg" aus dem Ort hinaus. Überdies befindet sich im Ort selbst noch eine Reihe teilweise sehr attraktiver Kellerensembles mit einigen recht großen Preßhäusern.

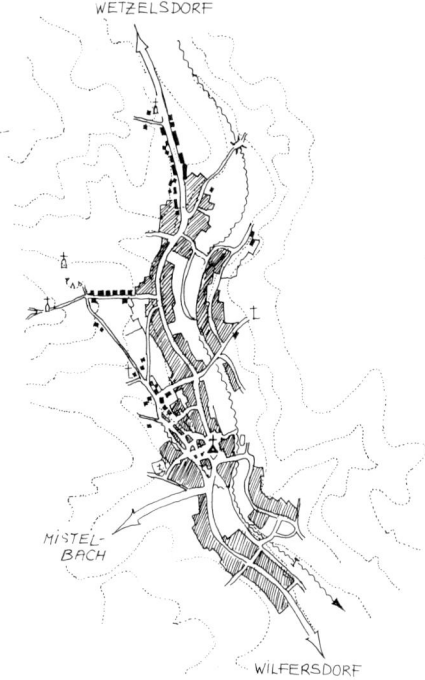

In der Kellergasse wird abwechselnd
von verschiedenen Weinhauern
„ausg'steckt"
Information:
Stadtamt Mistelbach,
Telefon 025 72/25 15
Weinbauobmann:
Leopold Scheiner, Eibesthal 266

Bullendorf
★ ★

Am „Fuchsenweg" verläuft, leicht ansteigend, eine sehr gut erhaltene, großzügig angelegte, zweiseitige Kellergasse. Vor wuchtigen, kaum veränderten Preßhäusern liegen akazienbestandene Wiesenplätze, über die Hühner spazieren. So strahlt die ganze Kellergasse eine recht angenehme, ruhige Stimmung aus. Eine zweite Kellergasse liegt etwas außerhalb des Ortes an einem Hügel. Sie verläuft L-förmig. Besonders reizvoll in der Landschaft gelegen ist der einseitige Ast an der Höhenlinie; der andere Teil verläuft zweiseitig in der Fallinie. Auch diese Kellergasse ist in gutem Zustand und hat schönen, alten Baumbestand.

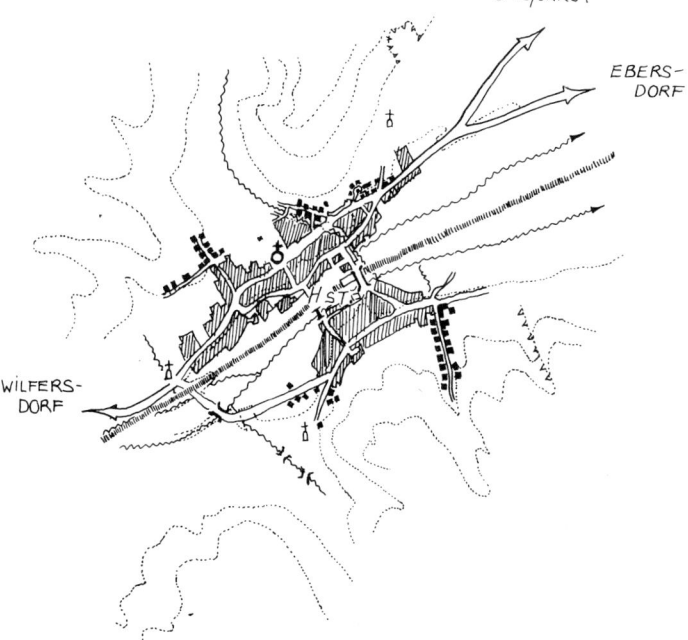

Jährlich findet ein Kellergassenfest statt
Information Gemeindeamt Wilfersdorf; Tel: 025 73/23 66

Ebersdorf an der Zaya
★ ★

Weit außerhalb des Ortes verläuft L-förmig eine reizvolle, lange, einseitige Kellergasse. Zum Teil zwischen Weingärten und einem Akazienwäldchen gelegen, führt sie auf eine Hügelkuppe, von wo sich ein attraktiver Ausblick bietet. Die Preßhäuser sind überwiegend in gutem Zustand. Auf der anderen Seite des Ortes liegt, fast in der Ebene, eine kurze, einseitige Kellergasse ohne Preßhäuser. Ihre zum Teil verfallenden und leerstehenden Keller unter großen Akazien wirken wie kleine „Räuberhöhlen".

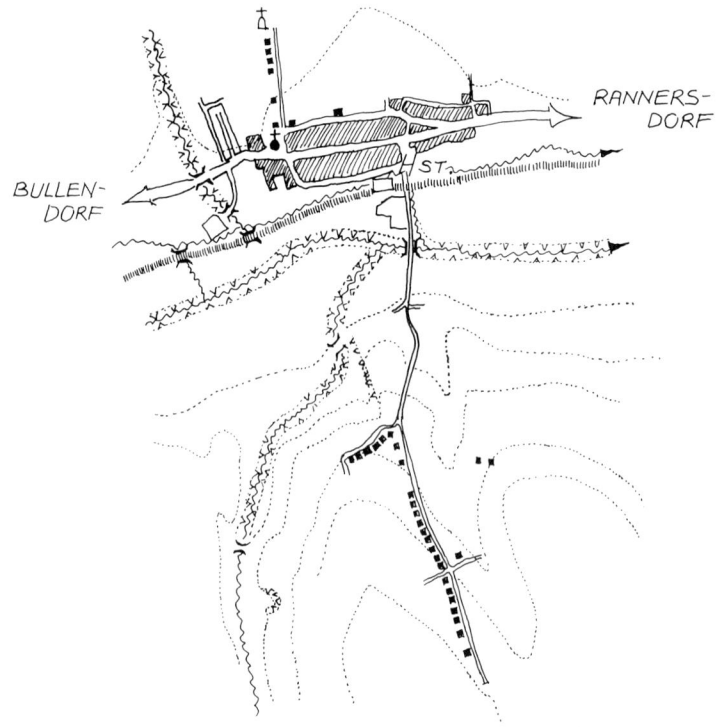

Information: Gemeindeamt Wilfersdorf, Tel. 025 73/23 66

Prinzendorf a. d. Zaya
★

In den „Nußbergen" liegt die zweiseitige Kellergasse, die der Fallinie folgend aus dem Ort hinausführt. Während sie am Beginn noch sehr stark mit Wohnhäusern vermischt ist, entsteht weiter außerhalb der Eindruck einer authentischen Kellergasse.Hier stört dann allerdings die Straße nach Maustrenk/Windisch-Baumgar-

ten. Zwischen dieser Straße und den meist recht gut erhaltenen Preßhäusern befinden sich schmale, stellenweise mit Bäumen bestandene Wiesenplätze. Nicht allzu weit entfernt von der beschriebenen Situation liegt — gut versteckt zur Hälfte im Wald, zur Hälfte freigestellt am Hügel — ein kleiner „zweigeschossiger" Kellerplatz: zwei halbrunde Etagen von Preßhaus-Reihen liegen übereinander. Von ihrer Substanz her recht gut, aber teilweise renovierungsbedürftig, werden diese Kellergebäude heute hauptsächlich als Zweitwohnsitze oder Hobbyweinkeller genutzt.

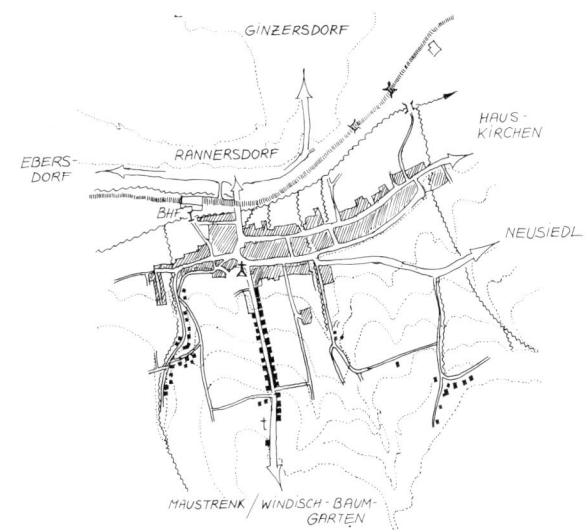

Information: Gemeindeamt Hauskirchen, Tel. 025 33/256
Weinbauobmann: Ludwig Matzka

255

St. Ulrich

★ ★ B Ü

Einseitig bebaut, zieht sich die Kellergasse von St. Ulrich auf der Höhenlinie im weiten Bogen um einen Wiesenplatz und endet bei einem Heurigenbetrieb. Die Kellergebäude sind locker angeordnet und stehen von Bäumen beschattet an der Hangkante. Diese Kelleranlage vermittelt einen sehr ruhigen und beschaulichen Eindruck.

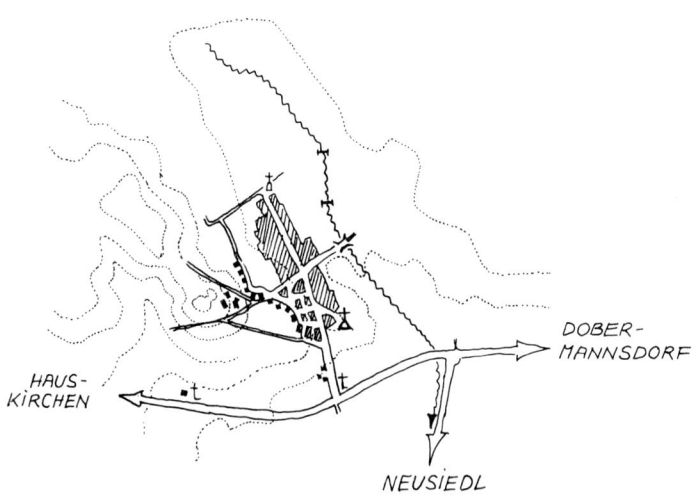

In der Kellergasse befindet sich ein ganzjährig geöffneter Heurigenbetrieb
Information: Gemeindeamt Neusiedl a.d. Zaya, Tel. 025 33/256
Privatzimmer

Dobermannsdorf
★ ★

Am Ortsrand liegt ein mehrfach verzweigtes Kellerviertel, das selbst den Eindruck
eines kleinen „Dorfes"
macht. Zwischen den Kel-
lern und einzelnen Wegen
ergeben sich immer wieder
schöne,platzartige Erweiterungen, teils gepflastert,
teils asphaltiert, teils als
Wiesen belassen. Insgesamt
ist dieser Kellerviertel recht

groß und gut erhalten. In den Weingärten gelegen, verläuft Richtung Haus-
brunn eine weitere Kellergasse mit mehreren kleinen Abzweigungen. Auch
diese Kellergasse ist sehr reizvoll und in gutem Zustand erhalten.

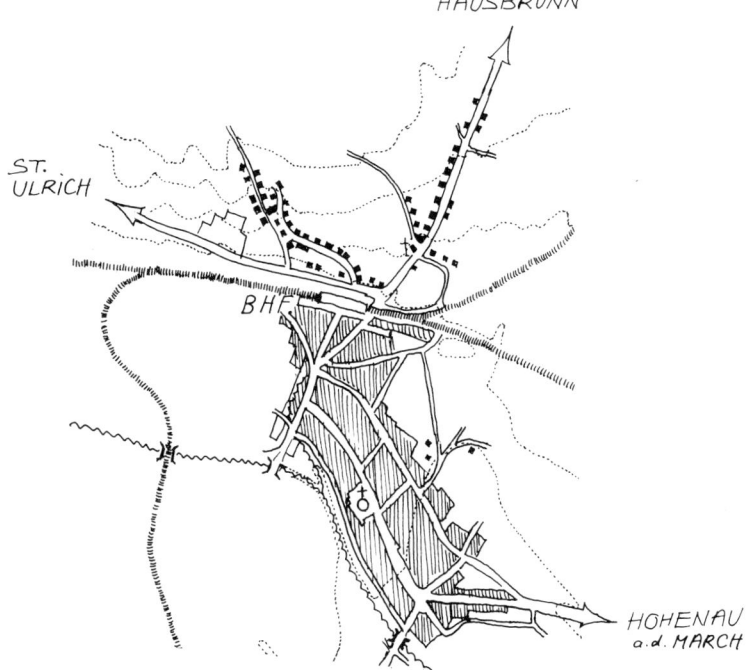

Jährlich findet Ende August ein Kellergassenfest statt
Information: Gemeindeamt Palterndorf; Tel. 025 33/226, 458
Weinbauobmann: Franz Pfarrer

Palterndorf

★ ☆

Mit vielen Einfamilienhäusern vermischt, führt am Ortsrand die Kellergasse einseitig auf einen ursprünglich sehr schönen Kellerplatz von eigenwilliger architektonischer Prägung : Die relativ schmalen Preßhäuser sind bis zu drei Geschoße hoch.

Leider fanden hier Eingriffe statt, die die ursprüngliche Schönheit dieser Anlage nicht eben zu steigern vermochten: So wurde das früher wohl eindrucksvollste Preßhaus für Wohnzwecke umgebaut und dadurch stark verändert. Überdies wird der Kellerplatz durch die Straße nach Zistersdorf zweigeteilt. Da bleibt für den überlebensgroßen „weintrinkenden Seppl" — der auf ein frisch renoviertes Preßhaus aufgemalt wurde — nicht einmal mehr ein müdes Lächeln.

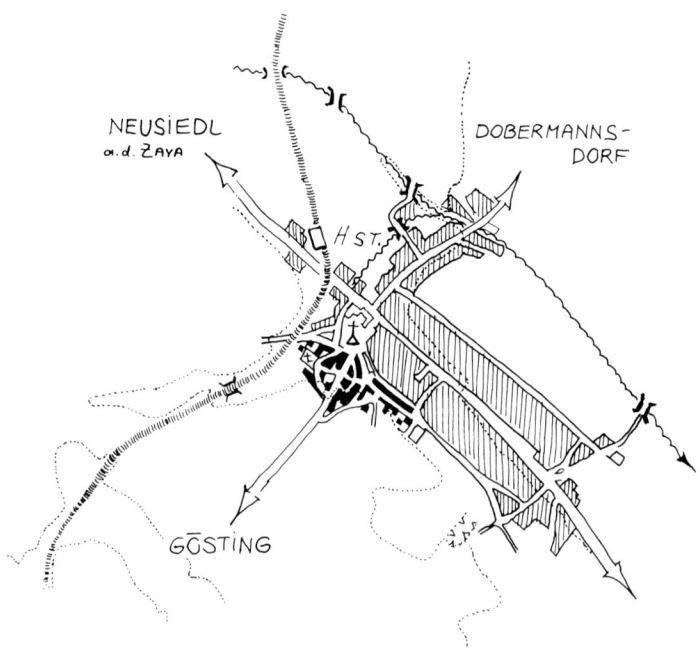

Information: Gemeindeamt Palterndorf, Tel. 025 33/226, 458
Weinbauobmann: Karl Pribitzer
Gasthaus Zayatalerhof

Neusiedl an der Zaya

★ B Ü

In Neusiedl an der Zaya befinden sich manche Kellergebäude und einige recht
nette, kellergassenähnliche
Ensembles im Ortsgebiet
verstreut. Sie sind aber in die
Siedlungsstruktur voll integriert und stellen keinen ge-
trennten Kellerbereich mehr
dar.

Lesemöglichkeit
Information: Gemeindeamt Neusiedl, Tel. 025 33/255
Weinbauobmann: Anton Schweinberger, Neusiedl 106
In den Sommermonaten haben abwechselnd
verschiedene Weinhauer in den Kellergassen „ausg'steckt"
Gasthaus Landstetter

Maustrenk

★ ★ B

Sehr beeindruckend ist das an höchster Stelle über Maustrenk gelegene, recht große, gut erhaltene Kellerviertel.
In einem sanften „Innenbo-gen" stehen hier bunt gefär-belte Preßhausreihen in drei „Etagen" übereinander. Vor und zwischen den einzelnen Kellergebäuden liegen kleine Wiesenplätze mit Bäumen und reichem Blu-menschmuck. Je höher man steigt, desto schöner entwickelt sich der Aus-blick auf die Dachlandschaft des Ortes.

Zwei weitere — allerdings nicht so beeindruckende — gut erhaltene Keller-gassen befinden sich im Ort: die eine verläuft einseitig an der Höhenlinie, die andere, zweiseitig bebaut, in einem Hohlweg.

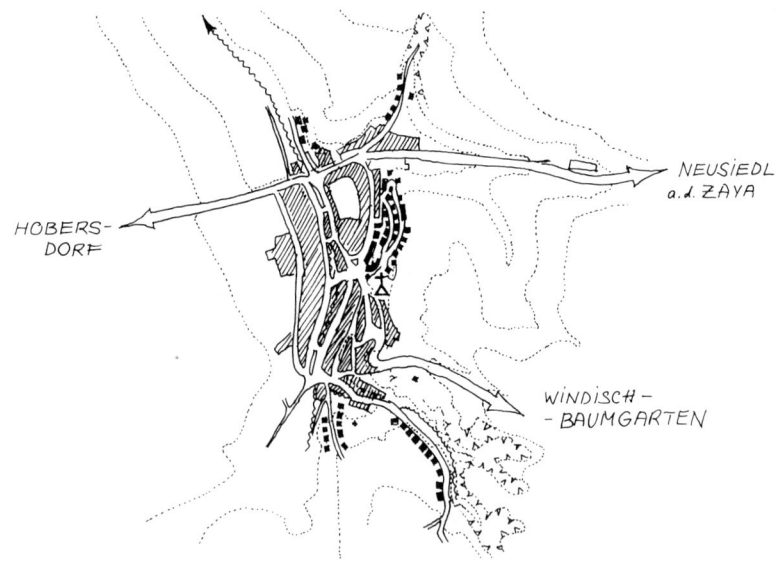

In der Kellergasse wird abwechselnd
von verschiedenen Weinhauern „ausg'steckt".
Information: Stadtamt Zistersdorf, Tel. 025 32/401
Ortsvorsteher: Franz Loibl.

Kettlasbrunn

★ ★ Ü

An der Straße nach Gaisel-
berg steigt, in der Fallinie,
die gut und ursprünglich erhaltene, beidseitig bebaute
Kellergasse an. Gelegentlich
erweitert sie sich zu kleinen,
sehr gepflegten Plätzen.
Die Straße, Peitschenlam-
pen der Straßenbeleuch-
tung, Randsteineinfassun-
gen und natürlich der Verkehr — bringen etwas zuviel
„Leben" in diese Keller-
gasse.

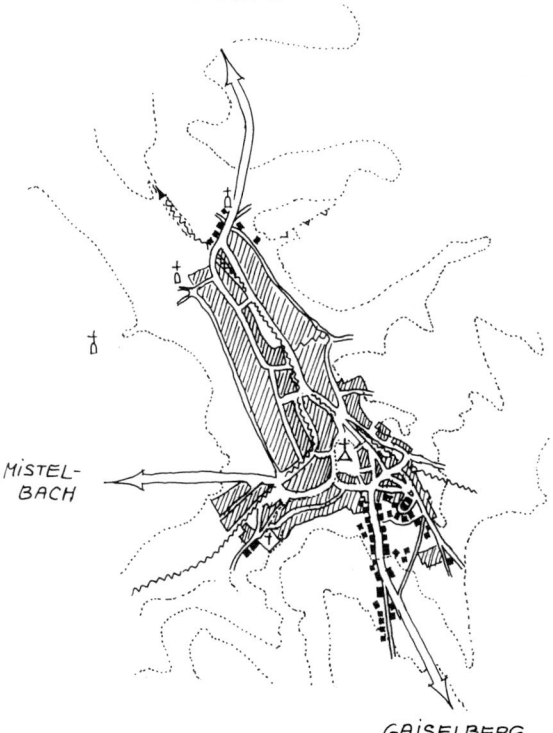

In der Kellergasse werden Buschenschanken betrieben
Information: Stadtamt Mistelbach, Tel. 025 72/25 15

Falkenstein — Poysdorf — Staatz

Hierzu zählen Orte in der Umgebung von Falkenstein, Poysdorf und Staatz — also der Gegend der Kalkklippen. Begrenzt wird das Gebiet im Süden durch das Zayatal, im Norden durch die CSSR — Grenze. Im Osten schliesst das Marchtal und im Westen das Pulkautal an.

Von Wien aus mit dem Auto: Brünnner—Straße — Erdberg ... oder: A-22 Korneuburg — B-6 — Leobendorf — über die Leiser Berge — Hagenberg ...

Von Wien aus mit Bus und Bahn: S-Bahn bis Mistelbach und Buszubringer, oder: direkte Busverbindung von Wien aus.

An der „Veltlinerweinstrasse" Falkenstein liegen folgende Orte:

Erdberg — Wetzelsdorf — Poysdorf — Klein Hadersdorf — Poysbrunn — Falkenstein — Schrattenberg — Herrnbaumgarten— Ketzelsdorf — Großkrut — Altlichtenwarth

Erdberg

Am Ortsrand befindet sich an einem sanften Hang ein an sich recht netter kleiner Kellerplatz, der aber leider fast schon zu Tode gepflegt wurde. Preßhäuser, die zum Teil zu Zweitwohnsitzen umgebaut wurden, sind zwar sehr gut erhalten, doch der kleine, baumbestandene Platz in der Mitte wurde in einer für Kellergassen untypischen Weise bepflanzt und mit „städtischem Mobiliar" wie Blumentrögen und Straßenlampen versehen.

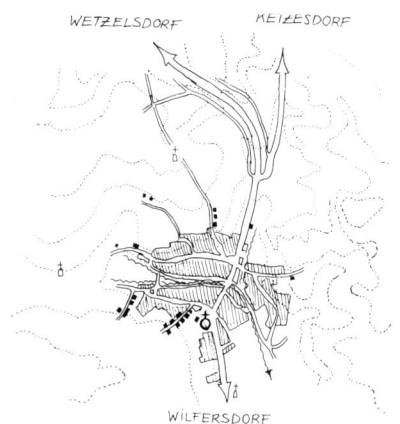

Eine weitere, verlassen wirkende, beidseitig mit Gebäuden bestandene Kellergasse folgt einem kleinen Schotterweg, der aus dem Ort hinaus und auf den Hang führt.

Information:
Stadtamt Poysdorf,
Telefon 025 52/22 52, 22 00

Wetzelsdorf
★ ★

Beidseits der gepflasterten Straße nach Eibesthal führt die geschlossene Kellergasse leicht ansteigend auf die Hügelkuppe.
Mit ihren relativ kleinen Preßhäusern ist sie eine der wenigen guten „steinernen" Kellergassen, die unwillkürlich einen liebenswert „südlichen" und beinahe städtischen Eindruck machen. Die Preßhäuser sind noch recht ursprünglich, doch in keinem besonders guten Bauzustand erhalten.

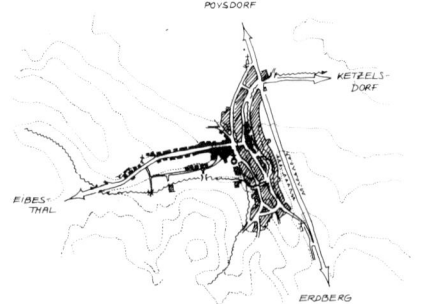

Parallel zu dieser Kellergasse verläuft, etwas tiefer liegend, eine zweite, kürzere. Hier wurden allerdings schon einige Veränderungen vorgenommen und manche Wohnhäuser errichtet.

Information: Stadtamt Poysdorf, Telefon 025 52/22 52, 22 00

Poysdorf
★ ★ ★ Ü

In einem schattigen, gepflasterten Hohlweg führt die
zweiseitige Kellergasse auf
die Kuppe eines Weinber-
ges. Nicht nur einfache Kellereingänge sondern auch
Preßhäuser wurden hier direkt in den senkrechten Löß-
wänden errichtet. Wie strup-
pige Haarschöpfe wirken die
Sträucher, die von oben über
die Kellerfassaden hängen.
Rings um die Kirche befinden sich einige, z.T. sehr große Keller und Preßhäuser mit Buschenschanken, die sogenannte „Kellerg'stetten".
Im und um den Ort herum gibt es noch eine Reihe weiterer Keller und mehr
oder weniger kurze Kellergassenteile.
In den Kellergassen befinden sich mehrere Heurigen-und Buschenschankbetriebe.

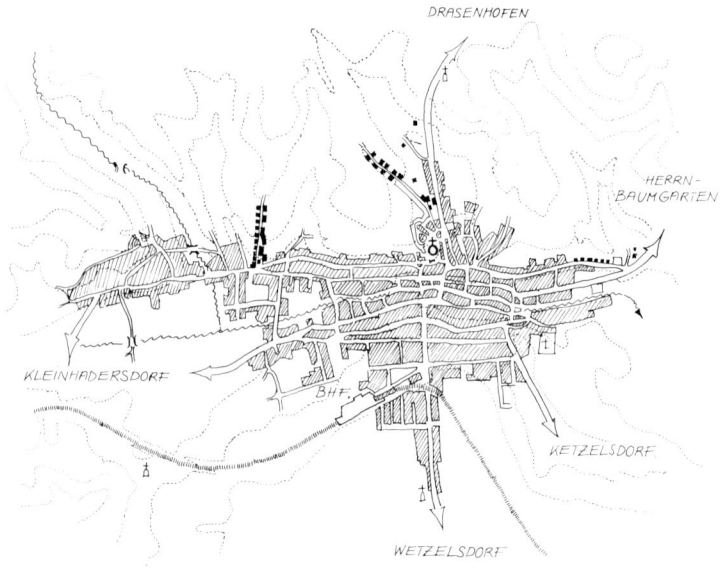

Information: Stadtamt Poysdorf, Telefon 025 52/22 52, 22 00
Hotel Gangl
Museum der Stadt Poysdorf: Reichhaltige Sammlung zur Geschichte und
Entwicklung der Stadt, Kultur- und Frühgeschichte, sowie Weinbau.
Adresse: Ehemaliges Bürgerspital, Brünnerstraße 9, 2170 Poysdorf

Wilhelmsdorf
★ ★ ★

Einen tief eingeschnittenen, schmalen, gepflasterten Hohlweg säumen beidseits geschlossene Reihen von Kellergebäuden. Vor allem im oberen Teil der Keller-gasse sind nicht nur einfache Kellereingänge, sondern auch Preßhäuser direkt in den Hang gebaut, sodaß die Kellergasse nur aus den „flachen" Fassaden der Preß-

häuser zu bestehen scheint, was ihr einen eigenartig „zweidimensionalen" Charakter gibt. Mancher Keller wird von langästigem Bocksdorn (auch „Teufelszwirn" genannt) überwuchert — man assoziiert „Struwel-Peter". Im unteren Teil wurden einige Wohnhäuser errichtet und ansonsten nur geringfügige Veränderungen vorgenommen.

Information: Stadtamt Poysdorf, Telefon 025 52/22 52, 22 00

Kleinhadersdorf

★ ★

Die großteils einseitige und geschlossene, sehr reizvolle Kellergasse macht mit ihren kurzen Verzweigungen und den drei kleinen Plätzen fast den Eindruck eines Kellerviertels. Interessant ist hier, neben der sonst nicht üblichen Holzvertäfelung der „Kerndlspeicher", der auffallend starke Wechsel von Trauf- und Giebelstellung der Preßhäuser, die großteils in gutem Zustand und z.T. auch frisch „geweissingt" sind.

Eine weitere, zweiseitige und geschlossene Kellergasse liegt jenseits der Bahn. Hier sind die Preßhäuser etwas größer als in der erstgenannten, mehrere, wenn auch geringfügige Veränderungen wurden hier bereits vorgenommen. Etwas abseits davon liegt noch ein weiterer kurzer „Kellergassenteil".

Jährlich findet im August ein Kellergassenfest statt.

Information: Stadtamt Poysdorf, Telefon 025 52/22 52, 22 00
Hotel Sauberer

Föllim
★ ★

Zweiseitig an einem steilen Weg verläuft die schattige und bereits verfallende Kellergasse. Zwar sind einige Preßhäuser neu renoviert, doch trotzdem wirkt die Kellergasse mit ihren vielen leeren, dem Verfall preisgegebenen Kellern verlassen und wild-romantisch. Jährlich findet im August ein Kellergassenfest statt.

Information: Stadtamt Poysdorf, Telefon 025 52/22 52, 22 00

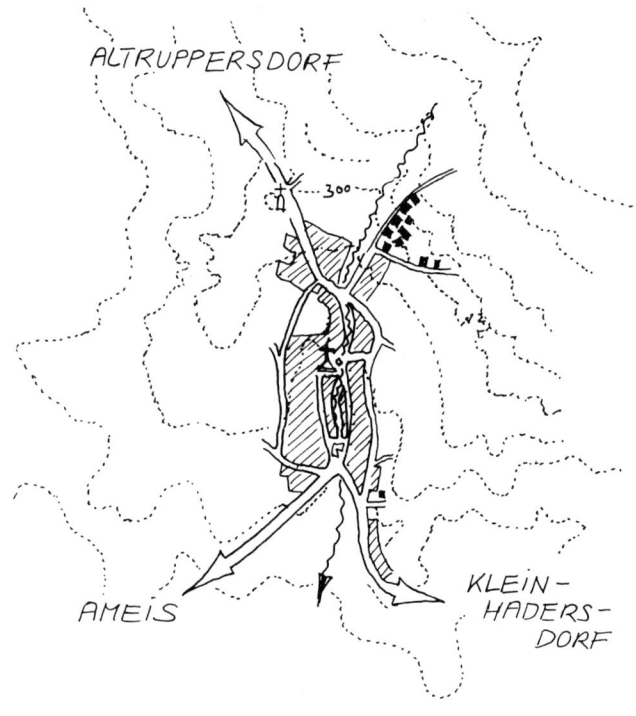

Altruppersdorf
★

Gemischt mit Wohnhäusern von Altruppersdorfern und Zweitwohn-Wienern, verläuft die Kellergasse zweiseitig in der Fallinie. Obwohl noch einige sehr schöne Keller, bzw. Preßhäuser existieren, wirkt diese Kellergasse doch schon sehr verfremdet. Eine weitere, schattige Kellergasse befindet sich am sogenannten „Kellerberg". Hier ist der Zustand der Gebäude recht gut, einige wurden neu errichtet, andere z. T. sehr liebevoll renoviert. Leider befindet sich in unmittelbarer Nähe des „Kellerberges" eine Bauschuttdeponie.

Übertrieben städtisch wirken auch die in beiden Kellergassen vorgenommenen Einfassungen der kleinen Wiesenplätze mit Randsteinen.

Information: Stadtamt Poysdorf, Telefon 02552/2252, 2200

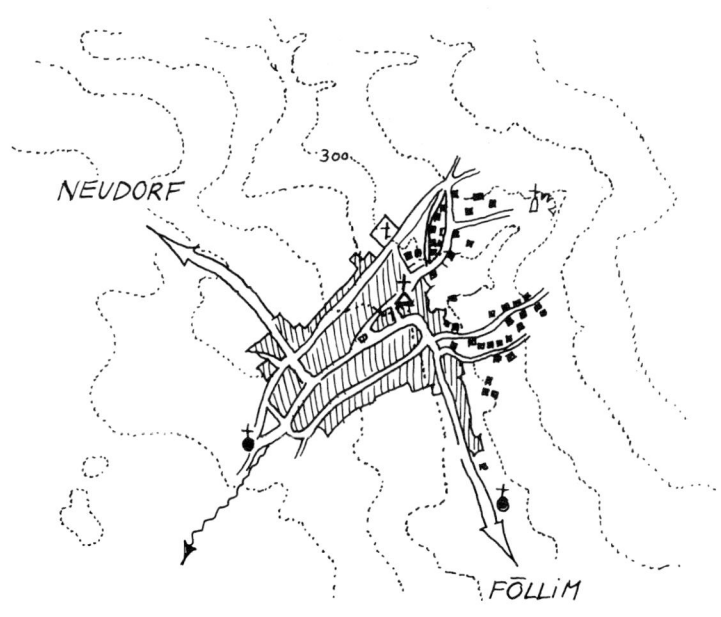

Ameis

◆

Außerhalb des Ortes liegt am „Rosengrund" und der „Lehmgstätten", halb im Akazienwald, der neben Wildendürnbach wahrscheinlich schönste „Kellerberg" des Weinviertels. Nahezu alle Preßhäuser sind „geweissingt", gut erhalten, sehr gefühlvoll und ursprünglich renoviert. Die ganze Anlage ist außerordentlich reizvoll, sehr lieblich gelegen und bietet einen schönen Ausblick. Unverständlicherweise befindet sich in unmittelbarer Nähe des Kellerberges die Mülldeponie Ameis, errichtet vom Umweltamt der Niederösterreichischen Landesregierung. Warum eine der schönsten Kellergassenanlagen in Niederösterreich ein derartig unglückliches Entree verpaßt bekommt, ist eines der vielen ungelösten Rätsel der Raumplanung. Einer der unbestrittenen Vorteile dieser Kombination liegt darin, daß es nun auch dem Ortsunkundigen sehr leicht fällt, den doch recht weit außerhalb des Ortes gelegenen Kellerberg zu finden. „Folgen Sie nur den grün-weißen Hinweisschildern des Umweltamtes der Nö. Lreg. zur Mülldeponie Ameis — etwa 200 Meter hinter der Deponie liegt der ‚Rosengrund'."

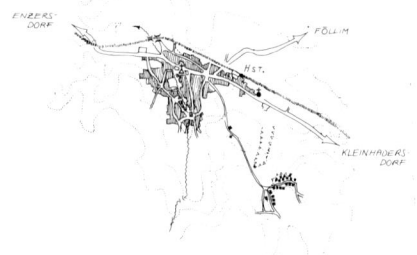

Lesemöglichkeit
Jährlich findet an Pfingsten
ein Kellerfest statt.
Am Kellerberg wird
abwechselnd von
verschiedenen Weinhauern
ausg'steckt.
Information:
Gemeindeamt Staatz,
Telefon 025 24/22 12
Ortsvorsteher:
Johann Steyrer, Ameis 56

Enzersdorf bei Staatz
★ ★

Großteils einseitig, zieht sich die relativ lange, teilweise geschlossene und schattige Kellergasse auf eine Hangkuppe. Von den zwischen Akazien, neben Feldern und Weingärten gelegenen Preßhäusern sind manche renovierungsbedürftig.
Eine weitere kurze Kellergasse verläuft ebenfalls einseitig, etwas abgerückt von der Straße nach Waltersdorf, an der Höhenlinie.

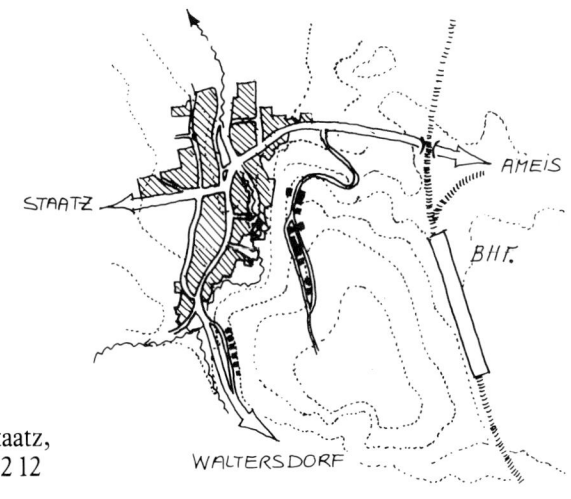

Information:
Gemeindeamt Staatz,
Telefon 025 24/22 12

Waltersdorf bei Staatz

Weit außerhalb des Ortes, jenseits der Bahnlinie, findet man die einseitige, z. T. geschlossene Kellerreihe. Einige Keller bzw. Preßhäuser stehen leer, bei vielen alten Kellern bröckelt der Putz, sodaß die Kellergasse zur Gänze vernachlässigt wirkt.

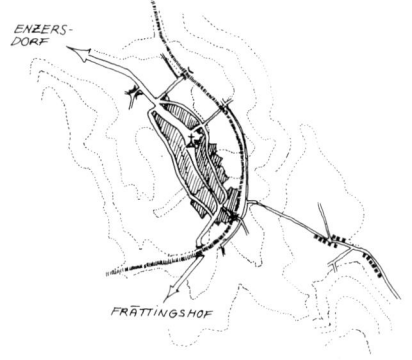

Information:
Gemeindeamt Staatz,
Telefon 025 24/22 12

Fallbach
★ ★ ★

Aus dem Ort hinaus führt beidseits eines mit Bäumen bestandenen Grabens die breite und sehr reizvolle Kellergasse. Ihre Preßhäuser sind großteils in gutem Zustand und die Anlage wirkt insgesamt sehr gepflegt. Eine zweite geschlossene Kellergasse verläuft einseitig, an der Straße nach Hagendorf, teilweise im „Hintaus".

Jährlich findet im August ein Feuerwehrfest in der Kellergasse statt.
Information: Gemeindeamt Fallbach, Telefon 025 24/84 66

Ungerndorf

B

Aus dem Ort hinaus führt
die einseitige Kellergasse mit
einigen ganz netten Preß-
häusern. Durch eine Birken-
allee ist die Kellergasse von
der Straße nach Fallbach
leicht abgetrennt.

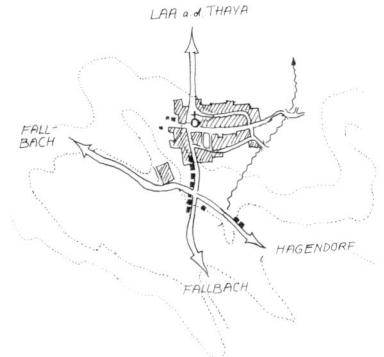

In der Kellergasse wird in
den Sommermonaten ein
Buschenschank betrieben.
Information: Stadtamt Laa an der Thaya, Telefon 025 22/501

Wultendorf

★ ★ ★ Ü

An der leicht ansteigenden
Straße nach Kottingneusiedl
verläuft in weitem Bogen die
schöne, sehr lange Kellergasse, die links und rechts
mit geschlossenen Kellerreihen bebaut ist. Von ihr führen drei kurze Abzweigun-
gen, an denen sich kleine
Plätze ergeben, weg. Die
recht großen Preßhäuser
sind in gutem Zustand; alles
wirkt intakt und sehr ge-
pflegt.

Information: Gemeindeamt Staatz, Telefon 025 24/22 12
Hotel Auhof

Staatz

Vermischt mit Wohngebäu-
den verläuft in diesem, am
Fuß der überaus reizvollen
Staatzer Klippe gelegenen
Ort eine kurze, „adrette"
und gut erhaltene Keller-
gasse — leider ohne jegliche
Ausstrahlung.

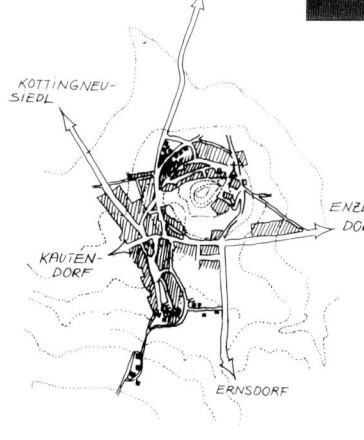

Lesemöglichkeit
Information:
Gemeindeamt Staatz,
Telefon 025 24/22 12

Neudorf bei Staatz

Ü

Am Ortsrand liegt ein relativ
großes und z. T. schon stark
verändertes Kellerviertel.
Einige Keller bzw. Preßhäuser sind bereits verfallen, andere gut erhalten und renoviert. Da der Weinbau hier
nur mehr eine sehr geringe
Bedeutung hat, sind viele
Preßhäuser als „Kellerstüberl" oder „Zweitwohnsitz"
umgebaut oder dienen als
„Hobbyweinkeller".

Jährlich findet im August in der Kellergasse ein Fest des Fußballvereines statt.

Information: Gemeindeamt Neudorf, Telefon 025 23/312
Gasthaus Kastner

Zlabern
★ ★ B

Relativ weit außerhalb des Ortes versteckt sich an einem Hügel unter Bäumen ein schattiges Kellerviertel, dessen Preßhäuser sich in recht gutem Zustand befinden oder gerade renoviert werden. Etwas abseits davon verlaufen zwei einseitige, ebenfalls gut erhaltene kurze Kellergassenfragmente.

Jährlich findet im Juni ein Kellergassenfest statt.
In der Kellergasse wird abwechselnd von
mehreren Weinhauern „aus'gsteckt".
Information: Gemeindeamt Neudorf bei Staatz, Telefon 025 23/314

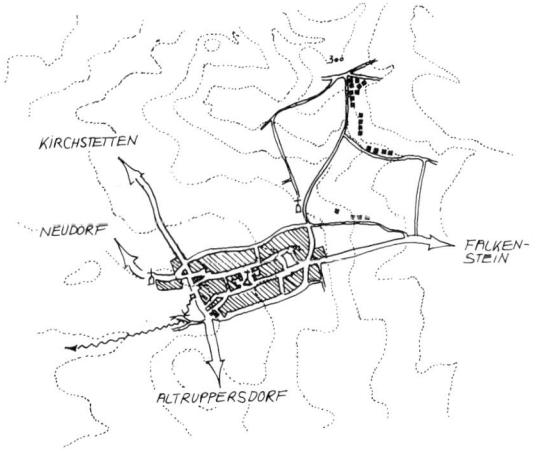

Wildendürnbach

Weit außerhalb des Ortes liegt rings um den „Galgenberg" eine der schönsten Kelleranlagen Niederösterreichs. Nahezu horizontal „ziehen" die Preßhäuser die „Höhenlinien" um den weinbestockten Hügel in zwei bis drei Reihen bandförmig nach.
Die Preßhäuser — überwiegend in gutem Zustand —

zeigen mit ihren weit vorspringenden Vordächern eine charakteristische Wildendürnbacher Eigenheit. Zwar wurden auch hier manche Veränderungen vorgenommen, sie konnten aber bislang das überaus beeindruckende kompakte Gesamtbild nicht nachhaltig stören. Vor, zwischen, auf und über den Kellern ergeben sich immer wieder ungemein reizvolle Ausblicke auf die liebliche Landschaft. Insbesondere der Blick auf eine kleine Gruppe von Preßhäusern am gegenüberliegenden Hügel ist bezaubernd.

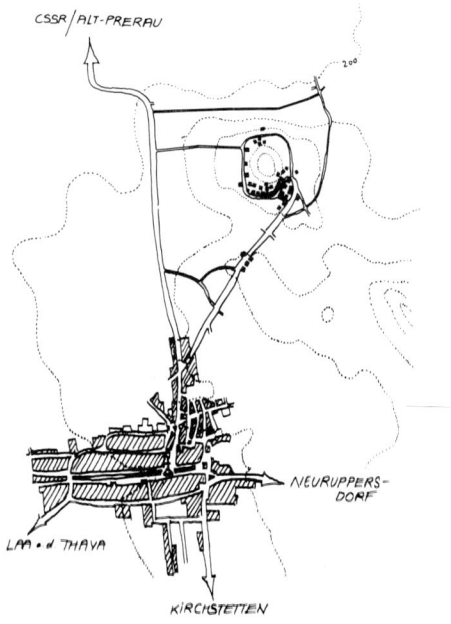

Nach Voranmeldung sind Kellerführungen möglich.
Information:
Gemeindeamt Wildendürnbach,
Telefon 025 23/252
Weinbauobmann:
Johann Rindhauser,
Wildendürnbach 62

Neuruppersdorf
★

Zum Teil im „Hintaus", verläuft, mehrfach verzweigt, die recht ursprüngliche und sehr schöne Kellergasse einseitig an der Höhenlinie, über dem in einer Mulde gelegenen Ort. Von hier aus bietet sich ein wunderbarer Blick zur Staatzer Klippe.

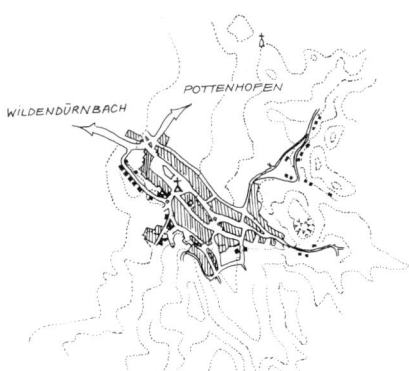

Nach Voranmeldung sind Kellerführungen möglich.
Information:
Gemeindeamt Wildendürnbach,
Telefon 025 23/252
Weinbauobmann:
Josef Weinmann,
Neuruppersdorf 35

Pottenhofen
★ ★ ★

Am Hügel und teilweise schattig im Wald liegt der sehr reizvolle, große, gelegentlich auch recht steile Pottenhofener Kellerberg. Die großen Preßhäuser sind meist in Reihen aneinandergebaut und befinden sich in gutem Zustand. Durch die Lage im kupierten Gelände unter Bäumen tauchen immer wieder unvermutet neue Abzweigungen und weitere Keller auf.

Nach Voranmeldung sind Kellerführungen möglich.
Information: Gemeindeamt Wildendürnbach, Telefon 025 23/252
Weinbauobmann: Ernst Walther

Ottenthal

★ ★ ★ Ü

Ein Stück außerhalb des Ortes liegt, in einem Wald gut versteckt, ein kleines, sehr nettes „Kellerviertel".

Nach Voranmeldung sind Kellerführungen möglich.
Information: Gemeindeamt Ottenthal, Telefon 025 52/81 81
Gasthof Schimpf

Falkenstein

★ ★ ★ B Ü

Die bekannte, sehr gut reno- vierte Kellergasse von Fal- kenstein verläuft zweiseitig und geschlossen um einen angerförmigen Platz, in des- sen Mitte sich — eigenarti- gerweise — ein, allerdings schon vor rund sechzig Jah- ren errichteter, Kindergar- ten befindet. Nach Aussagen von Einheimischen hat diese Standortwahl in einem tradi-

tionellen Weinort wie Falkenstein einen tieferen Grund. Doch trotz des et- was befremdlichen Bauwerks an dieser Stelle ist die Falkensteiner Keller- gasse sehr schön und eindrucksvoll. Neben all den Weinkellern findet man hier überdies ein Kellermuseum und einen Vinothekenkeller.

Abgesehen von dieser bekannten Kellergasse gibt es in Falkenstein noch weitere, mehr oder weniger kurze bzw. ursprünglich erhaltene Kellergas- sen.

Nach Voranmeldung sind Kellerführungen möglich.
In der Kellergasse befinden sich ein Weinbaumuseum und ein Vinotheken- keller. Jährlich finden in der Kellergasse Veranstaltungen statt.
In der Kellergasse wird abwechselnd von verschiedenen Weinhauern „ausg'steckt".

Information:
Gemeindeamt Falkenstein,
Telefon 025 54/340
Weinbauobmann:
Richard Luckner
In Falkenstein gibt es einen
Gastbetrieb mit
Fremdenzimmern

Poysbrunn
★ ★ ★

Am recht steilen Weg zum Schloß verläuft als Vis-à-vis der Schloßmauer eine sehr eindrucksvolle Kellerreihe, deren Preßhäuser freistehen und sich in gutem Zustand befinden. Zwischen den Kellergebäuden wachsen große alte Kastanienbäume. Sie und die Nähe zum Schloß verleihen dieser Kellergasse ein geradezu herrschaftliches Flair. Weniger eindrucksvoll und schattig verläuft eine weitere Kellergasse zweiseitig in der Fallinie auf der anderen Seite des Schloßparks.

Information: Stadtamt Poysdorf, Telefon 025 52/22 52, 22 00

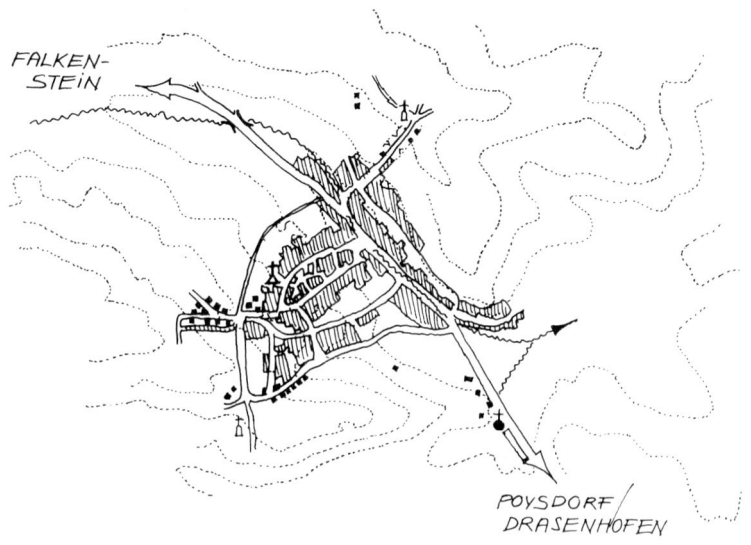

Herrnbaumbarten

★ ★ Ü

Gut versteckt schlängelt sich die zweiseitige Kellergasse unter großen Bäu-
men einen Hügel hinauf.
Die meisten Keller haben extra Kellerstökln; einige der Kellereingänge sind
bereits stark zugewachsen.
Lesemöglichkeit
Nach Voranmeldung sind Kellerführungen möglich.
Jährlich findet im Juni ein Kellergassenfest statt.
Information: Gemeindeamt Herrnbaumgarten, Telefon 025 55/22 00
Weinbauobmann: Gottfried Kandiolla, Hauptstraße 109
Privatzimmer

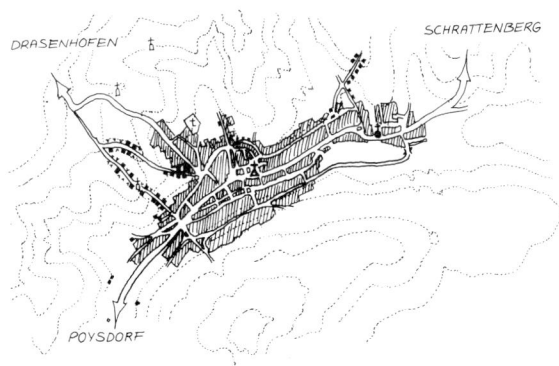

Schrattenberg

★ ☆

Große Teile des Ortsbildes von Schrattenberg werden durch ein ausgedehntes, am steilen Hang gelegenes „Kellerviertel", das sich im Anschluß daran noch weiter an der Straße nach Herrnbaumgarten hinzieht, geprägt. Interessant ist hier die anscheinend vorsätzliche Lieblosigkeit, mit der dieses Kellerviertel und die Keller-

gassen umgebaut und „modernisiert" wurden: Manche Preßhäuser wurden auf das Zwei- bis Dreifache ihrer ursprünglichen Größe „aufgeblasen" und mit einem flachen (Welleternit-)Deckel geschlossen. Gleichzeitig damit hat sich die ehemalige Preßhaustür zum Riesengaragentor ausgewachsen.

Manche Preßhäuser wurden in — nicht weniger beeindruckende — Gast- und Heurigenbetriebe oder Wohngebäude umgebaut. Nach dem Motto: „Alles was ein Dach, ein Tor und ein Loch zum Raus- und Reinschauen hat, ist ein Haus" — wurde hier bereits im Ansatz (vielleicht sogar einem, dem Außenstehenden unbekannten Schwur Folge leistend) auf jegliche Schnörkel verzichtet. Wenn es ein Ende der Welt gibt, dann hat Schrattenberg das Kellerviertel dazu.

Trotzdem — oder gerade deshalb — ist es sehr eindrucksvoll und übt einen besonderen Reiz aus: ein Kellerviertel für Wim Wenders.

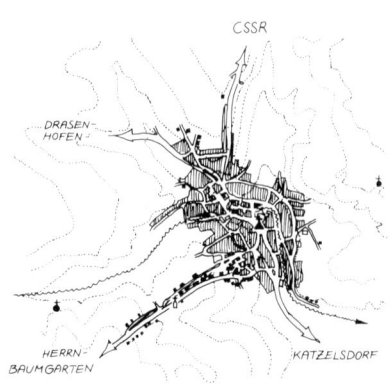

Lesemöglichkeit
Nach Voranmeldung sind Kellerführungen möglich
In der Kellergasse sind zwei Heurigen- bzw. Buschenschankbetriebe ganzjährig geöffnet.
Information:
Gemeindeamt Schrattenberg,
Telefon 025 55/23 45
Weinbauobmann:
Johann Ipsmiller,
Schrattenberg 13

Altlichtenwarth
★ ★ ★

Terrassenförmig baut sich der teils schattige, teils sonnige, überaus sehenswerte Kellerberg — der „Silberberg" — auf. Durch die Art der Anlage ergeben sich immer wieder reizvolle Plätze oder Durchgänge. Von hier aus bietet sich auch ein attraktiver Ausblick auf die Dachlandschaft von Altlichtenwarth und die umliegenden Weinberge.

Ein weiterer — ehemaliger — Kellerberg ist heute durch Wohnbauten stark überformt und hat nur mehr wenige, wenn auch recht schöne Kellerensembles.

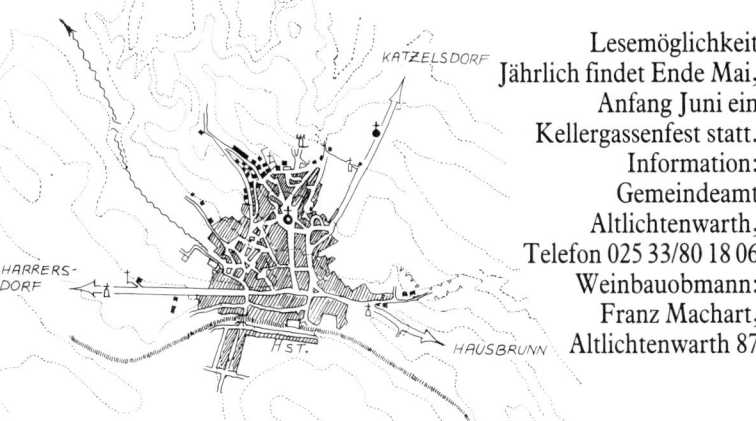

Lesemöglichkeit
Jährlich findet Ende Mai, Anfang Juni ein Kellergassenfest statt.
Information:
Gemeindeamt Altlichtenwarth,
Telefon 025 33/80 18 06
Weinbauobmann:
Franz Machart,
Altlichtenwarth 87

Althöflein

Aus dem Ort kommend, führt die Kellergasse auf ein Plateau zur Kirche. Vor den Kellergebäuden, die zum Teil über keine Preßhäuser verfügen, liegen kleine baumbestandene Wiesenplätze, die im Spiel von Licht und Schatten sehr reizvoll wirken.
Lesemöglichkeit
Nach Voranmeldung sind Kellerführungen möglich
Information: Gemeindeamt Großkrut, Tel. 025 56/200
Weinbauobmann: Gerhard Romsdorfer, Ginzersdorf 88

Ginzersdorf
★ ★

Weit außerhalb des Ortes
verläuft an der Straße nach
Rannersdorf die sehr schön
in der Landschaft gelegene
Kellergasse. Eine weitere,
zweiseitige Kellergasse liegt
nicht weit entfernt, parallel
zur ersten, ebenfalls in den
Weingärten.

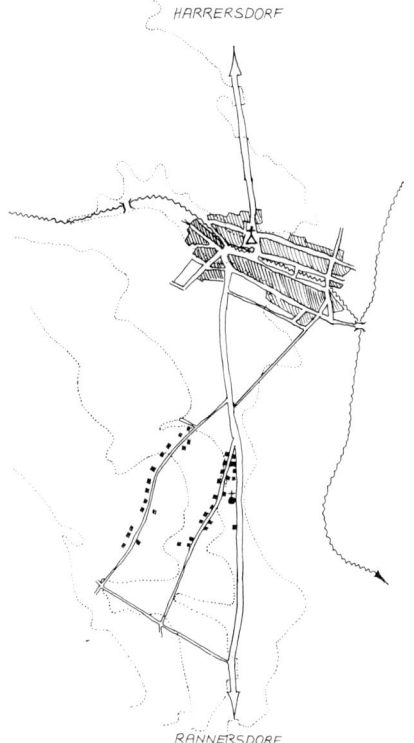

Lesemöglichkeit
Nach Voranmeldung sind
Kellerführungen möglich
Information:
Gemeindeamt Großkrut,
Telefon 025 56/200
Weinbauobmann:
Gerhard Romsdorfer,
Ginzersdorf 88

Großkrut

★ ★ ★ B Ü

Oberhalb des Friedhofes liegt am Hang ein reizvolles Kellerviertel, das allerdings durch einen, an der Kuppe des Hügels gelegenen, ehemaligen Bauhof und Schrottplatz gestört wird. Viele der Preßhäuser sind sehr groß und eindrucksvoll, wenn auch nicht mehr in bestem Zustand. Interessant sind hier die, sonst kaum üblichen, „Spannvorrichtungen" an den Preßhäusern: Bei einem großen Teil der kleineren Preßhäuser werden die tragenden horizontalen Balken mit an der Außenwand angebrachten Eisenringen oder -platten verankert.

Lesemöglichkeit
Nach Voranmeldung sind
Kellerführungen möglich
Jährlich findet im
September ein
Kellergassenfest statt.
In der Kellergasse wird
abwechselnd von mehreren
Weinhauern „ausgesteckt"
Information:
Gemeindeamt Großkrut,
Telefon 025 56/200
Weinbauobmann:
Gerhard Romsdorfer,
Ginzersdorf 88
Gasthaus Schwing

Harrersdorf

An der Straße nach Reinthal verläuft die lange, zweiseitige, ehemalige Kellergasse, die heute, von Wohnhäusern dominiert, zum bandförmigen Siedlungsteil geworden ist.

Walterskirchen
★ ★

Drei Kellergassen, die fast einen Ring bilden, gibt es in Walterskirchen: Folgt man der leicht ansteigenden Straße nach Herrnbaumgarten, so findet man eine beidseitig bebaute Kellergasse. Zwischen der Straße und den Kellergebäuden liegt ein breiter Grünstreifen. Von hier zweigt ein Weg, den eine Kellerreihe begleitet, ab. Schließlich stößt man — im rechten Winkel — auf einen Weg, der in der Fallinie wieder nach unten, in den Ort zurückführt und auf einer Seite von Kellern gesäumt ist. Die Preßhäuser sind in gutem Zustand und meist in geschlossenen Reihen angeordnet.

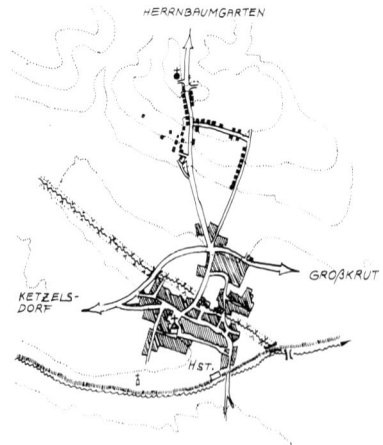

Information:
Stadtamt Poysdorf,
Telefon 025 52/22 00, 22 52

Ketzelsdorf

★ ★ ★

An der Straße nach Erdberg verläuft teils ein-, teils zweiseitig die geschlossene Kellergasse. Hiervon zweigt ein langgezogener, sehr attraktiver Ast ab und verläuft einseitig an der Höhenlinie in reizvoller Lage. Die Preßhäuser sind relativ groß und gut erhalten. Vor und zwischen ihnen liegen, mit Nußbäumen überschirmte, kleine Plätze. Die Kellergasse wirkt sehr sonnig und bietet einen schönen Blick über die Weingärten auf den Ort.
Information: Stadtamt Poysdorf, Telefon 025 52/22 52, 22 00

Frättingsdorf

In der Fallinie verläuft, zweiseitig, eine ganz kurze Kellergasse.
Eine weitere, ebenso kurze Kellergasse liegt am Ortsrand in einem schattigen, tiefen Hohlweg.

Hagenberg

An der Straße nach Frättingsdorf stehen auf der einen Seite Wohngebäude, auf der anderen Preßhäuser in der einseitigen, mit Wohnhäusern bereits stark gemischten Kellerreihe.
Information: Gemeindeamt Fallbach, Telefon 025 24/84 66

Loosdorf

Einseitig an der Höhenlinie verläuft am Ortseingang eine sehr kurze, aber ganz nette Kellergasse.
Information: Gemeindeamt Fallbach, Telefon 025 24/84 66

Marchfeld—nördlich des Matzner Waldes—Tal der March

Orte des Marchfeldes, der Umgebung des Matzner Waldes und im Tal der March zählen zu diesem Gebiet. Im Westen schließt die Region „Brünner-Straße" und nördlich das „Zayatal" an.

Von Wien aus mit dem Auto:
Auf der B 7 (Brünnerstr.) bis Eibesbrunn/Pillichsdorf... oder auf der B 8 über Deutsch-Wagram, Gänserndorf/Mannersdorf...
Von Wien aus mit Bahn + Bus:
An der S-Bahn-Strecke Richtung „Mistelbach" liegt Pillichsdorf.

An der „Veltliner Weinstraße" (Bereich Matzen-Bisamberg) liegen folgende Orte:

Hohenruppersdorf, Spannberg, Erdpreß, Velm-Götzendorf, Waidendorf, Dürnkrut, Ebenthal, Stillfried/Grub, Mannersdorf, Ollersdorf, Prottes, Matzen, Auersthal, Blockfließ, Großengersdorf, Pillichsdorf

Pillichsdorf

★ ★ ★  B

Direkt im Anschluß ans Ortsgebiet, an den sonnigen Südhängen der „Weberberge" bzw. des „Hochleithener Waldes", breiten sich die sehr umfangreichen Pillichsdorfer Kellergassen aus.

Am wichtigsten ist wohl die in der Fallinie verlaufende, von zwei Straßen mit Grünflächen in der Mitte erschlossene Kellergasse, von der weitere kleinere Kellergassen abzweigen. Der Weinbau spielt in Pillichsdorf auch heute noch eine bedeutende Role, und entsprechend belebt, zum Teil verändert, mit Buschenschank und Heurigenbetrieb ausgestattet, aber auch gepflegt, sind die großen Preßhäuser — die hier — wie auch in den Nachbargemeinden — eine Besonderheit in der Ausbildung ihrer Kellertür aufweisen:

Zweigeteilt, wie die meisten anderen Kellertüren auch, sind die beiden Hälften unterschiedlich ausgestattet. Während die eine „dicht" ist, dient die andere der Kellerbelüftung und erinnert an einen Lattenzaun, der je nach handwerklichem Geschick, mehr oder weniger aufwendig ausgestaltet ist.

Lesemöglichkeit
Nach Voranmeldung sind Kellerführungen möglich
Jährlich findet im Frühjahr ein Kellergassenfest statt.
In den Kellergassen wird abwechselnd von mehreren Weinhauern „ausg'steckt"
Information: Gemeindeamt Pillichsdorf, Telefon 022 45/24 41
Weinbauobmann: Johann Schamböck, Wienerstraße 11

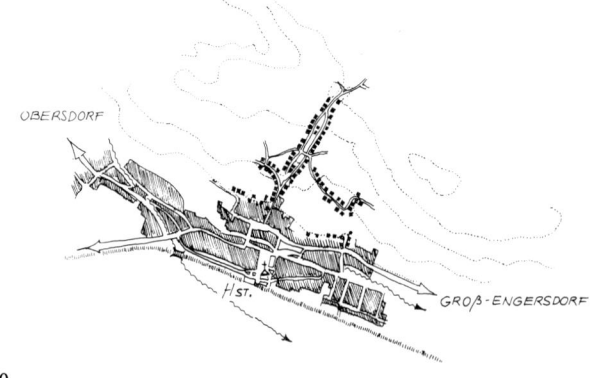

Groß-Engersdorf

★ ★ ★ B

„Am Stallberg", den süd-exponierten Hängen am Rande
von Groß-Engersdorf, zie-
hen sich einige Kellergassen
hin und bilden drei Schwer-
punkte: eine kleine, zweiseitige Kellergasse liegt im
Hohlweg nahe der Ausfahrt
nach Bockflies. Hier sind
auch recht stattliche Preßhäuser direkt an der Hauptstraße angesiedelt.

Etwa einen Kilometer lang ist die Reihe von Kellergebäuden und Preßhäusern, die sich einseitig horizontal entlang eines Weges am Siedlungsrand
zwischen der vorgenannten Kellergasse und dem am anderen Ende der Ortschaft gelegenen, äußerst dichten Kellerviertel erstreckt.

Überaus reizvolle Situationen ergeben sich in der Fülle von Preßhäusern,
Durchgängen, Abzweigungen und Wiesenplätzen in diesem Kellerviertel.

Obwohl in Groß-Enzersdorf der Weinbau eine große Rolle spielt, gibt es
auch hier bereits Zweitwohnsitze und Hobbyweinkeller in manchen Preßhäusern. Einige Weinhauer sind auf Heurigenbesuche eingestellt, die Ursprünglichkeit und das heitere, einladende Ambiente lohnt einen Besuch.

Lesemöglichkeit
Nach Voranmeldung sind Kellerführungen möglich
Jährlich findet Ende Mai ein Kellergassenfest statt
In den Sommermonaten wird in den Kellergassen abwechselnd von ver-
schiedenen Weinhauern „ausg'steckt"
Information: Gemeindeamt Großengersdorf, Telefon 02245/88 201
Weinbauobmann: Adolf Gaunersdorfer, Hauptstraße 145

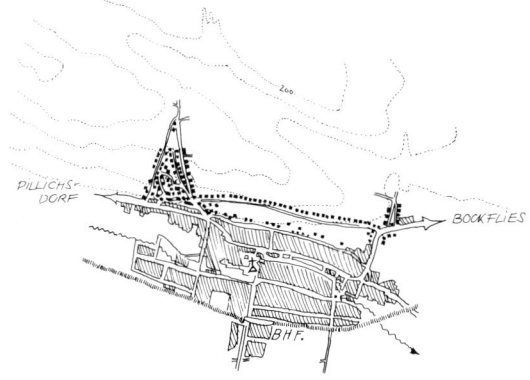

Bockfließ

Recht stattlich ist die beidseits bebaute und vom Weinbau dominierte, etwa 600 m lange Kellergasse von Bockflies, die in der Fallinie die Hänge des „Freiberges" hinaufsteigt und oben in einen Hohlweg eintaucht.

Lesemöglichkeit
Nach Voranmeldung sind Kellerführungen möglich
Jährlich findet Ende Mai ein Kellergassenfest statt
Information: Gemeindeamt Bockfließ, Telefon 022 88/22 66
Weinbauobmann: Engelbert Brückl, Hauptstraße 77

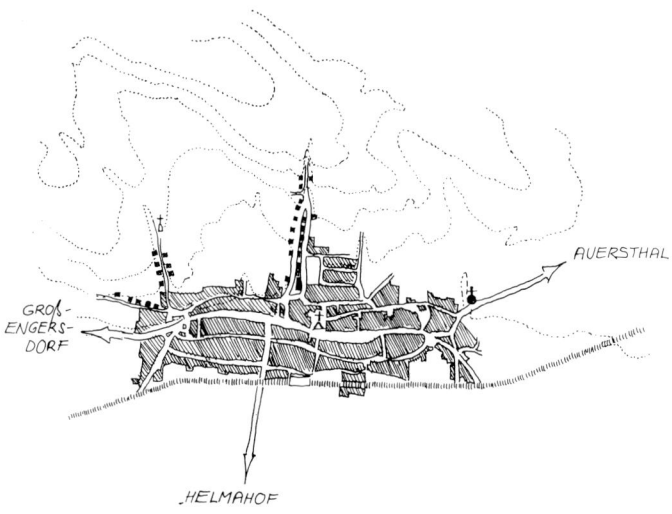

Auersthal

B

Entlang einer schmalen, mit Weiden bestandenen Grünfläche verläuft eine lange zweiseitige Kellergasse in der Fallinie. Fast die Hälfte aller Preßhäuser wurde aufgestockt, wodurch diese Kellergasse einen eigenartig „städtischen" Charakter erhält. Dieser Eindruck wird noch durch eine für Keller-

gassen unübliche Einbahn-
regelung verstärkt. Eine
zweite, kurze und mit
Wohnbebauung gemischte,
aber noch recht gut erhaltene
Kellergasse liegt an der
Straße nach Bockfließ.

Lesemöglichkeit
Jährlich findet im Juni ein
Kellerfest statt
In den Kellergassen wird abwechselnd von verschiedenen Weinhauern
„ausg'steckt"
Information: Gemeindeamt Auersthal, Telefon 022 88/22 46
Weinbauobmann: Heinz Schellner, Hauptstraße 104

Raggendorf

Direkt ans Wohngebiet schließt ein sehr reizvoller, kleiner Kellerplatz, der sogenannte „Kellerberg", an. Seine großen und gut erhaltenen Kellergebäude sind entlang eines gepflasterten Weges um mehrere kleine, baumbestandene Wiesenplätze gruppiert. Einige Preßhäuser wurden bereits zu Wohngebäuden

umgebaut. Dadurch und durch die unmittelbare Nähe zum Wohngebiet wird der „Kellerberg" fast Teil des Siedlungsgebietes.

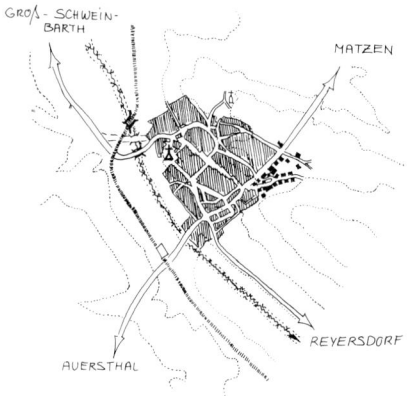

Nach Voranmeldung sind Kellerführungen möglich
Information:
Gemeindeamt Matzen,
Telefon 022 89/22 73
Weinbauobmann:
Josef Luger

Matzen

Gemischt mit Wohngebäuden verläuft einseitig eine kurze, recht gut erhaltene Kellergasse im „Hintaus". In der Nähe des Schlosses befinden sich noch einige sehr schöne Kellergebäude.
Nach Voranmeldung sind Kellerführungen möglich
Information: Gemeindeamt Matzen Tel. 02289/22 73
Weinbauobmann: Franz Jansky

Groß-Schweinbarth

Entlang einer schmalen, mit Bäumen und Sträuchern „parkartigen" bepflanzten Grünfläche verläuft die lange, meist geschlossen bebaute, zweiseitige Kellergasse.
Die recht großen Preßhäuser sind gut erhalten und werden zum überwiegenden Teil noch ihrer ursprünglichen Funktion entsprechend genutzt.

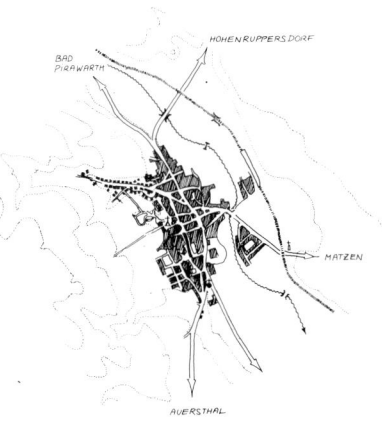

Jährlich findet im Mai ein
Kellergassenfest statt
Information:
Gemeinde Groß-
Schweinbarth,
Telefon 022 89/23 02
Weinbauobmann:
Josef Köpf, Kirchgasse 11

Hohenruppersdorf

An der Straße nach Spann-
berg verläuft zweiseitig in
der Fallinie die geschlossene, fallweise bereits mit
neuen   Wohngebäuden
durchsetzte Kellergasse. Auf
der einen Seite liegt der Er-
schließungsweg der Preß-
häuser etwas über dem Ni-
veau der Durchfahrtsstraße
und ist durch eine Baum-
reihe von dieser getrennt.

Eine weitere, ebenfalls zwei-
seitige und geschlossene Kellergasse führt in der Fallinie an einem recht steilen, schmalen Weg aus dem Ort hinaus. Trotz oder wegen des schlechten
Bauzustandes vieler Kellergebäude macht diese Kellergasse noch einen an-
genehm ursprünglichen Eindruck.

Jährlich findet am Samstag vor „Leopoldi" ein „Tag der offenen Kellertür"
statt.

Information: Gemeindeamt Hohenruppersdorf, Telefon 025 74/83 04
Weinbauobmann: Robert Kohl, Hohenruppersdorf 77

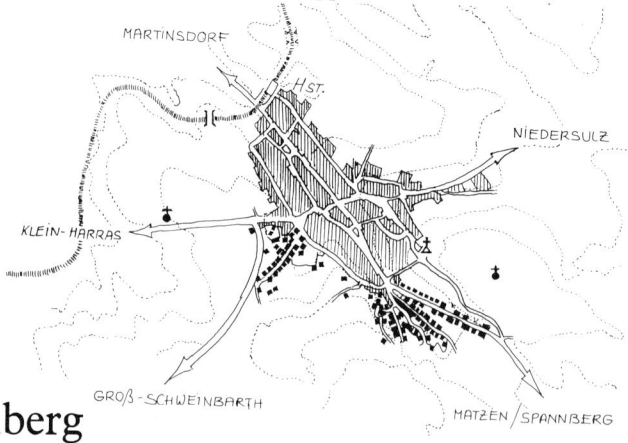

Spannberg
★

Oberhalb des Ortes, an der Hügelkuppe, liegt, durchsetzt mit einigen Einfamilienhäusern, eine einseitige Kellerreihe. Die Preßhäuser stehen frei und
sind in gutem Zustand erhalten.

Jährlich findet im Juni eine Weinkost in der Kellergasse statt.
Information: Gemeindeamt Spannberg, Tel.025 38/383
Weinbauobmann: Rudolf Kunst, Langstraße 36

Bauernmuseum Spannberg
Geräte und Gebrauchsgegenstände der Land-und Hauswirtschaft; Maschinen und Großgeräte. Angeschlossen ist ein „Bauernlehrpfad".
2244 Spannberg, Hauptstraße 55 bzw. J. Müllner, Hauptstraße 66, Telefon 025 38/87 7 82. Geöffnet von Mai bis Oktober 14–16 Uhr;
Bauerlehrpfad frei zugänglich
Preßhaus-Museum im Eselgrund
Hier werden Geräte des Weinbaus und der Kellerwirtschaft ausgestellt.
2244 Spannberg, Im Eselgrund, Mai bis Oktober 14–16 Uhr.

Erdpreß
★ ★

An den Hängen oberhalb des Ortes, und von Erdpreß durch einen waldartigen Baumbestand getrennt, verläuft recht versteckt, horizontal an der Höhenlinie eine reizvolle Kellergasse, deren Preßhäuser locker angeordnet sind und viel Platz für idyllische, baumbestandene Wiesenflecken lassen.

Die Zufahrt bildet ein sehr schmaler Hohlweg.

Lesemöglichkeit
Information: Gemeindeamt Sulz im Weinviertel, Telefon 025 34/217

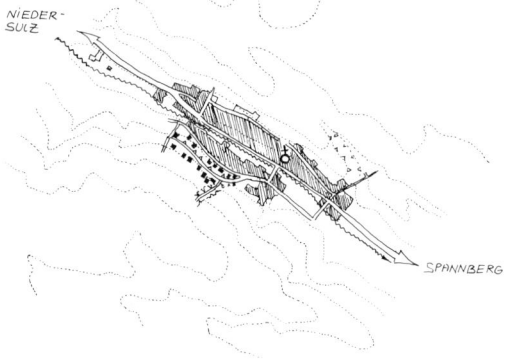

Niedersulz
★ ★

Entlang der leicht ansteigenden Ausfahrtsstraßen nach Obersulz, Loidesthal und Hohenruppersdorf verlaufen einseitige Kellerreihen mit locker angeordneten Preßhäusern und einfachen Kellereingängen. Von hier aus ergeben sich jeweils wunderbare Ausblicke in die Landschaft.

In Niedersulz befindet sich auch das äußerst sehenswerte Weinviertler Museumsdorf: Unter der Leitung von Josef Geissler werden hier alte, besonders charakteristische Baulichkeiten, die andernorts abgetragen werden, wiedererrichtet. Hier soll auch die wahrscheinlich einzige „neue" Kellergasse des Weinviertels am Ortsrand des Museumsdorfes entstehen.

Lesemöglichkeit
Information: Gemeindeamt Sulz im Weinviertel
Weinviertler Museumsdorf Niedersulz
Freilichtmuseum mit Baulichkeiten aus dem Weinviertel
Adresse: 2224 Niedersulz, Weinviertler Museumsdorf,
Telefon 025 34/43 12 sowie Niedersulz 55, Ehemalige Volksschule
Öffnungszeiten: Sonntag 14 – 18 Uhr, sonst Voranmeldung bei
Marktgemeinde Sulz im Weinviertel, Telefon 025 34/217
oder Ch. Geissler, Niedersulz 164, Telefon 025 34/42 32

Obersulz

An den Hängen um Obersulz liegen verstreut einige noch recht ursprünglich wirkende Kellergebäude und Preßhäuser in idyllischer Lage unter Nußbäumen und mit herrlichem Ausblick auf die prächtige Kirche und den Ort Obersulz. An den Ortsrändern formieren sich kellergassenähnliche Strukturen, die zum Teil von Wohnbauten durchsetzt sind.

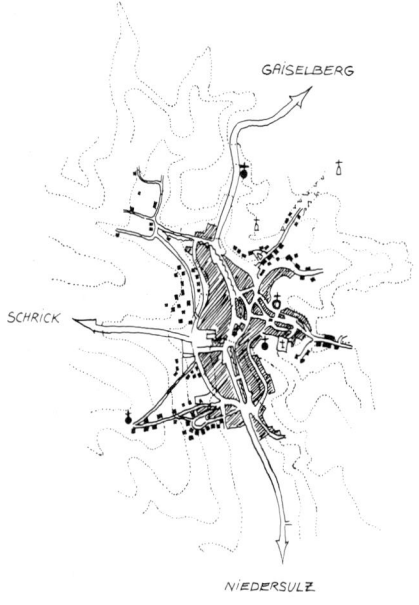

Lesemöglichkeit
Jährlich findet Ende
Mai/Anfang Juni ein „Tag
der offenen Kellertür" statt
Information: Gemeindeamt
Sulz im Weinviertel,
Telefon 025 34/217

Loidesthal

B

Die ehemalige Kellergasse ist heute sehr von anderen landwirtschaftlichen Gebäuden und Wohnhäusern durchsetzt. Ihre wenigen, noch ursprünglichen Preßhäuser verfallen zumeist. Eine weitere, sehr kurze, aber noch gut erhaltene Kellergasse verläuft einseitig im „Hintaus" in der Verlängerung der Kirchengasse.

In der Kellergasse wird abwechselnd von verschiedenen Weinhauern „ausg'steckt"
Information: Stadtamt Zistersdorf, Telefon 025 32/401
Ortsvorsteher: Johannes Helm

Gaiselberg
★ ★

Auf einer ehemaligen mittel-
alterlichen Burganlage mit
Erdställen, dem Hausberg,
liegt in mehreren Etagen ein
sehr großer und schöner
Kellerberg. Zwischen den
verschiedenen „Etagen" der
Keller bilden sich immer
wieder kleine befestigte
Plätze, Durchgänge, Trep-
pen und baumbestandene
Wiesenflecken. Die Preß-

häuser sind großteils recht gut erhalten, renoviert und sehr bunt gefärbelt.

Am Kellerberg wird abwechselnd
von verschiedenen Weinhauern „ausg'steckt"
Information: Stadtamt Zistersdorf, Telefon 025 32/401
Ortsvorsteher: Josef Glück

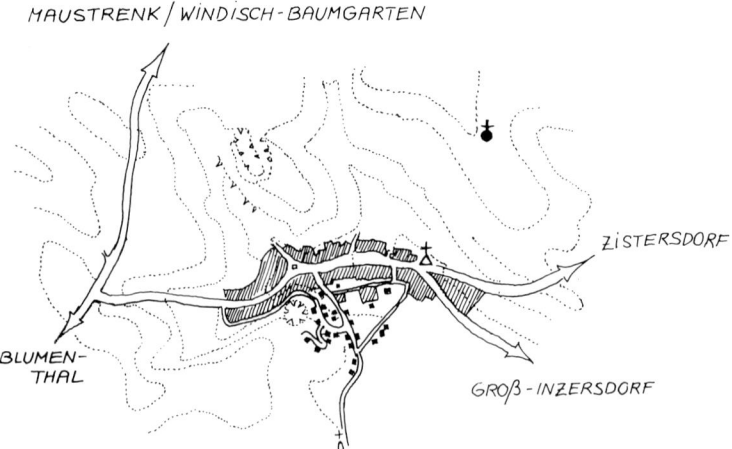

Gösting
★ ★ B

Am Rande des Siedlungsge-
bietes liegt gemischt mit anderen landwirtschaftlichen
Gebäuden und Wohnhäu-
sern am schattigen Hang das
gut erhaltene Kellerviertel.
Durch das kupierte Gelände
ergeben sich vor und zwi-
schen den recht großen
Preßhäusern immer wieder
schöne, kleine mit Bäumen
bestandene Wiesenplätze.

Obwohl dieses Kellerviertel nicht „kellergassentypisch" ist, wirkt es dennoch sehr idyllisch.

In der Kellergasse wird abwechselnd
von verschiedenen Weinhauern „ausg'steckt"
Information: Stadtamt Zistersdorf, Telefon 025 32/401
Ortsvorsteher: Leopold Strahammer

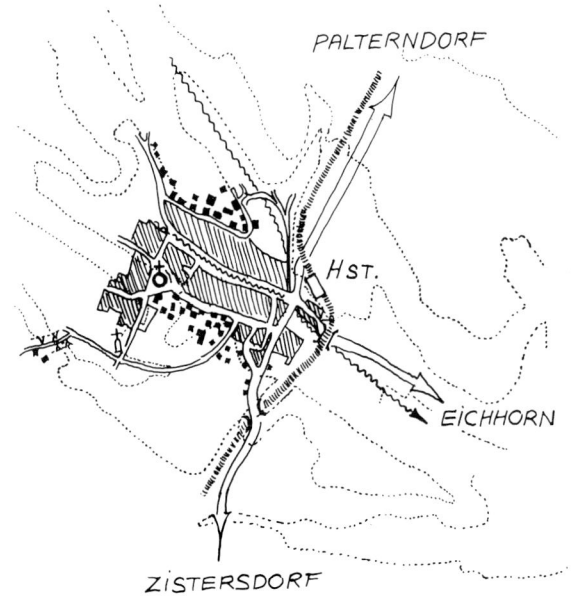

Groß-Inzersdorf

★ ★ B

Zweigt man von der Straße nach Zistersdorf, an der selbst einige Keller liegen, ab, so stößt man auf den Friedhof, der am höchsten Punkt gelegen ist. Hier beginnt die einseitige — keineswegs reizlose — in der Fallinie langsam den Hang hinuntersteigende Kellergasse von Groß-Inzersdorf. Ihre Preßhäuser sind locker angeordnet und noch sehr ursprünglich erhalten. Ein Teil von ihnen steht jedoch bereits leer — die Kellergasse selbst macht den Eindruck, als ob sie einfach vergessen worden wäre.

In der Kellergasse wird abwechselnd von verschiedenen Weinhauern „ausg'steckt"
Information: Stadtamt Zistersdorf, Telefon 025 32/401
Ortsvorsteher: Franz Schuller

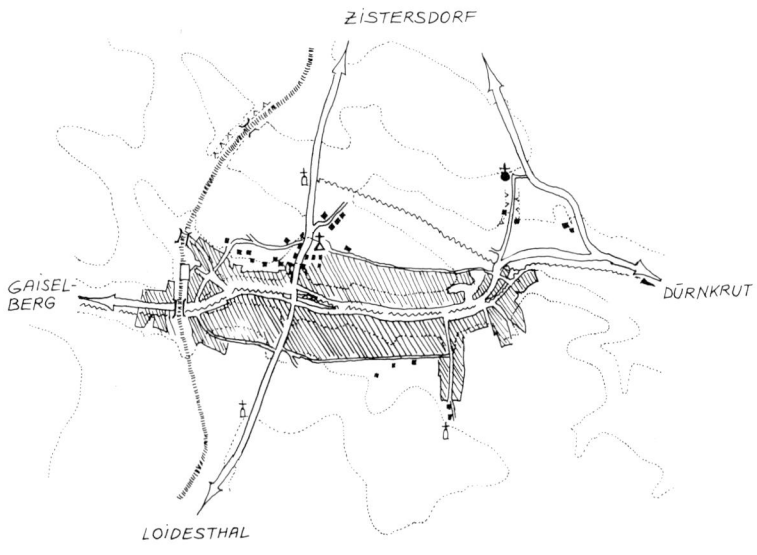

Hohenau an der March

B

Außerhalb des Ortes liegt ein zeilenförmig bebauter Kellerberg.
Die Preßhäuser stehen frei und sind fallweise sehr stark verändert worden. Zwischen und vor den Kellern ergeben sich Wiesenstreifen, die mit Akazien überschirmt sind.

Ein wesentlicher Teil der Preßhäuser wird als Zweitwohnsitz oder Hobbykeller genutzt, daher macht die Anlage eher den Eindruck eines Campingplatzes oder einer Kleingartenanlage als den eines „Kellerviertels". Verstärkt wird dieser Eindruck noch durch entsprechende „Revierabgrenzungen" (an einer Stelle sogar mit Stacheldraht!!!) und den, wie ein Vereinslokal wirkenden Heurigen am Eingang des Kellerberges. Trotzdem findet man auch hier noch einige sehr schöne Ensembles.

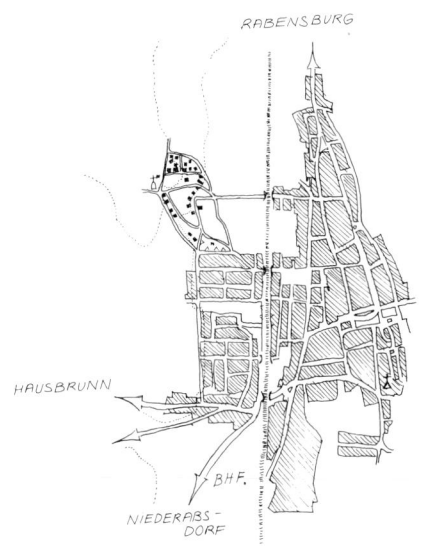

Nach Voranmeldung sind
Kellerführungen möglich
In der Kellergasse haben
abwechselnd verschiedenen
Weinhauer „ausg'steckt"
Information:
Gemeindeamt Hohenau,
Telefon 025 35/23 07
Weinbauobmann:
Richard Hanning,
Nelkengasse 1154

Niederabsdorf
★ ★

Sehr reizvoll in der Landschaft gelegen, folgt die lange, einseitige Kellergasse einer leicht ansteigenden Höhenkante und bietet einen weiten Ausblick in die Umgebung. Die Preßhäuser stehen giebelseitig locker nebeneinander und sind überwiegend gut erhalten. In Niederabsdorf wird nurmehr sehr wenig Weinbau betrieben, ein Großteil der Kellergebäude wird daher heute als Hobbyweinkeller genutzt.

Information: Gemeindeamt Ringelsdorf-Niederabsdorf, Telefon 025 36/292
Weinbauobmann: Josef Strasser, Niederabsdorf 12

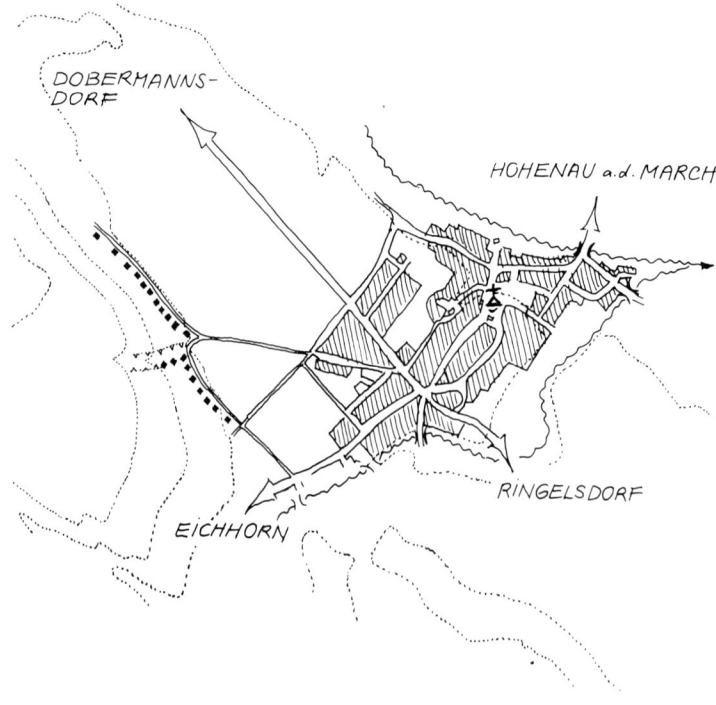

Drösing
★ ★

Weit außerhalb des Ortes liegt unter Akazien ein sehr großer und attraktiver Kellerberg, der sogenannte „Kellerfleck". Viele Preßhäuser sind sehr liebevoll renoviert, andere werden in traditionellem Stil neu errichtet und nur vereinzelt gibt es Kellergebäude in sehr schlechtem Zustand. Da in Drösing kaum noch Weinbau betrieben wird — es gibt auch keinen Weinbauverein mehr — werden die meisten Keller als Hobbyweinkeller genutzt. Dementsprechend sind auch die Plätze zwischen den Kellern sehr gepflegt, mit „Bankerln" und alten Weinhauergeräten versehen.

Lesemöglichkeit
Nach Voranmeldung sind Kellerführungen möglich
Information: Gemeindeamt Drösing, Telefon 025 36/330

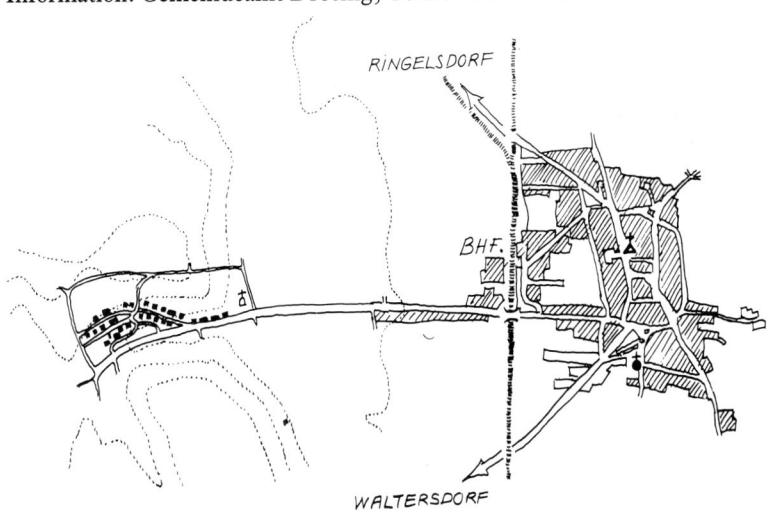

Waltersdorf an der March
B

Oberhalb des Ortes verläuft einseitig an der Höhenlinie die Kellergasse mit relativ großen und gut erhaltenen Preßhäusern. Auch in Waltersdorf hat der Weinbau heute nurmehr eine geringe wirtschaftliche Bedeutung. Dementsprechend wird der Großteil der Keller — sinnvollerweise — als Hobbyweinkeller genutzt.
In der Kellergasse haben abwechselnd verschiedene Weinhauer „ausg'steckt"
Information: Gemeindeamt Drösing, Telefon 025 36/330

Sierndorf
★ ★

Der Ortsrand von Sierndorf liegt am steilen Anstieg aufs Hochplateau und hier sind auch, in lockerer Abfolge, die meist gut und liebevoll erhaltenen Preßhäuser in einer horizontalen Reihe „aufgefädelt". Vor ihnen breitet sich ein weiter, mit Obstbäumen bestandener Wiesenplatz aus. Obwohl in Sierndorf nurmehr sehr wenig Weinbau betrieben wird, wurde als besondere Attraktion eine mehrere Meter hohe Weinflasche — als Ansporn? — aufgestellt.

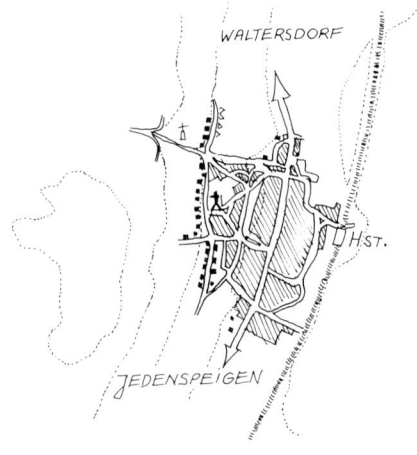

Lesemöglichkeit
Nach Voranmeldungen sind
Kellerführungen möglich
Information:
Gemeindeamt
Jedenspeigen,
Telefon 025 36/82 24
Weinbauobmann:
Herbert Kridlo

Jedenspeigen
★

Horizontal an der Höhenlinie verläuft, nahezu über die ganze Länge des Ortes, in drei Reihen die Kellergasse. Hin und wieder erweitern sich die Wege zu kleinen, sehr gepflegten Wiesenplätzen. Eine Mischung aus Wohn-und Wirtschaftsgebäuden hat den ursprünglichen Charakter dieser Kellergasse ziemlich verändert.

Vis-a-vis der ersten befindet sich am „Gegenhang" eine zweite, allerdings kurze und über weite Teile schattige Kellergasse.

Lesemöglichkeit
Nach Voranmeldung sind Kellerführungen möglich
Information: Gemeindeamt Jedenspeigen, Telefon 025 36/82 24
Weinbauobmann: Erich Weilinger

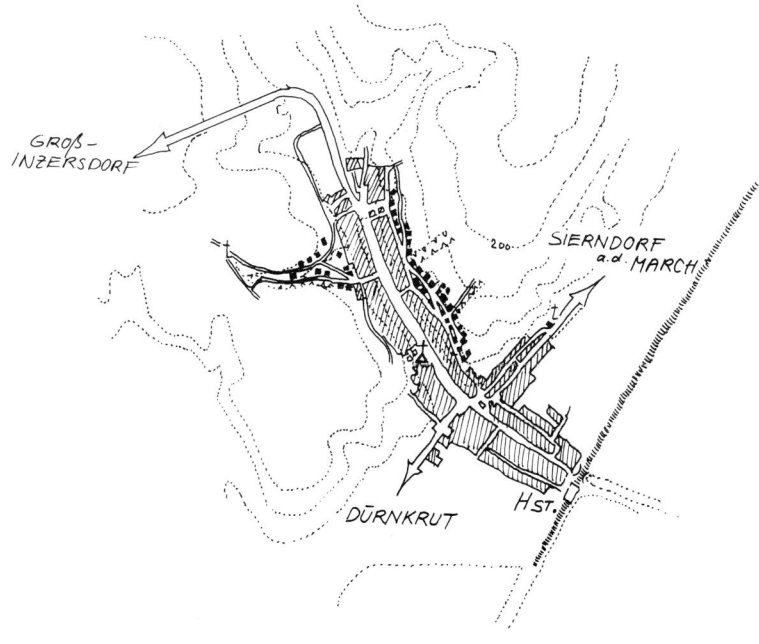

Dürnkrut

Hinter der Kirche bzw. im „Hintaus" findet man noch Kellerensembles, doch eine richtige Kellergasse hat Dürnkrut wohl nie besessen.

Waidendorf

Einseitig, etwas über dem Niveau der Straße nach Dürnkrut und durch eine Baumreihe von ihr getrennt, verläuft eine geschlossene Kellerreihe. Eine weitere Kellergasse, oder besser, ein kleiner Kellerplatz, befindet sich gut versteckt an der Ortseinfahrt von Waidendorf. Die Preßhäuser sind in sehr gutem Zustand erhalten. Den Abschluß des Kellerplatzes bildet ein zu einem Heurigenlokal umgebautes Preßhaus. An der Straße nach Götzendorf verläuft noch eine kurze, einseitige Kellergasse, die aufgrund ihrer Seltenheit Erwähnung verdient: Die Kellereingänge mußten nämlich beim Neubau der Straße in die Betonböschungsmauer integriert werden.

Lesemöglichkeit
In der Kellergasse befindet
sich ein Heurigenlokal
Information:
Gemeindeamt Dürnkrut,
Telefon 025 38/80 214
Weinbauobmann:
Franz Epp

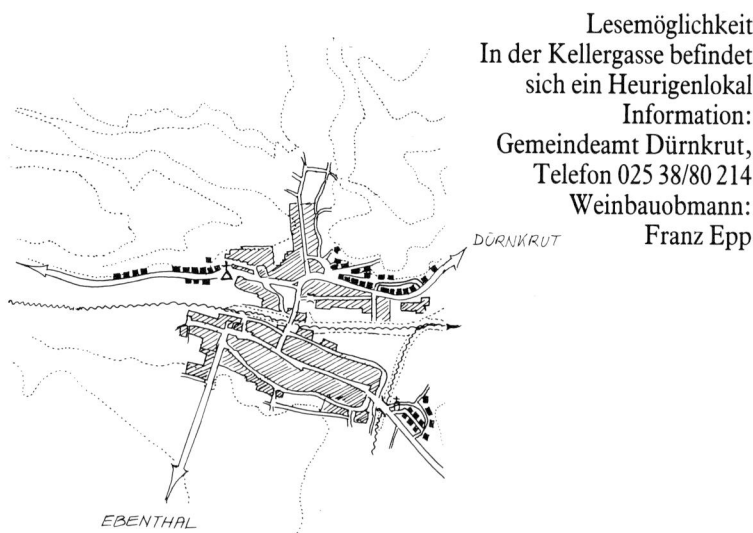

Velm — Götzendorf

In schattiger Lage liegt am Hang ein schöner, relativ großer, noch ursprünglich erhaltener Kellerberg. Wie in anderen Orten sind auch in Götzendorf noch weitere Keller im Ort und an den Ortsrändern gelegen.
Jährlich findet ein Kellergassenfest statt
Information: Gemeindeamt Spannberg, Telefon 025 38/383

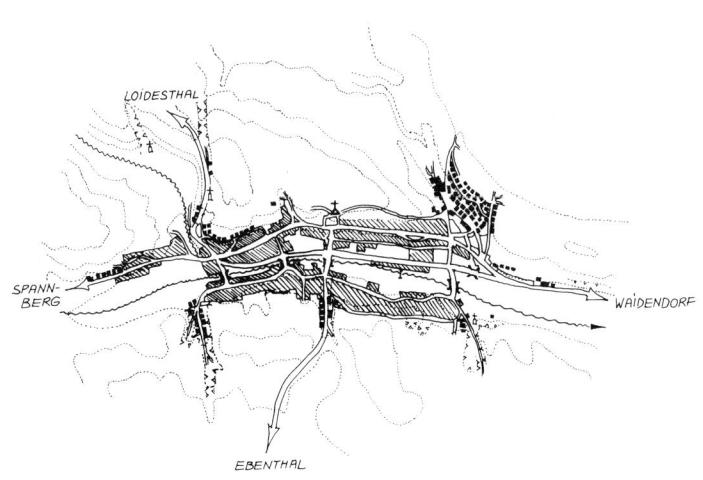

Ebenthal
★ ★ Ü

Parallel zur Straße nach Prottes verlaufen lange, überwiegend geschlossen erbaute
Kellerreihen. Die Preßhäuser stehen meist giebelseitig
am asphaltierten Kellerweg,
der streckenweise durch
einen schmalen Grünstreifen
und eine Baumreihe von der
Straße getrennt ist. Auf die
Erhaltung der Kellergasse
wird hier ganz offensichtlich
großer Wert gelegt, so sind die meisten Kellergebäude gut erhalten, einige
sogar im „traditionellen" Stil neuaufgebaut.

Lesemöglichkeit
Information: Gemeindeamt Ebenthal, Telefon 025 38/87 085
Weinbauobmann: Karl Schrammel, Milchgasse 11
Gasthaus Aschbacher

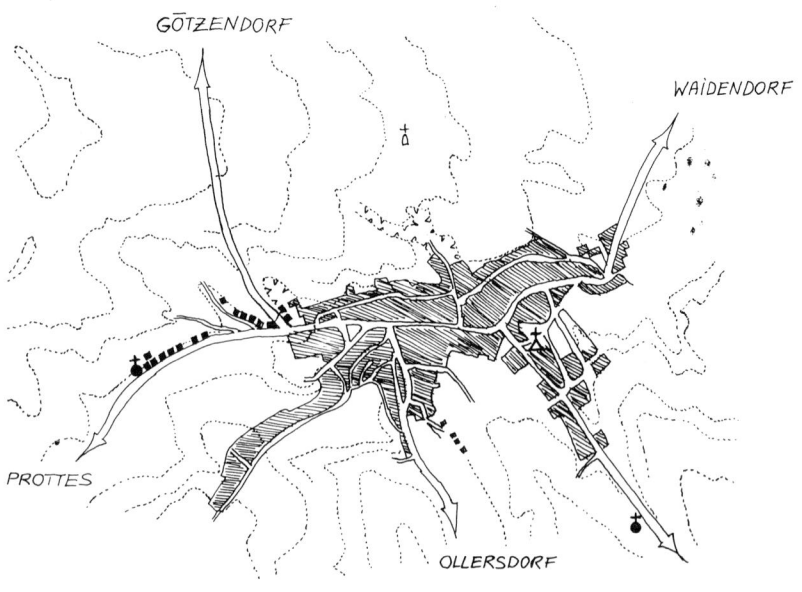

Stillfried
★ B

An einem recht steilen Hang
des, im tiefen Einschnitt des
Marchtales gelegenen Stillfried findet man den zeilenförmig geordneten, großen,
teils schattigen Kellerberg.
Über den Kellern ragt auf
der Hangkuppe die von einigen alten Wohngebäuden
umgebene Kirche auf. Wäh-
rend die unterste Zeile des
Kellerberges schon ziemlich

von Wohnhäusern durchsetzt und stark verändert wurde, zeigen sich die
Preßhäuser in den oberen Reihen nur mehr vereinzelt umgebaut und wenig
verändert.

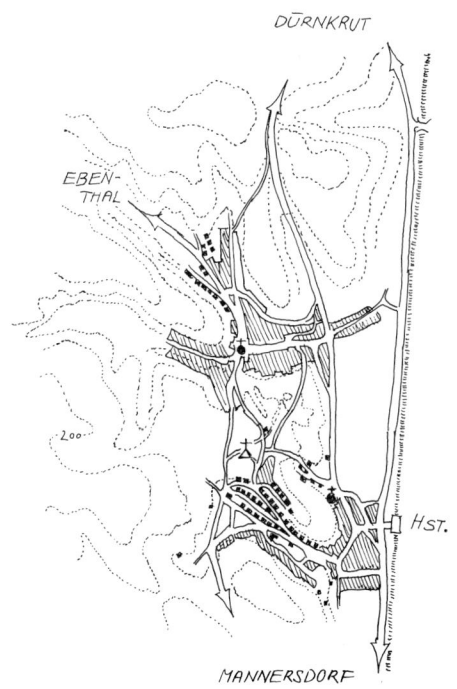

In der Kellergasse haben
abwechselnd verschiedene
Weinhauer „ausg'steckt"
Information: Gemeindeamt
Angern an der March,
Telefon 022 83/22 41, 22 31
Ortsvorsteher:
Johann Schön

Mannersdorf an der March

★ B Ü

Am Hang des „Rochusberges" liegen zeilenförmig angeordnet mehrere Reihen von Preßhäusern übereinander und bilden einen stattlichen, reizvollen

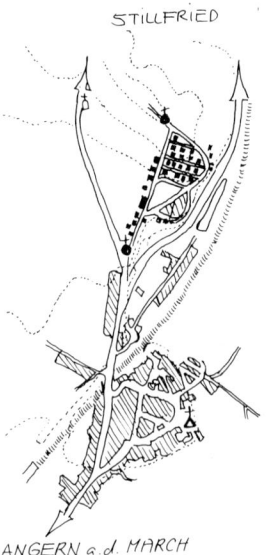

STILLFRIED

ANGERN a. d. MARCH

Kellerberg. Die Preßhäuser sind meist gut erhalten oder neu aufgebaut. Der überwiegende Teil wird heute als Zweitwohnsitz oder Hobbyweinkeller genutzt, wodurch ein wenig der Eindruck einer „Feriensiedlung" entsteht. Dementsprechend sind auch die Grünflächen vor den Kellergebäuden angelegt und dementsprechend steht auch ein großer Heurigen- und Buschenschankbetrieb bereit. Als Abschluß des Kellerberges befindet sich auf der Hangkuppe eine große Rochuskapelle.

Jährlich finden im Juli und September Kellerfeste statt
Nach Voranmeldung sind Kellerführungen möglich
Am Kellerberg befindet sich ein Heurigen- und Buschenschankbetrieb
Information: Gemeindeamt Angern an der March,
Telefon 022 83/22 41, 22 31
Ortsvorsteher: Alfred Veit
Gasthaus Reischütz

Ollersdorf

★ ☆

An den „Hundsbergen" bilden mehrere — in der Fall- und an der Höhenlinie verlaufende — Kellergassen ein nicht unbedingt ursprüngliches, aber sehr weitläufiges „Kellerviertel". Hier sind von der Größe und den Bauformen her nahezu alle möglichen und unmöglichen Arten von Kellergebäuden anzutreffen. Sind diese Kellergassen auch zum Teil stark verändert, so sind sie doch von ihrer Funktion her intakt und — ohne Zweifel — sehr schön gelegen.
In den Kellergassen haben
abwechselnd verschiedene Weinhauer „ausg'steckt"
Information: Gemeindeamt Angern an der March,
Telefon 022 83/22 41, 22 31
Ortsvorsteher: Wilhelm Vock

Prottes
★ B

Prottes hat zwei große, recht
nette und gepflegte Kellerviertel. Die Preßhäuser sind
gut erhalten, überraschend
viele wurden neu errichtet.
Beide Kellerviertel gehen
nahtlos ins Wohngebiet
über, wobei das, an der
Straße nach Ebenthal gelegene zum Teil einen noch
ziemlich ursprünglichen
Eindruck macht. Gibt es in
anderen Gemeinden verein-

zelt Weinlehrpfade, so verläuft eines der Kellerviertel von Prottes sogar an
einem „Erdöl- und Erdgaslehrpfad". Besonders skurill wirken da die teilweise mitten in Weingärten stehenden Erdölförderanlagen, die den Eindruck machen, als würde hier der Wein direkt aus der Erde gepumpt.

Lesemöglichkeit
Nach Voranmeldung sind Kellerführungen möglich
Jährlich findet Anfang Juni ein Kellerfest statt
In den Kellergassen haben abwechselnd verschiedene Weinhauer „ausg'-
steckt"
Information: Gemeindeamt Prottes, Telefon 022 82/21 82
Weinbauobmann: Johann Helm, Hauptstraße 30

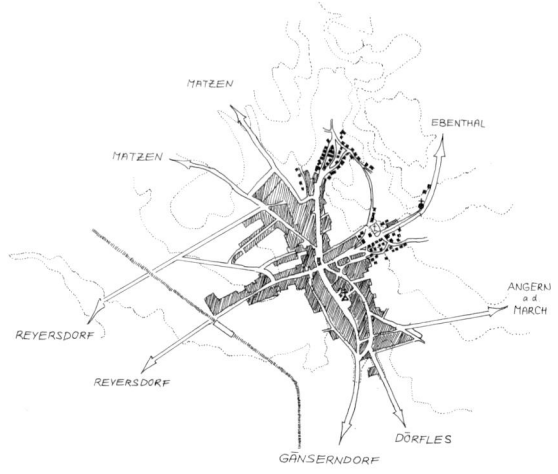

Zwischen Donau und Leithagebirge

Die zwischen der Donau im Norden und dem Leithagebirge im Süden liegenden Orte bilden diese „Region".

Von Wien aus mit dem Auto: Wien — Schwechat, B 10
oder: Flughafenautobahn A 4 — Fischamend, B 9 bis Petronell

Von Wien aus mit dem Bus und Bahn: S-Bahn bis Bruck a. d. Leitha und Buszubringer
S-Bahn bis Petronell und Buszubringer

An der Weinstraße „Carnuntum" liegen folgende Orte: Petronell/Carnuntum — Prellenkirchen — Bruck a.d. Leitha — Höflein — Arbesthal — Wilfleinsdorf — Stixneusiedl — Sommerein

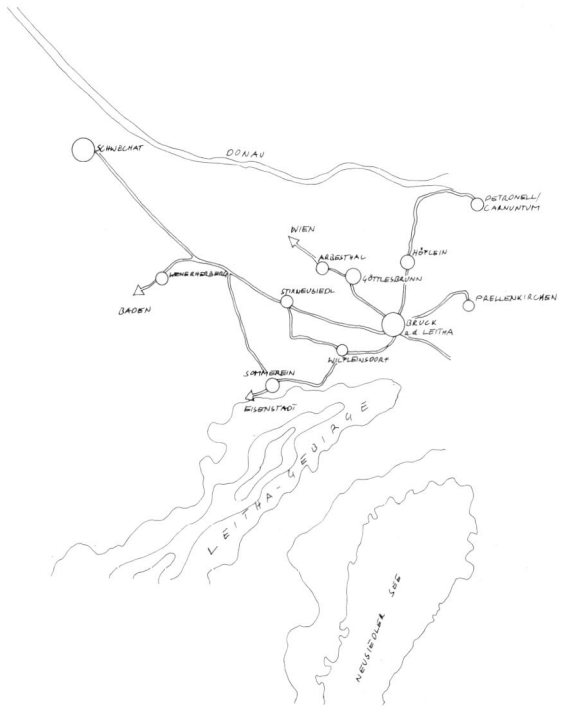

Schwechat

B

Am Rande des Ortsgebietes wurden die Keller einseitig in die steile Terrassenkante der „Rauchenwarther Platte" gegraben. Heute liegen vor fast allen, ursprünglich sehr schlichten und einfachen Kellerfronten, große eingezäunte Gastgärten der Heurigen-und Gaststättenbetriebe. Daneben, vor den übrigen Kellergängen, breitet sich ein großzügiges Freizeit- und Spielgelände aus. Ab dem späten Nachmittag entwickelt sich hier, am „Schwechater Kellerberg" — der durch die gute Beschilderung leicht zu finden ist — reges Leben.

Ganzjährig sind mehrere Heurigenbetriebe in der „Kellergasse" geöffnet

Wienerherberg

B Ü

Außerhalb des Ortes liegt in der „Loamgrubn", an den Hängen des „Höchstenbühel", ein, selbst an sonnigen Tagen durch den sehr dichten Baumbestand schattiges und etwas düster wirkendes, kleines Kellerviertel, das wohl schon einmal bessere Tage gesehen hat. Unwillkürlich tauchen Assoziationen mit dem „Wirtshaus im Spessart" auf. Ein Großteil der Preßhäuser wird heute als Zweitwohnsitz oder Hobbyweinkeller genutzt. Zwei Kellergebäude wurden als Kellerschänken eingerichtet.

In der Kellergasse befinden sich Buschenschankbetriebe
Information: Gemeindeamt Ebbergassing, Telefon 022 34/22 86
Gasthaus Pflug

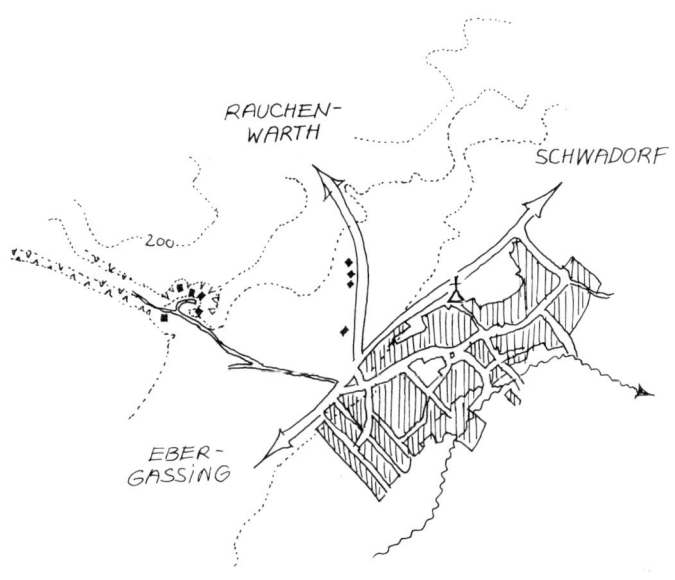

Sommerein

★ ★ ★ Ü

In Sommerein verläuft, zwischen riesigen alten Bäumen, eine durch die Form der Einzelkeller barock anmutende und in ihrer Einheitlichkeit beeindruckende Kellerreihe, in gerader Linie an der Höhenlinie entlang der stark befahrenen Straße nach Mannersdorf. Hier am Fuß des Leithagebirges wurden die Keller in „überschütteter" Bauweise errichtet; alle befinden sich in gutem Zustand.

Lesemöglichkeit
Information: Gemeindeamt Sommerein, Telefon 021 68/34 68, 944
Gasthaus Schlembach

Stixneusiedl
★ ★

In einer breiten hohlwegartigen Straße steigt in einer weiten Kurve eine lange, zweiseitige, teilweise geschlossene Kellergasse an. Besonders fällt einem hier ein prächtiges, wenn auch nicht im besten Zustand befindliches, barockes, herrschaftliches Preßhaus ins Auge. Die meisten anderen Preßhäuser sind schlichter, gut erhalten und werden vielfach als Hobbyweinkeller oder „Zweitwohnsitz" genutzt.

Eine weitere Kellergasse verläuft ebenfalls zweiseitig, in einem schmalen, schattigen Hohlweg.

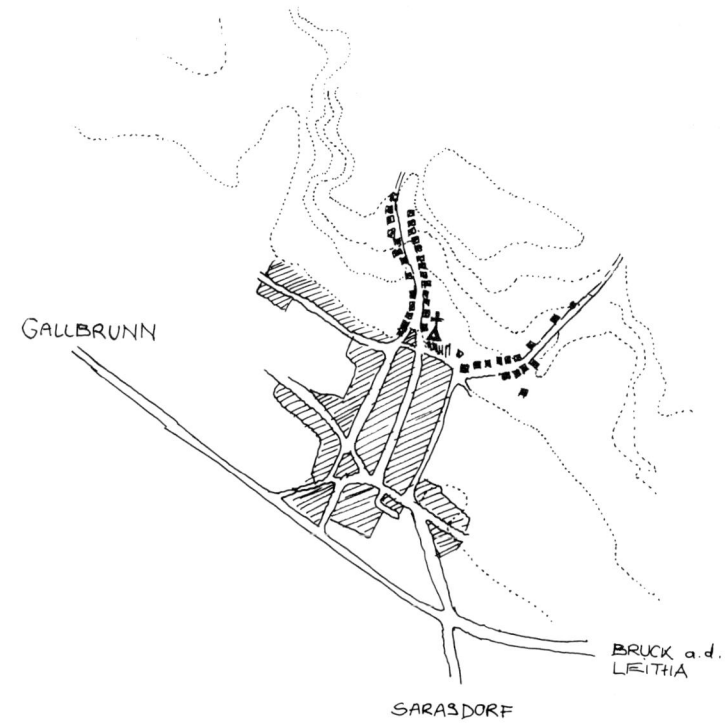

GALLBRUNN

BRUCK a. d.
LEITHA

SARASDORF

Bruck an der Leitha

B

An der B 10 liegt auf der sonnigen Seite eine Reihe von Kellergebäuden ohne Kellerstöckl'n und bildet die Kellergasse oder besser „Kellerbundesstraße". Fast alle Keller sind zu netten kleinen Heurigen umgebaut, die beliebte Imbiss- und Jausenstationen darstellen.

Die Heurigen und Buschenschankbetriebe sind täglich geöffnet.

Prellenkirchen

★ ★ B

Weit außerhalb des Ortes, liegen — einseitig — viele, sehr schöne und gut erhaltene Keller in einer Reihe entlang der Straße nach Edelstal locker „aufgefädelt". Hier findet man charakteristische Beispiele jener, nicht in die Erde gegrabener, sondern „überschütteter", bewachsener Weinkeller. Die meisten Keller

und Preßhäuser sind auf Buschenschankbetrieb eingerichtet — täglich ist wenigstens einer davon geöffnet. Als weitere Attraktion wurde hier in einem der Kellergebäude ein Weinbaumuseum eingerichtet.

Abwechselnd ist täglich mindestens ein Buschenschank in der Kellergasse geöffnet
Information: Gemeindeamt Prellenkirchen, Telefon 021 45/22 02
Weinbauobmann: Herr Mitterer

Carnuntum/Petronell

Wer die Römerstadt Carnuntum „links liegen läßt" und neben dem Schloß Petronell die Serpentinen-Straße zur Donau hinuntergeht, findet hier, in die „Terrassenkante" der Donau, gegrabene, kaum auffallende Weinkeller.

Höflein
★ ★ ★ 　B

Im idyllisch gelegenen, sonnigen Höflein findet man mehrere liebliche Kellergassen, von denen sich mancher reizvolle Ausblick bietet. Der gute Erhaltungszustand der Keller — unter denen sich auch strohgedeckte Gebäude befinden — geht zum Teil auf Renovierungen im Rahmen der „Dorferneuerungsaktionen" der niederösterreichischen Landesregierung zurück. Die große Zahl von Kellern fügt sich zu recht unterschiedlichen, attraktiven Kellerensembles zusammen, die einen Besuch lohnen.

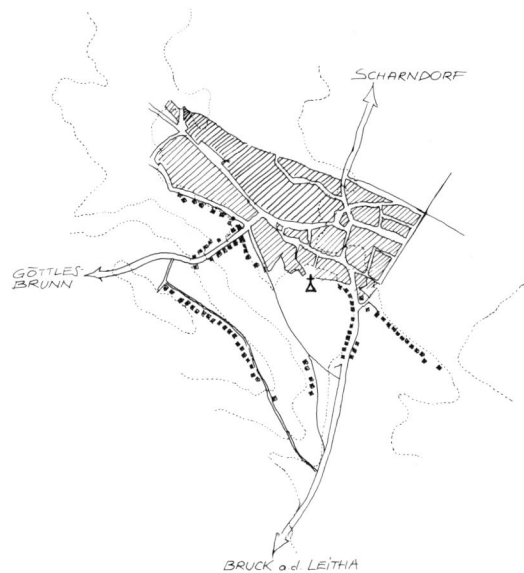

Lesemöglichkeit
In der Kellergasse haben zwischen März und Oktober mehrere Weinhauer abwechselnd „ausg'steckt"
Information: Gemeindeamt Höflein, Telefon 021 62/25 53
Weinbauobmann: Johann Artner, Höflein 58

Göttlesbrunn

★ ☆

Unmittelbar hinter der Kirche findet man ein sympathisches, fast kulissenhaft wirkendes Eck des Göttlesbrunner Kellerplatzes, mit seinen liebevoll gepflegten, reizvollen, alten Preßhäusern und — daneben — die neuerrichtete, den Maßstab der Umgebung sprengende, übergroße Weinlagerhalle. Hier im Zentrum befindet sich

auch ein Heurigenbetrieb. Zwei weitere Kellergassen, die beide an ihrem Beginn mit vielen Wohngebäuden durchsetzt und überformt sind, verlaufen zum einen im „Hintaus" und zum anderen in einem engen, aber durchaus sonnigen Hohlweg. Die Nähe des Leithagebirges wird in der Verwendung von Kalkstein für die Kellerfronten deutlich.

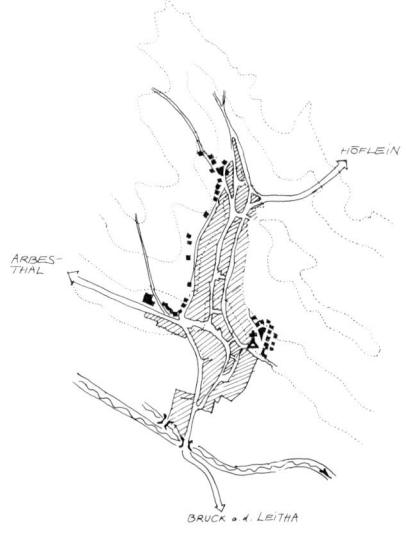

Lesemöglichkeit
Nach Voranmeldung sind
Kellerführungen möglich
Jährlich findet ein Kellerfest
statt
In der Kellergasse sind ein
Großheuriger und mehrere
Buschenschanken
Information:
Gemeindeamt Göttlesbrunn-
Arbesthal,
Telefon 021 62/83 05
Weinbauobmann:
Franz Hetzl, Göttlesbrunn 69

Arbesthal
★ ★ B

An der Straße nach Fischamend verläuft die lange, einseitig bebaute, einladende Kellerreihe. Zwischen der Straße, die eine gewisse Lärmbelastung darstellt, und den Kellergebäuden befindet sich ein breiter Wiesenstreifen, der von Nußbäumen überschirmt ist. Die Preßhäuser sind durchwegs in gutem Zustand erhalten; einige sind auf Heurigen- und Buschenschankbetrieb eingestellt.

Lesemöglichkeit
Nach Voranmeldung sind Kellerführungen möglich
In der Kellergasse haben mehrere Weinhauer abwechselnd „ausg'steckt"
Information: Gemeindeamt Göttlesbrunn-Arbesthal, Telefon 021 62/83 05
Weinbauobmann: Hermann Ott, Arbesthal 16

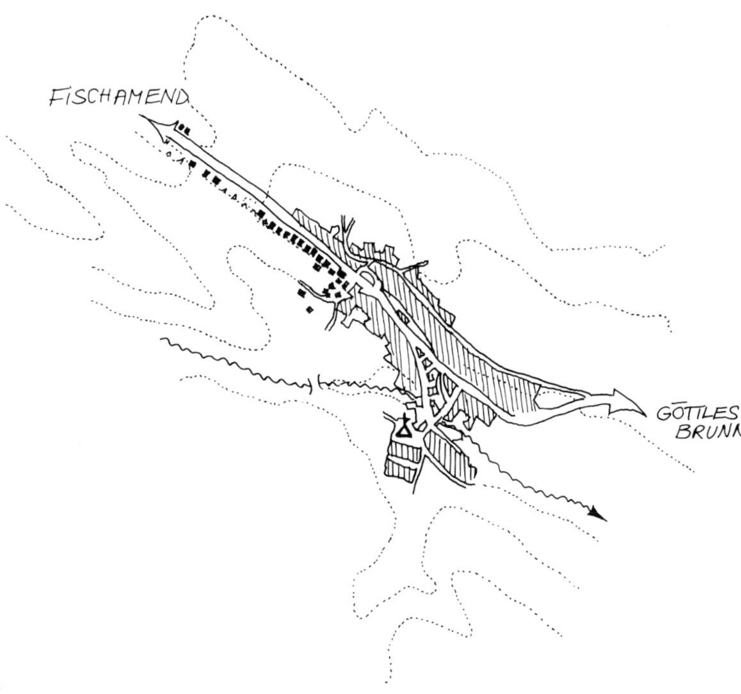

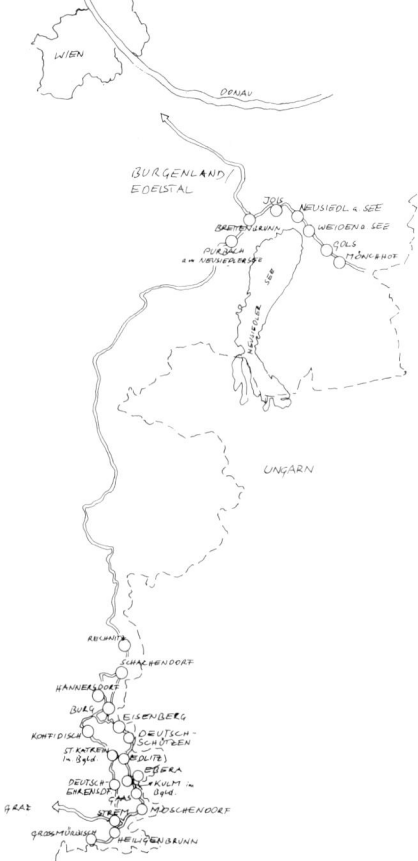

Burgenland

Sind auch im nördlichen Burgenland eindeutig „noch" Kellergassen im hier verstandenen Sinn zu finden, so unterscheidet sich das südliche Burgenland davon deutlich durch andere geomorphologische sowie strukturelle Gegebenheiten. Und auch die Kellergassen des nördlichen Burgenlandes zeigen andere charakteristische Merkmale als die des Weinviertels. Eigenschaften, die die nordburgenländischen Kellergassen mit den niederösterreichischen am Fuß des Leithagebirges (beispielsweise Sommerein) teilen: Aufgrund der geologischen Gegebenheiten sind diese Keller nicht tief in die Erde gegraben, sondern aufgeschüttet. Es wurde also ein großes Loch gegraben, der Keller gewölbt, mit Erde überschüttet und die Kellerfronten meist aus großen Kalk-Quadersteinblöcken gefügt.

Extra Kellerstöckl'n wurden diesen gemauerten Kellereingängen nicht aufgesetzt. Hier, im Nord-Burgenland, handelt es sich also im wahrsten Sinne des Wortes um Kellergassen. Mit ihrer Bauart verändern die Kellergebäude das Relief der Umgebung — es wird zur Berg- und Tallandschaft mit steinerner Einfassung — aber der Eindruck einer dorfähnlichen oder gar städtischen Struktur, wie er im Weinviertel so häufig ist, kommt kaum oder gar nicht zustande.

Oft sind bereits von jeher Kellergebäude mit anderen landwirtschaftlichen Funktionen gemischt worden, wie etwa in Weiden am See oder auch in Jois. Diese Funktionsmischung wurde in jüngster Zeit durch die rege Bautätigkeit nocht verstärkt. Die begehrten, reizvollen Lagen der Kellergassen am Hang wurden ins Wohngebiet einbezogen, sodaß heute mancher Keller ein Einfamilienhaus zum Nachbarn hat. Von einer so kleinteiligen wie einheitlichen Struktur heben sich derartige bauliche Eingriffe und Veränderungen dann besonders stark ab.

Lassen sich Preßhäuser des Weinviertels mit einiger Sensibilität und gutem Willen noch relativ leicht an neue weinbautechnische Anforderungen anpassen oder fallweise sogar zu Buschenschankbetrieben o.ä. umbauen, so ist dies bei Kellern im Nord-Burgenland um einiges schwieriger oder gar unmöglich. Hier erfordert beinahe jede neue Nutzungsanforderung auch eine entsprechende bauliche Änderung.

Aber es gibt auch hier im Nord-Burgenland noch alte Weinkeller, romantische kleine Buschenschankbetriebe, liebenswerte Ensembles und einige Kellergassen von großartiger Einheitlichkeit — etwa in Breitenbrunn — zu finden.

Gols, Jois, Mönchhof, Weiden

Typisch für die oben beschriebene Situation sind die an der Weinstraße „Seewinkel" gelegenen Orte Gols, Jois, Mönchhof und Weiden am See. In allen genannten Orten gibt es eine Reihe außerordentlich romantisch in den Weinbergen gelegener, aufgeschütteter Keller mit charakteristischen steinernen Fronten. Sie liegen oft im lichten Schatten großer Akazien oder Nußbäume und bilden mit ihren hellen Fassaden und schlichten alten Kellertüren einprägsame, reizvolle Kontraste zur umgebenden Weinlandschaft. Verstreut − wie sie sind − und häufig gemischt mit Scheunen und ähnlichen landwirtschaftlichen Gebäuden, bilden diese Keller, allein oder in Gruppen, recht reizvolle Ensembles, ohne jedoch den charakteristischen Eindruck geschlossener Kellergassen erwecken zu können.

Breitenbrunn

★ ★ ★ B Ü

Mehrere Reihen geschlossen aneinandergebauter, aufgeschütteter Keller bilden den eindrucksvollen „Kellerring", der früher einmal, außerhalb von Breitenbrunn, isoliert am sanft ansteigenden Hang lag − nun aber, durch fortschreitende Siedlungstätigkeit, längst in den Ortsraum integriert ist.

So bilden heute ganz normale Einfamilienhäuser das Vis-a-vis dieser außergewöhnlich schönen Kellergebäude. Leider kann der Bodenbelag vor den Kellereingängen − Betonsteinverbundpflaster − mit der Güte und Schönheit der schweren Leithakalkblöcke, aus denen die Kellerfronten gefügt wurden, einfach nicht mithalten. Wesentlich stimmungsvoller geben sich dagegen jene Bereiche, in denen Wiesenstreifen den Kellern vorgelagert sind und mancher Nußbaum seinen lichten Schatten wirft.

Die große Ähnlichkeit der einzelnen Kellergebäude und ihre handwerkliche Qualität verleiht dem ganzen Ensemble ein regelmäßiges, sehr einheitliches und überaus sehenswertes Äußeres.

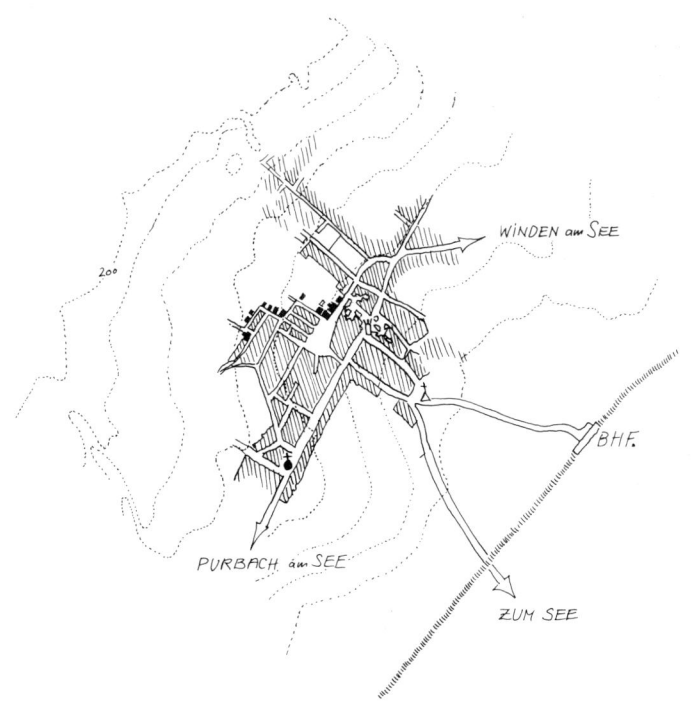

Lesemöglichkeit
Nach Voranmeldung sind Kellerführungen möglich
In der Kellergasse wird abwechselnd von verschiedenen Weinhauern
„ausg'steckt"
Information: Gemeindeamt Breitenbrunn,Telefon 026 83/52 13
Weinbauobmann: Bernhard Lichtenberger
Im Ort gibt es mehrere Gastbetriebe mit Fremdenzimmern

Edelstal
★ ★

Außerhalb des Ortes, am
sanft ansteigenden Hang,
befindet sich ein liebenswürdiges, locker angeordnetes
Kellerviertel. Die meisten
Keller sind aufgeschüttet
und grasbewachsen, wo-
durch sich ein sehr bewegtes
Relief ergibt. Malerisch
gruppieren sich diese Keller
um Wiesenplätze und Wege
unter schattenspendenden

Akazien und Nußbäumen. Die Fronten der Kellereingänge sind teilweise
aus Kalkstein gefügt, die meisten in relativ gutem Zustand. Da nur wenige
„Ausrutscher" (wie Aufstockungen, Thujen vor Kellern) passiert sind, ist
dieses Kellerviertel recht „naturbelassen" erhalten und sehr sehenswert.

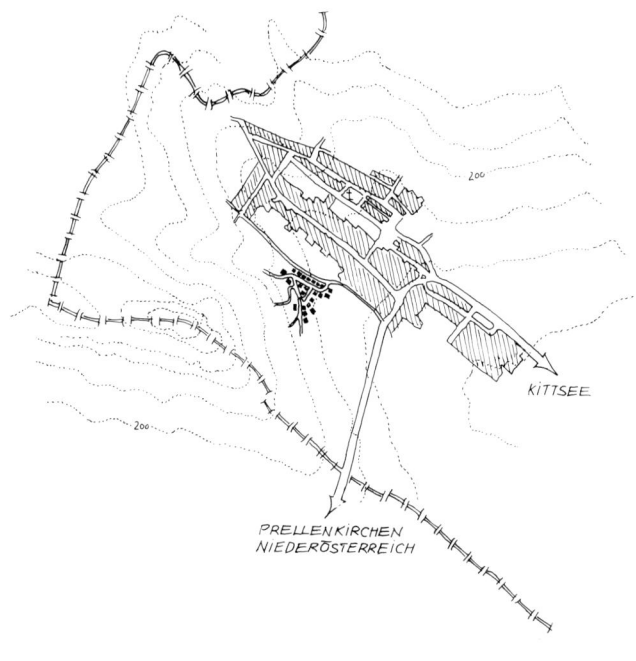

Purbach
★ ★ | B | Ü |

Auch die Kellergasse in Purbach weist die, für das nörd-
liche Burgenland typischen
in mehreren Reihen aneinander gebauten „aufgeschütteten" Keller auf. Allerdings
wurden durch Aufstockun-
gen und Neubauten bereits
einige gravierende Veränderungen vorgenommen.
Interessant ist hier, daß zwei
Kellerreihen sozusagen mit
dem Rücken aneinander gebaut wurden,
wodurch eine sehr bewegte Grünfläche entstand.

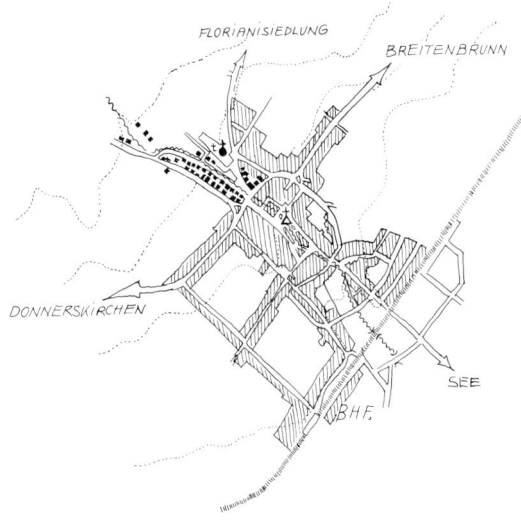

Lesemöglichkeit
Nach Voranmeldung sind Kellerführungen möglich
In den Sommermonaten finden mehrere Kellergassenfeste statt
In der Kellergasse wird abwechselnd
von mehreren Weinhauern „ausg'steckt"
Information: Gemeindeamt Purbach, Telefon 026 83/51 16
Weinbauobmann: Paul Herzog, Am Bruckertor 16
Im Ort gibt es mehrere Gastbetriebe mit Fremdenzimmern

Winden am See

Am Fuß des „Zeilerberges" befindet sich eine kurze, aus wenigen Gebäuden bestehende Kellerreihe, die sowohl von ihrer Lage samt Ausblick, als auch wegen der handwerklichen Schönheit dieser aus Leithakalk gefügten Kellerstöckl'n sehr sehenswert wäre, fühlte man sich hier nicht als Eindringling, der eine privat-familiäre Ferienidylle stört.

Lesemöglichkeit
Information: Gemeindeamt Winden am See, Telefon 021 60/275
Weinbauobmann: Hermann Kreuer, Winden 28
Privatzimmer

Südburgenland

In vielerlei Hinsicht unterscheidet sich der südliche vom nördlichen Teil des Burgenlandes: abgesehen vom Klima, das im Süden etwas niederschlagsreicher ist, als im Seewinkel, ist auch die geomorphologische Situation eine völlig andere. In den fruchtbaren Ebenen des Pinkatales wird Ackerbau betrieben — Weinbau hingegen nur auf den Anhöhen, auf jenen kleinen Bergen, die sich etwa hundert Meter über die Talniederungen erheben. Dadurch prägt der Weinbau die Kulturlandschaft dieser Region, obwohl die wirtschaftliche Bedeutung im Vergleich zur landwirtschaftlichen Gesamtproduktion des Gebietes gering ist. Nur rund 250 Hektar Weinbaufläche teilen sich circa 1700 weinbautreibende Betriebe bzw. Weinhauerfamilien (Steurer). Durchschnittlich bearbeitet also jeder Betrieb nur eine Weinbaufläche von 0,15 Hektar.

Meistens befindet sich der eigentliche Wohnort in Tallage. In den Weingärten, an den Hängen und auf den Kuppen der kleinen Hügel entstanden nach und nach regelrechte „Zweitdörfer" — Streu-Siedlungen, gebildet aus Preßhäusern, in denen während der Lesezeit gearbeitet und gelebt wird. Auch namentlich leitet sich mancher dieser „Streu"-Kellerberge vom Ursprungsort ab. Da gibt es beispielsweise Strem — die dazugehörigen Kellergebäude und Preßhäuser an den Hängen heißen „Stremer Berghäuser", der zu Deutsch-Schützen gehörende Kellerberg nennt sich „Deutsch-Schützen-Bergen" und Glasing hat seine „Glasinger Bergen".

Ihrem alpinen Namen gerecht werdend, sehen die Preßhäuser mit all dem vielen Holz, das für ihre Errichtung verwendet wurde, den steilen Dächern, der schmalen Hausform am steilen Hang und dem winzigen Balkon an der Giebelseite auch wirklich alpin aus.

Den eigentlichen Weinkeller macht das unterste Geschoß eines solchen Häuschens aus. Er ist nicht höhlenartig in den Hang vorgetrieben (hier gibt es keinen weichen Löß), sondern umfaßt nur den umbauten Raum — ist also recht klein im Vergleich zu Kellern des Weinviertels — und die, oft von einem Strohgeflecht abgedeckte Kellertür liegt an der Stirnseite.

Da die Preßhäuser fast immer frei stehen, nicht aneinandergebaut sind und auch keine Gassen bilden, wird der Unterschied zum Weinviertel sehr einleuchtend: Es gibt im Südburgenland keine Kellergassen — sehr wohl aber Kellerberge.

Heute sind bereits viele der Preßhäuser umgebaut zu Wochenendhäusern oder Buschenschankbetrieben.

Die schönste Anlage ist ganz sicher in Heiligenbrunn mit seinen sehr gut erhaltenen strohgedeckten Gebäuden zu finden.

Aber auch die Orte entlang der „Pinkataler Weinstraße": Strem, Sumetendorf, Moschendorf, Gaas, Kulm, Eberau, Winten, Edlitz, Deutschschützen, Eisenberg, Hannersdorf, Kohfidisch, Schachendorf und Rechnitz haben außerordentlich beeindruckende und meist sehr weitläufige Kellerberge.

Einen für den Besucher sehr wichtigen Unterschied zu den typischen Kellergassengegenden des Weinviertels, der im übrigen für das ganze Burgenland gilt, liegt in der Tatsache, daß es in praktisch allen Weinbaugebieten ein reichhaltiges Angebot an touristischen Möglichkeiten gibt. So gibt es im Weinbaugebiet Neusiedlersee in Gols und Jois je einen Weinlehrpfad und einen Vinothekenkeller. In Gols eine Reihe von Buschenschank- und Heurigenbetrieben, in praktisch allen Orten Kellerführungen und Weinverkostungen, Weinlesen für Gäste und eine Reihe weiterer weinspezifischer Einrichtungen und Veranstaltungen.

Im Südburgenland sind es besonders das unter Denkmalschutz stehende Kellerviertel in Heiligenbrunn, das Weinbaumuseum in Moschendorf sowie die zahlreichen Buschenschanken entlang der Pinkataler Weinstraße, die einen Besuch lohnen.

Neben den örtlichen Gemeindeämtern und Weinbauobmännern geben auch die für das jeweilige Gebiet zuständigen Fremdenverkehrsämter Auskunft über weinbauspezifische Fremdenverkehreinrichtungen:

Fremdenverkehrsbüro 7142 Illmitz, Telefon 021 75/23 83

Fremdenverkehrsbüro 7092 Mörbisch, Im Gemeindeamt,
Telefon 026 85/84 30

Fremdenverkehrsbüro 7100 Neusiedl/See, Telefon 021 67/222

Fremdenverkehrsbüro 7141 Podersdorf/See, Telefon 021 77/22 27/0

Weinakademie Burgenland 7071 Rust, Hauptstraße 31,
Telefon 026 85/64 51

Steiermark

Da von Kellergassen die Rede ist, soll, der Vollständigkeit halber, auf die Weinbaugebiete der Steiermark hingewiesen werden. In der West-, Süd- und Süd-Oststeiermark zeigt sich eine ähnliche Grund-Situation wie im südlichen Burgenland.

Auch hier hat der Weinbau nur einen relativ geringen Anteil an der landwirtschaftlichen Gesamtproduktion. Die Weinanbauflächen dieser Regionen umfassen insgesamt nur rund 2.600 Hektar (im Vergleich dazu: die niederösterreichische Großgemeinde Langenlois allein bearbeitet mehr als 1.800 Hektar)

Trotz der nur relativ geringen Mengen hat der Wein eine über die Regionen hinausreichende Bekanntheit und Beliebtheit erlangt: Vor allem die nur in den Gebieten der Weststeiermark angebaute Rebsorte „Blauer Wildbacher", aus deren Trauben der „Schilcher" gewonnen wird, ist zu nennen. Aber auch die Traminer, Muskateller, Weißburgunder, Welschriesling-und anderen Weine dieser Gebiete sind sehr beliebt. Der Großteil wird in den sehr zahlreichen Buchenschanken ausgeschenkt oder im Flaschenverkauf direkt an Konsumenten und Gastronomen abgesetzt.

Die Weingärten der steirischen Weinregionen liegen oft an recht steilen Hängen in südwest- bis südost-exponierter Lage und sind meist sehr kleinteilig — für den Weinbau weniger geeignete Lagen sind mit Feldern, Wiesen, aber auch kleinen Wäldern bestanden.

Wie im südlichen Burgenland haben auch hier einerseits die Geländegegebenheiten und die geringe wirtschaftliche Bedeutung und kleinteilige Struktur des Weinbaus nicht zur Ausbildung regelrechter Kellergassen geführt, sondern weit außerhalb der Dörfer wurden an den Hügelkuppen und Hangkanten der Weinberge „Kellerstreusiedlungen" errichtet.

Diese Preßhäuser und Kellerstöckln wirken allerdings noch „alpiner" als jene des Südburgenlands, da bei ihrer Errichtung fast nur noch Holz verwendet wurde.

Oft haben diese Gebäude, mit ihren steilen Dächern, auch noch einen kleinen Balkon vor dem Wohnraum im ersten Geschoß, sodaß sie nun vollends wie ein kleines Haus und nicht mehr wie ein „Kellergebäude" oder „Preßhaus" im „klassischen" — Weinviertler — Sinn wirken.

Die Weinproduktion und -lagerung ist hier nicht mehr der vorrangige Zweck der Gebäude, sondern eine Funktion neben anderen.

Heute sind bereits viele dieser Gebäude als Zweitwohnsitze in Verwendung, andere wurden zu beliebten, wunderschön gelegenen Buschenschanken umfunktioniert.

Überall in den steirischen Weinanbaugebieten, vor allem aber entlang der „Kölcher"-, der „Schilcher"-, der „Südsteirischen"- und der „Sausaler-Weinstraße", die alle im überaus reizvollen und idyllischen Hügelland verlaufen, sind solche „Keller-Streusiedlungen" anzutreffen.

Es fällt einem schwer, einzelne Preßhausreihen, wie etwa die „Weingarten-zeile" bei Hochgrail oder die Keller-Streusiedlungen des Sausal, hervorzu-heben, da jede von ihnen außerordentlich reizvoll ist und ein wichtiges, die Kulturlandschaft prägendes Element darstellt.

Doch einige Fotos vermögen sicher am besten, die Anziehungskraft und den Reiz der steirischen Keller-Siedlungen verständlich zu machen.

Bildnachweis

Weiterführende bzw. begleitende Literatur

Ausstellungskatalog: Kellerviertel Heiligenbrunn/Burgenland, Museum des 20. Jahrhunderts
Kräftner Johann: Naive Architektur
Steurer Rudolf: Österreichischer Weinführer 1989
Zeitschriften: „Der Winzer" Österr. Agrarverlag
Walter Ruckenbauer, Hans Traxler: „Weinbau heute" 1975
Kultur der Kellergasse: Schriftenreihe „Das Weinviertel" Heft 4/5 1980
Forisch Elke: „Weinkeller, Kellergasse in NÖ und im Burgenland" Edition Astoria, 1982 Wien
Kräftner Johann: „Der architektonische Baum" Molden-Verlag Wien, München, Zürich 1980
Veschoda Walter: „Untermarkersdorfer Kellerführer" 1987/Eigenverlag
Rudofsky Bernhard: „Architektur ohne Architekten" New York 1964 (Residenz-Verlag)

Alphabetisches Register